On the Constitutional Foundation of Freedom of Contract

本书是中南财经政法大学国家重点学科民商法学211学科建设项目的成果之一

总主编： 吴汉东

·南湖法学文库编辑委员会·

主　任： 吴汉东

副主任： 陈小君　齐文远　刘仁山

委　员： 吴汉东　陈小君　齐文远　刘仁山　陈景良
　　　　　罗洪洋　张斌峰　张德淼　刘　笋　高利红
　　　　　吕忠梅　樊启荣　刘大洪　雷兴虎　麻昌华
　　　　　姚　莉　方世荣　刘茂林　石佑启　王广辉
　　　　　郑祝君　张继承　蔡　虹　曹新明　吴志忠

南湖法学文库

契约自由的宪法基础研究

江登琴 著

图书在版编目(CIP)数据

契约自由的宪法基础研究/江登琴著. —北京:北京大学出版社,2011.5
(南湖法学文库)
ISBN 978-7-301-18747-0

Ⅰ.①契… Ⅱ.①江… Ⅲ.①宪法-法的理论-研究 ②契约法-研究 Ⅳ.①D911.01 ②D913.04

中国版本图书馆 CIP 数据核字(2011)第 055899 号

书　　名:	契约自由的宪法基础研究
著作责任者:	江登琴 著
责 任 编 辑:	李铎
标 准 书 号:	ISBN 978-7-301-18747-0/D·2831
出 版 发 行:	北京大学出版社
地　　　址:	北京市海淀区成府路 205 号　100871
网　　　址:	http://www.pup.cn
电　　　话:	邮购部 62752015　发行部 62750672　编辑部 62752027
	出版部 62754962
电 子 邮 箱:	law@pup.pku.edu.cn
印　 刷　者:	河北滦县鑫华书刊印刷厂
经　 销　者:	新华书店
	965 毫米×1300 毫米　16 开本　16.75 印张　240 千字
	2011 年 5 月第 1 版　2011 年 5 月第 1 次印刷
定　　 价:	35.00 元

未经许可,不得以任何方式复制或抄袭本书之部分或全部内容。
版权所有,侵权必究
举报电话:010-62752024　电子邮箱:fd@pup.pku.edu.cn

总　序

　　历经几回寒暑,走过数载春秋,南湖畔的中南法学在不断精心酿造中步步成长。中南法学的影响与日俱增,这离不开长江边上这座历史悠久、通衢九州的名城武汉,更离不开中南法律人辛勤耕耘、励精图治的学术精神,中南学子源于各地聚集于此,又再遍布大江南北传播法学精神,砥砺品格、守望正义的同时也在法学和司法实践部门坚持创新、止于至善,作出了卓越的贡献。

　　纵观中南法学的成长史,从1952年9月成立中原大学政法学院,到1953年4月合并中山大学、广西大学、湖南大学的政法系科,成立中南政法学院,后至1958年成为湖北大学法律系,1977年演变为湖北财经学院法律系,转而于1984年恢复中南政法学院,又经2000年5月的中南财经大学与中南政法学院合并至今,中南财经政法大学法学院已然积攒了50年的办学历史。虽经几度分合,但"博学、韬奋、诚信、图治"的人文精神经过一代又一代中南学人的传承而日臻完善,笃志好学的研习氛围愈发浓厚。中南法学经过几十年的积累,其学术成果屡见丰硕。"南湖法学文库"这套丛书的编辑出版,就是要逐步展示中南法学的学术积累,传播法学研究的中南学派之精神。

中南法学经过数十载耕耘,逐渐形成了自成一格的中南法学流派。中南法律人在"为学、为用、为效、为公"教育理念的引导下,历练出了自有特色的"创新、务实"的学术精神。在国际化与跨地区、跨领域交流日益频繁的今天,中南法学以多位中南法学大家为中心,秉承多元化的研究模式与多样性的学术理念,坚持善于批判的学术精神,勇于探讨、无惧成论。尤其是年轻的中南法学学子们,更是敢于扎根基础理论的研习,甘于寂寞,同时也关注热点,忧心时事,活跃于网络论坛,驰骋于法学天地。

从历史上的政法学院到新世纪的法学院,前辈们的学术积淀影响深远,至今仍为中南法学学子甚至中国法学以启迪;师承他们的学术思想,沐浴其熠熠生辉的光泽,新一辈的中南法律人正在法学这片沃土上默默耕耘、坚忍不拔。此次中南财经政法大学法学院推出这套"南湖法学文库",作为中南法学流派的窗口,就是要推出新人新作,推出名家精品,以求全面反映法学院的整体科研实力,并使更多的学者和学子得以深入了解中南法学。按照文库编委会的计划,每年文库将推出5到6本专著。相信在中南法律人的共同努力下,文库将成为法学领域学术传播与学术交流的媒介与平台,成为中南法律人在法学研习道路上的阶梯,成为传承中南法学精神的又一个载体,并为中国法学研究的理论与实践创新作出贡献。

晓南湖畔书声朗,希贤岭端佳话频。把握并坚守了中南法学的魂,中南法律人定当继续开拓进取,一如既往地迸发出中南法学的铿锵之声。

是为序。

吴汉东
2010年12月1日

序

宪法与民法关系在中国的发展经过了"1949年以前的陌生阶段"、"1949—1985年的母子阶段"后进入到20世纪90年代后的"分化"阶段。1978年改革开放以来,特别是1982年宪法颁布实施后,由于传统上高度集中的计划经济体制逐渐被社会主义市场经济体制所替代,社会个体被压抑了几十年的自主性得到释放,在潜意识上要求合理地划分公私领域、国家与社会领域,保障个人私域成为内在的权利诉求。在这种背景下,法学界,尤其是民法学界,有学者重新提出公法与私法的划分。在公法与私法划分的价值重新得到肯定之后,民法学者努力寻求弘扬私权,论证私法(民法)的自主地位,并试图使民法与宪法保持一定的"距离",同时出现了一种越来越刻意地追求所谓纯粹的民法价值的现象,对宪法在民法领域的价值保持不必要的警戒。部分民法学者提出了"民法优位论"和"宪法民法同位论"等学术主张。2000年以后法理学者和宪法学者也开始关注宪法与民法关系问题的研究,并通过各种学术讨论会探讨宪法中的民法问题、民法中的宪法问题,力求建立平等学术对话的平台。而宪法与契约自由是民法与宪法关系中争论最大、学术脉络最复杂的难题,虽然学术界做了一些研究,但总体上体系化的成果并不多见,许多研究领域仍属于空白。

由于受传统民法学理论的影响,一谈及"契约自由",人们自然把它理解为民法的一个基本原则,属于民法学的研究范畴,但对契约自由背后与内涵中的宪政价值则缺乏必要的学术思考与关注。从本质上而言,契约自由的保护与限制、契约自由与国家管制的关系以及契约自由实现的重要内容,不能仅仅局限于民法学体系内部,需要在整个法律体系中进行全面综合的研究。江登琴博士的专著《契约自由的宪法基础研究》,即是打破了这种学科专业研究限制,另辟蹊径,从宪法学的角度研究契约自由,不仅拓展了研究领域,同时为未来研究这一课题提供了有益的研究视角与基础。因此,从选题和研究思路上看,该书的出版是有意义的。

作者在本书中从价值、规范与知识体系的角度,论证了契约自由是宪法的价值内核之一,认为契约自由作为自由的一种具体表现形式,关乎人性的尊严,是宪法的人权价值在民法领域的具体化,赋予契约自由浓厚的人文色彩与社会共同体意识。在两者知识体系中,作者在坚持宪法价值的学术立场的同时,也保持着适度的知识开放性,认为契约自由不仅是一项民法原则,在本质上是宪法所保障的权利和自由,契约自由的实现有赖于宪法作为基础的支持与保障。作者得出的学术判断基于系统的学术梳理和规范价值的客观立场,对在我国目前公法与私法二元划分的格局中,合理地厘清契约自由的价值,明确契约自由实现的宪法基础,具有一定的新意。

从宪法学角度研究契约自由需要研究视角和路径的合理转换,否则也会陷入历史与现实、价值与事实之间的矛盾。围绕两者关系所出现的学术争议并不是两个学科之争,而是宪法规定的基本权利在民事领域如何实现的问题。作者从宪法立场出发,充分尊重不同学科知识体系的自主性,对契约自由的保护限制进行分析,这种跨学科、综合的研究视角是非常重要的。其实,在博士生论文写作阶段,作者面临过知识体系自主性与宪法价值之间的冲突或者困惑。为了解决难题,作者花很多时间收集资料,系统地进行学术梳理,力求为学术论证提供有说服力的依据。比如,作者在开篇即对我国研究宪法与契约自由的现实背景、国外宪法与契约自由研究的成果及其趋势、国内进行相关研究的研究进展以及发展方向等问题，都进行了系统地介绍。这不仅是对前人研究成果和前沿状况的全面总结和回顾，而且也是作者进行学术研究的基础。

一篇好的博士论文要围绕一个命题展开，不能面面俱到。宪法与契约关系涉及的问题比较多，如果仅从宏观上进行研究，很难保证研究的深度。本书作者以宪法学的学术立场，从国家与公民之间的关系入手，分析研究契约自由的宪法基础问题。这是贯穿始终的学术命题，既保持研究主题的具体性，也保证学术论证的深度。作者认为，从宪法学的角度探讨契约自由，重点并不在于宪法是否拘束私人之间契约关系的问题，而是在坚持宪法规范国家与公民之间关系这一基本前提下，探讨契约自由的行使对于公民基本权利的意义及影响、为实现契约自由国家所应履行的保护义务以及在此基础上对保护义务及其界限的判断——违宪审查等根本性的问题。作者在分析框架中，摆脱了传统的认识宪法与契约自由关系的非此即彼的观点，提出尽管现代社会的发展使得宪法对于契约自由的影响越来越大，契约自由无法摆脱宪法价值的影响而独立实现，但宪法对于契约自由的影响在国家与公民之间关系的传统宪法理论之下，仍然是"潜在而缓慢的"。同时，作者也明确提出，强调宪法价值并不妨碍契约自由的实现，而有利于在宪政背景下充分实现契约自由的价值。

作者在本书中，始终秉持问题意识，关注中国现实，并试图以法学理论来认识分析当前的问题。在对契约自由的保护与限制进行了理论分析的基础上，作者也密切关注了当前出现的小区规约、代孕契约——这些较为新兴且需加以规制的契约，并进行了一定的分析探讨，从而为现代城市建设、生殖技术的发展以及信息社会对契约自由的影响提供了类型化分析的视角。

探讨契约自由的宪法基础，在本质上会涉及到宪法与民法之间关系这一问题。因此，探讨这一学术命题有难度的，尽管作者做了学术努力，但也留下了还没有解决的学术问题，需要在知识积累的基础上进一步思考与研究。如本书对宪法与民法相互关系演变的研究过于单项化，在一定程度上削弱了论证的效果和结论的说服力，还需从制定法秩序与习惯法规则之间的衔接与协调等方面进行深入探讨。同时，书中对民法学中契约自由的研究成果借鉴较多，值得肯定，但对于经济法学、劳动法学等相关学科中关于新类型契约形式、契约的自我限制和约束、契约规制的理论基础等研究成果的借鉴吸收则有所不够。另外，比较分析是本书作者关注的问题和研究方法，作者不仅参照了日本、德国、美国对契约自由和基本权利保护的相关理论，并通过案例对契约自由的宪法解释予以分析。但作者没有充分关注判例的典型性和相关国家最新理论发展动态，在资料的选择方面由于采用一些第二手资料，其理论命题的准确把握方面仍存在一些不足。希望作者在将来的进一步研究中予以关注和完善。

江登琴在攻读博士学位期间便对研究宪法与契约自由表现出浓厚的兴趣，以此为主题拟定了她的博士研读计划，并根据研究方向，刻苦钻研学术，追求学术理想。经过三年的系统的学习与研究，顺利地完成了博士学位论文。论文的评阅和答辩教授对她的论文给予了较高的评价。现在她的著作付梓，作为她的指导老师，我感到由衷的高兴，特为序。期待她在今后的学术研究中继续努力，更上一层楼。

中国人民大学法学院教授　韩大元
2011 年 1 月

目 录

导 论 / 1

第 1 章 契约自由基本范畴研究 / 24

    1.1 基本范畴之一:"契约" / 24

    1.2 基本范畴之二:"自由" / 38

    1.3 基本范畴之三:"契约自由" / 48

第 2 章 契约自由与宪法的历史变迁 / 54

    2.1 从近代到现代:民法与契约自由历史变迁的纵向分析 / 54

    2.2 从近代到现代:契约自由历史变迁的横向比较 / 61

    2.3 从近代到现代:契约自由与宪法的变迁 / 72

第 3 章　契约自由与基本权利 / 82
 3.1　现代宪法中的契约自由 / 82
 3.2　民法与宪法的关系 / 95
 3.3　契约自由与基本权利的关系 / 105

第 4 章　契约自由与国家的保护义务（一）/ 119
 4.1　契约自由与立法机关的保护义务 / 120
 4.2　契约自由与司法机关的保护义务 / 144
 4.3　违宪审查机关保护契约自由的
   基本理论 / 147

第 5 章　契约自由与国家的保护义务（二）/ 170
 5.1　契约自由立法的违宪审查实践：以美国
   "契约义务"条款为例 / 170
 5.2　契约自由司法的违宪审查实践：以德国宪法
   诉愿制度为例 / 192

第 6 章　当代契约自由与宪法的发展 / 204
 6.1　保护与限制：20 世纪契约自由的发展 / 204
 6.2　小荷初露？——21 世纪契约
   自由的发展 / 213
 6.3　山雨欲来？——宪法影响下的
   契约自由 / 223
 6.4　契约自由与宪法关系在我国的课题 / 229

主要参考文献 / 241

后　记 / 256

导　　论

　　"契约自由的宪法基础研究",从本书题目上便不难看出,这是从宪法学的角度对"契约自由"进行思考与分析。对于这个被传统视为民法基本原则的问题,从宪法学角度进行研究的正当性、必要性与可能性何在?这不仅需要对其在民法中的地位、功能及内容有整体把握,而且也需深谙从宪法学角度与从民法学角度在研究视角、研究重点上的差异与统一。站在民法学角度之外的考察与思考,固然可以因角度的转换克服"不识庐山真面,只缘身在此山"所带来的诸多困惑,但也由此会因欠缺民法体系内的深入研究而导致"自说自话"的"一家之言"。当然,契约自由在民法体系内如何发展与完善,也并非本书研究的本意与重点。从宪法学的角度,阐述契约自由对于公民基本权利的意义及影响,考察为实现契约自由国家所应履行的保护义务以及在此基础上违宪审查实践中对保护义务及其界限的判断,则是本书的核心与关键。这一研究的展开,则以对我国当前研究契约自由与宪法、国外研究契约自由与宪法的成果的全面梳理与分析为基础。

一、我国研究契约自由与宪法的现实背景:"冷却"与"热烈"的交织

我国研究契约自由与宪法的背景,一方面因研究主题所致要对民法学领域中研究契约自由的成果做一全面的梳理,另一方面受研究视角影响也需对宪法学领域中对相关问题的研究进行系统的考察。而在进行这一梳理考察的过程中,却发现两个领域中所呈现的完全不同的景象,这主要表现为一组"冷却"与"热烈"的鲜明对比:"冷却"的是,基于当前民事立法及实践中的问题,较之民法学者对物权、侵权等相关问题的高度关注,对契约自由的理论研究随着契约自由立法及其实践的日臻成熟,已不再是其关注与研究的重点;"热烈"的是,基于社会发展与现实需求,明确民法与宪法的功能分工与合作、实现民法倡导的私法自治与宪法作用的协调,真正发挥宪法"最高法"的效力与影响,宪法学者的研究方兴未艾。

(一) 渐趋"冷却"的话题:民法学领域内的契约自由

在我国,对"契约自由"[①]的系统研究,始于我国建立发展社会主义市场经济体制的时期,并在《合同法》起草出台的前后一段时期一度达到了高潮。[②] 其中,围绕契约自由的演变和发展、契约自由的内涵、我国契约自由观念的发展、我国合同法中的契约自由、契约自由的法律规制等方面的问题进行了系统研究,并取得了丰硕成果。(1)契约自由的历史演变。兴起于19世纪的契约自由有着特定的历史背景,"西方各国逐渐通过工业革命确立了市场经济体制,为交易的自由进行提供了经济基础;代议制民主政体的建立为契约自由提供了政治上的保障;人文主义的哲学思想、自由主义的经济理论和古典自然法学说为契约自由提供了理论基础。"[③]而进入20世纪以来

[①] 在我国当前,无论是民事立法还是法学研究主要采用的是"合同自由"的表达。其中概念使用上的变化,本书第1章有集中探讨。

[②] 据初步统计,以我国1999年《合同法》通过前后为界(1997—2001年),围绕《合同法》相关问题进行的研究,便有196篇论文之多(这个结果是在中国期刊网上以"合同法"为关键词、以"核心期刊"为范围进行的大致检索。当然,其中也涉及"核心期刊"的认定、重复研究的排除等技术性的问题)。

[③] 苏号朋:《论契约自由兴起的历史背景及其价值》,载《法律科学》1999年第5期。

规范契约自由的契约法,在规范上与哲学基础上都有了重大发展,如对当事人契约责任的加重、立法对不公平契约条款的限制、限制当事人契约责任的相对性等规范性的变化,以及从实证主义哲学向新自然法学与法律现实主义的契约哲学的转变。① （2）契约自由对于我国经济发展与法制建设的意义。在我国建立发展社会主义市场经济的过程中,重视契约自由在立法和实践中的运用,对与社会主义市场经济相关的法律体系特别是合同法律制度的完善,以及促进改革开放的发展都有着十分重要的意义。② （3）如何处理契约自由与契约正义的关系并进行相应的制度设计。在倡导契约自由的同时,也应注意放任契约自由可能带来的危害,要在构建契约自由的理论基础时进行必要的修正,包括应考虑缔约主体经济地位的相当性、契约应担负相应的社会使命以及契约关系中协同体理念的渗透。③ 为追求契约正义对契约自由所进行的限制,并不是对契约自由的否定,只是在新的历史条件下为契约自由提供了一种新的道德评价,主要表现在诚实信用原则、强制缔约、定型化契约以及劳动契约社会化等方面。④ 因此,在本质上契约自由和国家干预是一个问题的两个方面,我国合同法既要坚持契约自由,又要防止契约自由的无限滥用,坚持国家适度干预下的契约自由,只有这样才能使真正的契约自由精神得以实现。⑤

之所以在这一时期对契约自由的研究如此集中,一方面是我国建立、发展市场经济的客观要求,计划经济体制向市场经济体制的转轨,为在我国倡导并实践契约自由奠定了经济基础,同时也对契约自由的进一步深入研究提出了要求;另一方面则是法律体系完善及相关立法的现实需要,经济体制的转轨需要相应立法的完善,制定一部统一的合同法则是当务之急,而制定

---

① 从历史变迁角度对20世纪契约法发展的系统梳理,可参见傅静坤所著《二十世纪契约法》(法律出版社1997年版)一书。
② 参见高子居:《"契约自由"与法制建设》,载《桂海论丛》1994年第5期。
③ 参见卢文道:《论契约自由之流弊》,载《法学》1996年第12期;胡松河、董学立:《契约自由的失衡及其矫正》,载《政法论丛》1999年第4期等。
④ 参见姚新华:《契约自由论》,载《比较法研究》1997年第1期。
⑤ 金健:《契约自由、国家干预与中国合同法》,载《法学评论》1998年第6期。

合同法的现实需求也需要契约自由研究的理论支持。而在《合同法》制定颁布之后,民法学领域中对契约自由的研究也"悄然"发生了研究方向上的转换。较之前期对契约自由在社会经济发展与法制建设中意义的肯定、合同法中制度设计与规范表达的关注,现在的研究则更多地集中在对某一具体类型契约、契约的司法适用与解释等专门性、具体性问题的探讨上。

即使如此,不可否认的客观事实则是,无论在关注程度上还是在研究数量上,较之当前对物权法、侵权法相关法律问题的高度关注与深入研究,我国当前民法学领域对契约自由的研究"热潮"已渐渐消退。① 在笔者看来,导致这种研究方向的转化可能的原因有两个:一是自1999年我国《合同法》制定以来,随着合同立法的完善,合同的实践也逐渐丰富,一般性、理论性的问题已经解决,留下的只是具体条文的解释、适用及其完善的问题;二是在《合同法》制定前后,民法学者已经围绕着合同自由做了大量研究,取得了丰硕成果,再研究契约自由也难有理论上的重大创新与突破。

上述两个理由,以我国民法学领域内研究契约自由的丰硕成果与现实需求来看,是有其充分道理的。但从契约自由的本质与影响来看,作为现代社会的一项基本制度与原则,对其的研究远非穷尽,还有许多尚待研究与论证的课题。当然,这一结论则是针对整个法律体系与法学研究而言的,契约自由的研究不仅仅局限于民法学研究的视角,更需要着眼于整个法律体系内的发展,从国家权力的限制与公民权利的保障的视角予以研究。这种研究领域与视角转换的必要性与现实性,随着支持契约自由的种种社会现实因素的发展变革,也显得日益突出。

从限制国家权力与保障公民权利的视角来探讨契约自由,在我国制定《合同法》的前后一段时期在探讨契约自由与国家干预中也有所触及,但大都是以"契约自由为原则,国家干预为补充"的结论点到为止。究竟这里的"原则"与"补充"的本质区别表现在哪些方面,"补充"的内容、形式及其界

---

① 在总结2006年的民法学研究概况时,已有学者明确指出:"由于过去的一年中民事立法和民法学研究的中心集中在物权法,对合同法的研究成果相对较少"。参见王利明、朱岩:《繁荣发展中的中国民法学》,载《中国法学》2007年第1期。

限在哪里,这些关乎契约自由实现的关键问题却少有提及。的确,这些问题不仅是契约自由实现的关键问题,也是宪法学研究的重要课题。值得关注的是,在我国台湾地区,无论是王泽鉴先生的民法总则、民法判例与学说①,还是苏永钦先生针对当前公私法的变迁与接轨的考察②,首先都以宪法的基本理论为基础展开其研究,都在一定程度上关注并认识到了宪法对民事立法与司法的影响。受苏教授指导的一名硕士则在2005年学位论文中系统探讨了"著作权法公益面向之宪法基础",明确了著作权法的内部控制机制与宪法控制之间的关系,"无论立法者如何思考,宪法的规范都更优越地'作用'在法律中,在宪法不可忍受的时候,法律违宪无效;在宪法可接受的范围,法律的解释也要朝'更合宪'的方向趋进"③,宪法对著作权法的立法与解释的影响是如此深远。

(二) 日益"热烈"的话题:宪法学领域内对民法与宪法关系的研究

民法与宪法的关系——宪法是一国法律体系内的最高法,其他法律都必须以宪法为依据,对作为调整平等主体之间民事权利与义务关系的民法④也是如此,也必须遵循宪法的精神与基本原则,这一点亦是毫无疑问的。然而,这一主题因我国社会现实中出现的种种问题,引起了社会与学界的高度关注与热烈探讨。一方面在理论上,随着市场经济发展民法功能与意义的凸现以及市民社会与政治国家二元理念下"私法自治"的倡导,在调整对象与调整方法上迥异的民法与宪法,二者发生怎样的关联、宪法价值如何影响

---

① 王泽鉴著:《民法概要》,中国政法大学出版社2003年版;王泽鉴著:《民法学说与判例研究》(第1册至第8册),中国政法大学出版社2005年修订版等。

② 苏永钦教授近年来的研究趋向更是明显,针对当前传统公、私法之间的变化与融合,针对人权发展对民事立法与司法的影响,苏教授不余遗力地在其专著、论文中进行了系统研究。如《走向新世纪的私法自治》(中国政法大学出版社2002年版)、《民事立法与公私法的接轨》(北京大学出版社2006年版)等。

③ 刘昱劭:《著作权法公益面向之宪法基础》,台湾政治大学法律学研究所2005年硕士学位论文,"第五章 我国著作权法之合宪控制体系",第37页。

④ 民法的表现形式有两种,一种是作为法典化形式的民法典,一种是没有单独的民法典,而是散见于相关的法律之中。我国目前便属于后者。

民法①；另一方面在立法上，为保障财产权如何明确民法与宪法的功能分工与协作，在物权法的制定中如何发挥宪法作为"依据"的作用，这些问题也都需要进行相应的研究与探讨。②

针对这些问题，近年来宪法学研究也给予了一定的关注，并由此呈现出理论化、专题化的态势。（1）在民法与宪法关系的理论探讨上，主要是围绕基本权利在私人之间的效力、宪法在司法实践中的运用及效力问题而展开。从宪法效力的结构与基本权利观念发生的变化看，需要肯定基本权利在私人之间关系中的效力，逐步扩大基本权利的效力范围，其理由在于基本权利的观念转变、国家权力社会化的现实、以宪法原则拘束民法原理的宪政实践、宪法裁判制度的功能发挥等方面。但在我国实践中，对基本权利介入私法领域的方式也需进行反思，更多地则是应通过概括性条款的合宪性解释，来促进宪法基本权利规范在私法领域的生效与遵行，以最大限度地保障和实现公民的基本权利。③（2）在民法与宪法关系的立法实践上，主要是融入私有财产的保护、《物权法》的制定等具体问题之中。这在我国有其特殊的历史与时代背景。对财产权的高度关注，则是在我国2004年对现行《宪法》进行第四次修改的前后。将财产权明确载入宪法，有利于财产权保护法律体系的完善，也对民事经济的发展意义重大。而在《物权法》制定中学者的质疑与国家机关的慎重，更是将《物权法》制定中相关宪法问题摆到了学界与社会公众的面前。这在深层次上反映的是《物权法》制定的宪法依据、

---

① 在我国，对这一问题研究较早的可见《现代宪法学基本原理》（徐秀义、韩大元主编，中国人民公安大学出版社2001年版）一书中第20章对宪法学与民法学关系的专门探讨。

② 在对民法与宪法之间关系的关注与研究中，亦不乏从宪法学角度研究契约自由的论文。如中国人民大学举办的"民法学与宪法学的学术对话研讨会"中，由14篇论文汇编成册的论文集中，便有3篇（即郑贤君：《公法价值向私法领域的再渗透——基本权利水平效力与契约自由原则》；熊文钊、郭晋：《基本权利规范对契约自由的限制》以及拙文《契约自由中的基本权利保护问题》）是关于契约自由与基本权利问题的研究。参见《"民法学与宪法学的学术对话"研讨会论文集》（中国人民大学民商事法律科学研究中心、中国人民大学宪政与行政法治研究中心，2006年5月25日）。当然，对这一问题的研究，远远不及对民法与宪法的关系、财产权的保护以及物权法制定等问题的高度关注。这也是笔者在脚注中对此予以说明的原因。

③ 相关研究参见韩大元：《社会变革时期的基本权利效力问题》，载《中国法学》2002年第6期；方立新、徐钢：《论宪法在私法秩序内的意义》，载《浙江大学学报（人文社会科学版）》2004年第6期。

《物权法》与宪法在保护财产权上的功能界分及统一、财产的平等保护以及财产的征收征用等需要民法学者与宪法学者共同关注、探讨的理论问题。

另外,需要指出的是,针对近年来逐步形成并传播开来的"民法根本法说",亦有学者指出这种主张反映的是宪法与民法真实关系的幻影,在使命与地位上赋予了民法不可承受之重,造成了民法与宪法的人为切割,偏离了法律生活的实际与维护法治秩序的要求。① 针对我国现实中发生的齐玉苓案、河南地域歧视案以及制定《物权法》等事件,有学者洞察了其背后的"泛宪法思维"、"超民法思维"、"脱宪法思维"以及"泛民法思维"等彼此不同、却又互相纠葛的错位倾向。这种种法律思维上的错位与暗合,在我国当前形成了一副有关宪法与民法之间关系的混乱图景,有待于澄清。②

二、国外研究契约自由与宪法的成果及其趋向

自美国学者克里斯多佛·哥伦布·兰代尔在1871年出版《契约案例》一书中"碰巧"发现了契约理论,并在该书序言中提出"把契约作为法律的一个部门来研究是可行的"以来,对契约的法律研究逐渐兴盛。随着资本主义经济的发展,契约自由逐步发展,并上升为近代资本主义民法的三大基本原则之一。而在大陆法系国家的法典化运动中,契约自由的法律规范形式得到了进一步的强化,其中尤以法国民法典、德国民法典为代表。当然,要对两百多年来国外契约自由研究成果做一全面系统的梳理难度甚大,这一方面需要对外文文献的全面把握,另一方面则需兼顾英美法系与大陆法系在契约自由上的差异与共性。因此,在此也只能是对国外研究契约自由成果的特点与趋向做一个大致的疏理与总结。

虽然契约自由的实现因各国法系、具体制度的差异而存在差别,但是从

---

① 童之伟:《宪法民法关系之实像与幻影——民法根本说的法理评析》,载《中国法学》2006年第6期。
② 林来梵、朱玉霞:《错位与暗合——试论我国当下有关宪法与民法关系的四种思维倾向》,载《浙江社会科学》2007年第1期。值得关注的是,该期杂志由林文为代表所刊发的一组论文,都是立基于民法与宪法之间关系而从不同角度的分析与探讨。在笔者看来,无论是该组稿意图本身,还是论文所阐述的观点,颇耐人寻味。

自由资本主义向垄断资本主义发展,契约自由变迁所面临的契约自由与契约正义、契约自由与国家干预等问题却是共同的。在资本主义完成从自由阶段到垄断阶段的转变之后,支撑着古典契约法的契约自由原则的内在根据受到严重侵蚀,在契约理想与契约现实、契约自由与契约正义、私人自治与国家干预的矛盾较量中,从兴盛逐步走向衰落。这种现象引起了学者们的高度警惕,1970年美国耶鲁大学终身教授格兰特·吉尔莫发表了"契约的死亡"的报告,从契约理论的起源、契约理论的发展以及契约理论的衰落三个阶段对约因理论的变化进行了剖析,分析了以交易理论为象征的古典契约法理论的崩塌,形成从古典契约法原理向侵权行为法原理融合的大潮。① 针对契约的"死亡"、"衰落"等主张,日本学者内田贵在其名为《契约的再生》一书中,从社会现象和契约法原理两个方面,分析契约上"死亡"的表现,同时通过契约观的转换,将日本的契约与契约法理论纳入实定法学中并加以理论化。②

近年来,随着契约自由实践的发展,针对契约法本身理论基础的不足,契约自由的相关研究也呈现出了从更广泛意义上探讨其理论基础的趋向。美国南卡罗来纳大学的亨利·马瑟(Henry Mather)教授则提出了研究契约法的道德方法,评价了契约正义的三个理论(即契约自由、财富最大化、平等主义的分配正义),并提出了契约法所追求的自然法方法,并在此基础上提出了七项公共道德原则与十一项司法回应原则。③ 这种从自然法思想探讨契约法方法的做法,的确值得借鉴,而该书"不仅是一部合同法著作,同时也是一部法理学著作"④。美国的詹姆斯·戈德雷(James Gordley)教授运用其法学与哲学知识,分析了现代契约理论的哲学起源,以及契约理论如何受到

---

① 该报告已整理出版,见〔美〕格兰特·吉尔莫所著《契约的死亡》(曹士兵等译,中国法制出版社2005年版)一书。
② 该书在我国也已翻译出版,见〔日〕内田贵所著《契约的再生》(胡宝海译,中国法制出版社2005年版)一书。
③ 〔美〕Henry Mather:《合同法与道德》,戴孟勇、贾林娟译,中国政法大学出版社2005年版(原书英文版1999年出版)。
④ 这是中文版译者在"译后记"开篇第一句话对该书的界定。

哲学观念与理论的影响从而发生变迁的过程,其中这种变迁也导致了法律理论所面临的危机。①

同时,契约自由的深入研究,在根本上是以民法与宪法之间关系的明确为理论背景与基础的。建立民法与宪法之间的有机联系,实现二者之间的交流互通,这在国外历史实践中留下了许多范例佳话。日本一代泰斗级的法学家末川博先生虽以民法学的成就而著名,但其对宪法学研究亦是造诣极深,其"研究民法实为膏粱计,研究宪法才是为自己的理想和兴趣"的道白更是直接;日本战后新宪法颁布之后,首先建立起具有权威性理论框架的却是作为著名民法学家的我妻荣教授,由此在传统自由权的理论基础上开辟了有关"生存权"的理论空间。② 这种诠释民法与宪法之间紧密关系在主体上的有趣现象,在德国也是如此。在20世纪50年代引起基本权利"第三人效力学说"第一波讨论的是民法劳工法大家尼普代(Nipperdey),而在80年代中期再次引发讨论促使宪法法院作出一连串新判决的却是债法大家卡拉里斯(Canaris)。③ 在美国20世纪70年代便产生了关于著作权法与宪法关系的热烈探讨,而在一度沉寂之后在90年代又成为一个热门话题。虽然最高法院于2003年在 Eldred v. Ashcroft 案中再度维持了著作权法抗拒言论自由的外部检验的传统,但也未因此而消减学者研究的信心与斗志。④

三、"冷却"与"热烈"的背后:公法与私法划分的思考

由上可见,我国当前研究契约自由与宪法的现实背景,分别投射到民法学与宪法学领域,则表现为一组"热烈"与"冷却"强烈的反差。这一反差的背后,深刻地反映了我国当前法律研究格局的现状,即法学研究恪守严格的

---

① 〔美〕James Gordley:《现代合同理论的哲学起源》,张家勇译,法律出版社2006年版(原书英文版1991年出版)。
② 参见林来梵著:《从宪法规范到规范宪法——一种规范宪法学的前言》,法律出版社2001年版,第295—296页。
③ 参见苏永钦:《宪法权利的民法效力》,载《当代公法理论——翁岳生教授祝寿论文集》,台湾月旦出版公司1993年版,第162页。
④ Pamela Samuelson, *The Constitutional Law of Intellectual Property after Eldred v. Ashcroft*, 50 J. Copyright Soc'y 547, n. 1&2(2003), pp.2—3.

公法与私法划分所带来的一系列问题。

这种严格划分的做法也影响到了契约自由的研究,使得承载人类社会价值的契约自由仅仅局限于民法学领域内作为民法的基本原则之一,契约自由的价值与意义未得到全面的认识,契约自由的保护与限制也未能进行体系的考察。契约自由作为当事人之间自愿协商确定权利义务关系的自由,其内涵是十分丰富的,不仅表现为民法的基本原则之一,还有作为思想、制度的丰富内涵。在此意义上,契约自由的价值也就不仅仅局限于当事人确定民事权利义务关系,更表现为公民个人自主决定、进行财产交换实现财产保值与增值的重要意义。契约自由是否承载了宪法价值,通过哪些形式表现出来,契约自由的实现过程中是否受到宪法价值的约束,宪法如何实现对契约自由的约束等这些问题,如果不对其进行讨论的基础——公法与私法的划分进行科学的审视,则无法看清问题的本质,更无法得到完满的回答。

(一)公法与私法的划分及其反思

公法与私法,在罗马法中就已经有这种划分,公法调整政治关系以及国家应当实现的目的,有关国家的稳定;私法调整公民个人之间的关系,涉及个人福利。① 罗马法中公法与私法划分的传统,自近代以来在大陆法系国家得到了进一步的延续与强化,虽然在具体划分的标准上存在着一定的争议。但总的来说,一般涉及公共权力与私人权利之间的关系为公法,涉及私人之间关系的法律为私法。② 进行公法与私法的划分,对法律理论与实践的影响是十分深远的,诚如韦伯所言"今天的法律理论和法律实践最重要的区分之一是'公法'和'私法'之区分"③,因为"现代的国法,是以区分其全部为公法或私法为当然的前提的,对于国家的一切制定法规,若不究明该规定为属

---

① 〔意〕彼德罗·彭梵得著:《罗马法教科书》,黄风译,中国政法大学出版社1992年版,第9页。
② 对公法与私法进行系统而全面研究的当属日本法学泰斗美浓部达吉,他在其力作《公法与私法》中从权利义务的关系、权利义务的种类、法律原因以及法律关系的构成要素等四个方面论述了公法与私法的共通性;从当事人之间的意思力的角度区分了公私法的特殊性;并对公法和私法的转换情形做了具体分析。
③ 〔德〕马克斯·韦伯著:《经济与社会》(下卷),林荣远译,商务印书馆1997年版,第1页。

于公法或私法,而即欲明瞭其所生的效果和内容,盖不可能"①。

的确,传统的进行公法与私法的划分,是法学理论与实践的客观要求,有一定的必要性与合理性。但在肯定公法与私法划分的同时,也要注意到二者本质上的内在统一性。这是因为,其一,在理论上何谓"公法"、何谓"私法",二者的标准如何界分,时至今日也未有定论,不同国家、同一国家在不同历史时期也采取了不同标准;其二,随着社会发展与现实变化,二者除了差别之外,也表现出了相互交叉与融合的态势,所谓"公法私法化"、"私法公法化"也颇为常见。因此,"划分公法和私法的范围,即使今天也不是处处都一目了然的,更不用说过去的情况了。区分的可能性恰恰可能是不存在的","公法和私法有区别的必要,但是不能夸大其区别,也要注意其相互联系"。②

更为重要的是,要认识到若坚守公法与私法的划分、过于强调二者之间的差异则会对法学研究产生的消极影响。对宪法学与民法学研究也是如此,容易造成在重视二者在调整对象、调整方法上的差异性的同时,忽视了二者在基础与目的上的同一性与一致性。"民法学的研究,基本上还是沿袭'前公法时代'的典范,潜意识把民法当成一个自给自足的王国,而不太注意私法自治与国家强制辨证下,方法上应有的调整,以致在法律解释和立法上,始终不能摆脱狭义的规范比较,某些争议成为夫子自道式的各说各话,欠缺真正的说服力,而立法在不少方面,则予人抓不住方向的感觉"。③ 苏永钦教授对民法学研究现状的这段分析,深刻地指出了因局限于公法与私法的划分,未能妥善解决私法自治与国家强制之间的关系,也妨碍了法学的进一步发展。

那么,立足于公法与私法之间的划分,到底该如何正确认识,从而确定其研究视角?法国宪法大家莱昂·狄骥的论述十分到位,"总而言之,有理由作出公法与私法的划分。但不应该赋予这种区分本身并不包含的意义。

---

① 〔日〕美浓部达吉著:《公法与私法》,黄冯明译,中国政法大学出版社2003年版,第3页。
② 〔德〕马克斯·韦伯著:《经济与社会》(下卷),林荣远译,商务印书馆1997年版,第3页。
③ 苏永钦著:《走入新世纪的私法自治》,中国政法大学出版社2002年版,第1页。

应该用同样的精神与方法研究公法和私法。公法与私法的法规建立于同一基础之上。公法的法律行为与私法的法律行为由相同的因素构成,具有相同性质。但公法与私法的惩罚方式不同;公法的权利地位的实现不同于私法法律状况的实现。公法与私法的差别仅仅存在于这一点上(但这也是最重要的一点)。"①公私法的划分只有置身于整个法律体系中才有现实意义,也只有明确其区别与联系才能科学把握其内涵和实质。

"规范国家生活的公法与规范社会生活的私法,本来就有多重牵连,抽离公法思考的民法研究固然无法适当解决许多实务上的问题,发展滞后的公法释义学若不借用民法的紧密概念逻辑,洞视民法背后的体制理念,也很难不陷入过犹不及的错误。"②实现公法学与私法学的融合,在尚未完成近代社会任务又步入现代社会的我国,其任务尤为复杂艰巨。该严格区分公法学与私法学的领域却相互渗透,而公法学与私法学应相互交融的领域却支离破碎——这一现状,既要实现公私法学之间的融合,又要注意二者必要的界分。这也是对本书所选择的研究视角的一点说明。

(二)公法与私法划分中的宪法:对宪法的性质与功能的探讨

在大陆法系国家公法与私法的二元划分传统中,宪法作为调整国家权力与公民权利之间关系的法律,因其调整对象、调整方式的特点,也被一直视为"公法"。时至今日看来,这种观点是值得商榷的。在本质上而言,宪法既不是单纯的公法,更不是单纯的私法,而是在整个公法与私法之上的根本法。有的民法学者也坦言,"宪法是超越简单公、私分界的基本法,它在终极意义上可以为包括民法在内的其他法律规范提供法律基础"③,充分认识到了宪法超越于公法与私法二元划分之外的独立性地位。

而此结论的得出,则需要回到对宪法本身概念的界定。宪法是"国家的

---

① 〔法〕莱昂·狄骥著:《宪法学教程》,王文利等译,辽海出版社、春风文艺出版社1999年版,第39—40页。

② 苏永钦著:《走入新世纪的私法自治》,中国政法大学出版社2002年版,第3页。

③ 余延满、冉克平:《论公序良俗对宪法权利的保护——以宪法实施的私法化为视角》,载《时代法学》2006年第2期。

最高法、是民主政治的产物、是统治阶级利益和意志的集中反映",这种三位一体式的界定,是我国较长一段时期内对宪法概念的认识与界定。随着我国阶级状况的变化以及现实的发展,这种从阶级角度定义宪法的做法逐渐被舍弃,并吸收借鉴了西方发达国家的宪法经验,将宪法界定为"调整国家权力与公民权利之间关系"的法。根据调整对象、调整方式对其定义,逐步实现了与其他法学定义方法的一致。宪法本身作为"法律"的属性得到了充分的肯定。然而,这种将宪法视为根本法、并将之归属于"公法"的做法,仍然无法有效解决理论上与现实中所出现的种种问题。

首先,将宪法归之于公法,无法全面、客观地反映其作为人类社会所追求价值的集中体现的本质。从根本上而言,宪法作为根本法包含了作为法律之根本的政治秩序法则,宪法的统一性不是科学规律不变的统一性,是针对解决现实的不断变化的社会和政治问题的统一性,是一种保持开放的统一性。① "宪法优位性是指宪法作为根本法构成国家一切实定法的基础与核心,在整个法律体系中处于最高地位。在现代法治国家中,宪法优位性不仅是一种具有价值性的理论形态,而且成为一种制度体系"。② 如果将宪法仅仅归之于公法,那么其对价值形态与制度体系的引导作用也就十分有限,所谓的整个社会的"根本法"也只能是公法领域内的根本法。

其次,将宪法归之于公法,在公法与私法的二元划分结构下,宪法的作用也仅仅及于公法领域内。在人们的传统观念中,以"自治"为核心的民法学似乎与宪法学关系不大。其实,这是对民法的运行体制和宪法作用的不甚了解和认识偏差。在本质上,宪法对国家权力的制约为私法自治提供了坚实的制度保障,诚如耶利内克所言"整个私法都建立于公法的基础上(Das ganze Privatrecht ruht auf dem Boden des… offentlichen Rechtes)"③。私法自

---

① 强世功:《基本权利的宪法解释——以齐玉苓案中的受教育权为例》,载赵晓力编:《宪法与公民》(思想与社会 第四辑),世纪出版集团、上海人民出版社2004年版,第71页。
② 徐秀义、韩大元主编:《现代宪法学基本原理》,中国人民公安大学出版社2001年版,第141页。
③ 转引自〔日〕美浓部达吉著:《公法与私法》,黄冯明译,中国政法大学出版社2003年版,第35页。

治空间的确立是以宪法对国家权力的严格规范和监督为前提的,私法上的公民自治权利需要宪法规范的根本确认,而私法纠纷的最终解决也有赖于根据本国宪政体制所建立的诉讼制度。因此,在法学体系中,不仅公法学需要宪法学基础性的引导,私法学的发展也需要宪法学积极性作用的发挥。

正是面临着将宪法归之于传统公私法二元格局中"公法"的不足,要解决这些理论与现实中所面临的问题,必须对宪法的概念与性质有一个科学的定位。在根本上而言,宪法是整个共同体价值的集中反映与体现,是超越于传统的公法与私法划分的最高法。① 宪法对于整个共同体的价值与意义,国外学者早已认识到"第一,将宪法(constitution)视作建立和组织一个政治共同体(a political community)的观点;第二,视宪政(constitutionality)原则为确定各种政体之一般形式的努力;以及第三,立宪政府(constitutional government)的性质"这三个问题之间有着极其紧密的关系,我们必须将其结合起来讨论,"宪法除了是一国所有其他实在法的渊源(因为是宪法设立了立法机构)以外,它还是基本法,因为它确立了合法性标准,而且此后所有的法律都要根据这一标准加以衡量。"②宪法作为"根本法","正是由于宪法反映了社会共同体以及存在于其中的社会生活的整体性、统一性与自足性,宪法才获得了根本法的地位与意义。"③这里实际上对传统观念中宪法的"根本法"属性做了新的阐释,为其注入了新的意义。长期以来对宪法"根本法"的认识,仅仅是就其在法律体系中的地位而言的,仅仅是对宪法所处地位的一种宣示,然而这种宣示仅仅是口号式的、空泛的,未能注意到其对共同体内整个社会生活统摄、协调、统一的作用。宪法作为承载整个共同体价值的规则,不能在公法与私法二元划分格局中进行非此即彼式的简单归类,其作为

---

① 亦有学者明确指出:"宪法乃是人为了自己的生存和发展有意识地组织政治共同体的规则,以及由该规则所构建的社会秩序。"参见刘茂林:《宪法究竟是什么》,载《中国法学》2002 年第 2 期。
② 〔美〕莫蒂默·阿德勒(Mortimer J. Adler)编:《论宪法》,邓正来译,载《河北法学》2006 年第 11 期。
③ 此处参见了刘茂林、梁成意:《人的社会生活整体性视野中的宪法与民法的关系》(发言提纲),载《民法学与宪法学的对话》研讨会论文集》(中国人民大学宪政与行政法治研究中心,2006 年 5 月 25 日)。

最高法,起着统率、引领整个法律体系的作用。在此前提之下,所谓的"私法自治"、"契约自由"也只能是在以宪法为最高价值的法律秩序之中的"自治"与"自由"。

四、我国当前研究契约自由的宪法基础的空间与意义

由上可见,在我国,一面是民法学者对契约自由研究的日渐"冷却",一面是宪法学者对民法与宪法之间关系的"热烈"探讨。前者似乎直接表明了再度研究契约自由的空间有限,契约自由的实现及其保护更倚重司法及其解释的完善;后者则是对二者之间关系理论化、专题化的探讨,鲜有对"契约自由"专门、系统的研究。前者"有意"的冷却,后者"无意"的疏漏①,都未给予契约自由应有的关注,但这同时也为从宪法学角度研究契约自由留下了充裕的空间。从根本上而言,契约自由的保护及其实现,不仅有赖于民事法学研究的深入以及民事立法的完善,而且有赖于整个法律体系内的全面考量。

通过上述对契约自由相关研究成果的总结,我们可以看到,无论是在研究主体还是在研究内容上都表明,当前对契约自由的研究仍然主要局限于民法学领域内的研究。这主要是受我国长期以来法学研究中公法与私法二元划分理论的影响。即使是对契约自由在社会生活中的影响、如何对其加以限制,也主要是局限于民法体系内部的研究,而忽略了国家立法、行政、司法权力在更大范围、更深程度上对契约自由的保护与限制。同时,这种研究领域与视角也未能认识到契约自由作为公民②自主决定、设定权利义务关系其本身所承载的宪法价值,未能认识到契约自由与基本权利保护的双重难题。涉及国家权力对公民契约自由的限制时,也很少从宪法上基本权利保

---

① 也许在宪法学者看来,所谓"契约自由与宪法"只不过是"第三人效力说"具体适用的表现。对此观点,将在下文进行专门分析。
② 所谓"公民"是广义上而言的,是与国家相对应的,包括公民、法人以及其他。而称"公民个人"时,则是狭义上,仅仅是与国家相对应的自然人。本书若无特别说明,"公民"都是在此意义上而言的。

护的角度来探讨该国家权力的正当性与合理性。在此前提下,仅仅局限于民事私法领域内对契约自由的保护,其结果与效能便可想而知。因此,若不能从根本上认识契约自由对于公民经济与社会生活的重要意义,不能从契约自由的内涵与要求考察国家权力与公民权利之间的辨证关系,不能明确国家权力在保护契约自由上所承担的义务及其限度,则契约自由的价值也无法充分实现。这些问题,也为从宪法学角度研究契约自由留下了充裕的空间,这也是本书的目的与意义所在。

(一) 影响契约自由宪法价值彰显的客观原因

契约自由不仅是民事私法制度的基本原则,而且是市场经济与法治社会的基础与动力,更是共同体中政治、经济、文化生活的基本价值和准则。然而,在我国,契约自由的宪法价值并未得到广泛的承认与重视,这一方面是受局限于民法学领域内所致,另一方面则是受我国思想理念与现实制度的影响。我国对契约自由的宪法价值的认识也主要是停留在比较法学的基础上。

首先,契约自由所具有的独立性价值被淹没在广义的"财产权"之中。许多国家宪法中所保障的"财产权"范围是十分广泛的。一般广义上的财产权包括获得财产的经济活动自由在内,而经济活动自由的重要内容则是契约自由。我国学者也坦言,"在更广的意义上,财产权包含了经济活动的自由。无论对于个人发展还是社会繁荣,普遍意义上的经济自由都是重要的。"[1]而且,就形式与内容而言,所谓的契约自由只是公民在以契约形式交易活动中的自由,其对象与目的都是财产权保护的客体——财产。相对于形式上的契约自由,注重保护关系公民生存与发展的财产权似乎更为切实可行。这也是大多数国家注重财产权保护的缘由所在。

其次,即使是在推崇契约自由价值的美国,契约自由的独立性价值也在逐渐消退,"和言论自由与信仰自由不同,财产权与经济自由作为一种宪法

---

[1] 张千帆著:《宪法学导论——原理与运用》,法律出版社 2004 年版,第 486 页。

权利在18与19世纪很受推崇,但现在早已不是'神圣不可侵犯'的权利。"①在美国宪法中有"禁止州制定侵害契约义务的法律"以保护契约自由,这一条款在美国宪法发展初期,对促进自由贸易起到了十分重要的作用。马歇尔法官则在最高法院的一系列判决中,通过解释这一条款来保护契约自由也一度达到了其顶峰。随着自由放任经济弊端的暴露以及现代"法治国"、"福利国家"的兴起,契约自由不再是"神圣不可侵犯的",在形式上州可以制定法律予以限制,在实质上可以行使治安权(police power)进行限制。而且,就契约条款的作用而言,最高法院现在较少依据该条进行判决,更多的是运用"正当法律程序"、"财产征收征用"等条款。

再次,即使是在承认契约自由宪法价值的国家,在违宪审查的实践中,较之公民的政治权利与自由,对涉及限制公民经济自由的国家权力的审查,也是持更为宽松的态度。在美国、日本等国家推崇"二元审查基准",即对涉及限制公民政治权利与自由法律的审查,违宪审查机关的审查较为严格;而对涉及限制公民经济权利与自由法律的审查,则较为宽松,充分尊重立法机关的决定。"现代国家对个人财产与经济活动施加各类立法限制,且只要不是过分不合理,这类限制一般都被认为合宪。"②这种分别对待的审查标准,一方面反映了在立法机关与违宪审查机关的权力博弈中,违宪审查机关在积极主义与谦抑主义的两难进退中不得不采用的做法,另一方面也导致了人们对公民政治权利与自由的保护与经济权利与自由的保护在位阶、重要性等本质上重大差异的认识。

(二)尚待澄清的两个问题

探讨"契约自由的宪法基础",主要是从宪法学的角度来研究契约自由的相关问题。从宪法文本的规范形式来看,除了在德国魏玛宪法中直接规定"经济关系受契约自由调整"和美国宪法中的"契约义务"条款对契约自

---

① 张千帆著:《宪法学导论——原理与运用》,法律出版社2004年版,第572页。
② 同上。

由的明确规定之外,契约自由的价值内涵更多地则是通过宪法文本中自由权、财产权、人格权等基本权利解释而来的。因此,若将契约自由作为公民的一项基本权利,在规范形式上有其一定的不完备之处。必须明确的是,虽然宪法文本中没有明确规定契约自由,但契约自由对于公民生活、社会发展的意义与影响是不可低估的。那么,如何解决宪法规范形式与实际价值意义之间的不相协调? 如何对"契约自由"的地位与属性加以准确地定位? 这的确是个十分棘手的问题,也是困惑笔者许久的问题。而在我国,这一问题则更为突出,因为没有违宪审查制度的有效运作,从而通过宪法解释对契约自由的价值与意义做充分的阐释。为此,对契约自由的宪法价值的探讨更多地则是基于其他国家或地区的宪法理论与实践。

探讨"契约自由的宪法基础",而契约自由作为民法的基本原则之一,其中不可避免的便是宪法的拘束对象与效力的问题。这也是近年来在国内外颇为热门的一个话题。那么,宪法是否适用于私人之间的关系? 赞成者、反对者均亦有之,个中见解不待细说。在此,笔者欲特别说明的是,虽然在具体内容、形式上随着时代变迁发生了诸多变化,宪法仍然是规范公民与国家之间关系的,这一点是不容质疑的。从宪法学的角度探讨契约自由,着重点也并不在于宪法对于私人之间的契约关系是否适用的问题,而是在宪法拘束国家与公民之间关系的基本前提下,探讨契约自由的行使及其保障过程中立法机关、司法机关以及行政机关相应的保护义务及其界限的问题。

随之而来的问题则是,在重视人权与基本权利保障的今天,如果公民行使契约自由而限制了公民的某项基本权利,那么对于该契约自由的效果该如何处理,公民是否由此承担违宪责任? 对这个问题的回答,首先必须上溯到"公民能否作为违宪主体"的理论探究。我国学者在研究宪法监督制度的发展完善之时,对这一问题也有所论及。无论是根据我国宪法中对公民"遵守宪法和法律"的一般性规定,还是宪法中"公民的基本权利与义务"对于公民基本义务的具体列举,都表明了公民在违反宪法的相关规定、不履行基本义务之时亦有可能成为违宪主体。①那么按照这一逻辑,既然公民能够作为违宪主体,那么在其侵犯公民的基本权利之时也需承担责任。这一推论是存在问题的,而问题的症结所在,诚如有学者指出:"没有将宪法在公共权力关系上的适用与在私人关系上的适用中的违宪问题分开讨论,从而造成了理论上的混乱"②。

的确,宪法中规范公民与国家之间关系的规范,与宪法是否规范私人之间的关系,二者有着本质上的区别。即使是在肯定公民不履行基本义务亦有可能承担违宪责任③的前提下,也不能由此得出在公民侵犯他人基本权利时也要承担违宪责任的结论。因为,二者在关系范畴上有着本质的区别,前者是公民与国家之间的关系,后者则是公民之间的关系。私人之间运用契约自由对涉及公民某项基本权利的内容作出限制性的约定时,是否有效,这则需要国家通过立法、司法的判断。在国家未对其作出否定性的评价之时,该约定都是有效的,这也是民法契约自由原则的基本准则。当在社会中某一领域、某一主体通过行使契约自由而对公民基本权利造成侵害已达十分严重之时,国家若不能积极采取相应的措施予以解决和防范,该受谴责的则是怠于履行义务的国家机关。而在国家未通过相应的立法、司法对其作出否定性评价之时,即使对公民个人作出限制性约定的契约自由,宪法也没有理由直接介入。宪法的拘束对象仍然是作为其调整对象的国家机关,而非公民,公民行使契约自由的行为仍然有赖于民事立法的规范,这也是维持法律体系的统一协调的根本要求。

五、本书的研究思路和结构安排

契约自由作为民法的基本原则之一,随着契约立法与实践的发展,契约

---

① 相关研究参见王叔文:《我国宪法实施中的几个认识问题》,载《中国社会科学院研究生院学报》1988年第5期;李忠著:《宪法监督论》,社会科学文献出版社1999年版,第128页。
② 姚国建著:《违宪责任论》,知识产权出版社2006年版,第170页。
③ 实际上这一主张也仅仅是在理论上成立,在现代法治社会随着法律体系的日臻完善,宪法中基本义务的规定都已通过相应的立法而被具体化为法律责任。

自由的理论研究也渐趋成熟。但从根本上而言,契约自由的实现及其保护,不仅有待于民事立法的完善与民法学研究的深入,而且有赖于整个法律体系中对国家权力与公民权利的全面考察。这种研究领域与视角转换的必要性与现实性,随着作为契约自由基础的社会现实的发展变化,也显得日益突出。当然,从宪法学的角度探讨契约自由,重点并不在于宪法是否拘束私人之间契约关系的问题,而是在坚持宪法规范国家与公民之间关系这一基本前提下,探讨契约自由的行使对于公民基本权利的意义及影响、为实现契约自由国家所应履行的保护义务以及在此基础上对保护义务及其界限的判断——违宪审查等根本性的问题。

要明确"契约自由"这一基本范畴,首先要对其原初意义及历史变迁进行全面梳理。为此,则采用语辞学的方法,先分析了"契约"与"自由"的内涵,然后分析"契约自由"。对"契约"概念的使用经历了一个选择与放弃的历程,即契约的丰富内涵经历了逐渐限缩并明确的演变过程;契约的调控机制经历了从由习惯到法律的演变过程;契约的核心要素经历了从形式到实质的历史飞越。契约自由,亦有"思想"与"原则"的区分。这期间经历了几个世纪的历史积淀,不仅仅是从"思想"到"原则"规范形式上的变化,而且在更深层次上反映了社会政治、经济与文化条件的历史变迁。

"契约自由与宪法的变迁"也是一个十分复杂的命题,需要先对契约自由的变迁、宪法的变迁做系统的梳理,然后发现二者之间的紧密关联性。契约自由的变迁则是与民法的变迁紧密联系在一起的,从近代民法到现代民法的一个重要表征便是对契约自由的限制。从国家对当事人订立契约意志的尊重、实现契约自由过程中国家的功能与地位来看,将契约自由的变迁分为"近代契约自由"与"现代契约自由"也是合理的。宪法经历了从近代向现代的变迁,契约自由也经历了从近代向现代的变迁,二者在历史时期、价值理念与制度内容上都存在着高度的一致性。比较契约解释与宪法解释,无论是前者的主观主义与客观主义,还是后者的原旨主义与非原旨主义,都可发现二者在解释的目的、解释的对象以及解释的困境等方面的内在一致性。

着眼于契约自由与基本权利之间的关系,从宪法规范的角度来看,契约自由的价值与意义,是通过在宪法文本中直接规定或经由宪法解释其他基本权利两种途径得以实现。而在民法与宪法之间关系的探讨中,无论是"第三人效力说"中"直接效力说"与"间接效力说"的纷争,还是"基本权利扩散理论"的主张,都对基本权利效力及其范围的确定奠定了理论基础。在一般意义上而言,对契约自由与基本权利关系的认识,源于基本权利对民事私法的效力这一问题。同时,契约自由的性质与特点,也决定了契约自由与基本权利之间的关系并非仅仅停留于基本权利是否适用于私法这一问题上。针对双方当事人之间达成的涉及放弃或限制基本权利的契约,是因为违反了宪法基本权利保障的要求予以否定,还是尊重双方的契约对其效力予以肯定?要做出一个合理的判断,十分困难。这也是契约自由与基本权利保护之间所呈现出的双重难题。尤其是在现代立宪主义国家,将契约自由视为宪法所保护的基本权利之一的情形下。因此,更多地需要运用利益衡量方法,全面考察当事人所享有的基本权利,针对具体案件做出具体判断。

从根本上而言,契约自由的实现及其保障,国家负有不可推卸的保护义务。契约自由所受到的保护与限制,是国家权力介入的结果,必须在国家权力与个人自由之间的关系中考察。契约自由的实现,相应地涉及国家立法机关、司法机关以及行政机关的义务与职责。对于契约自由立法,不仅宪法委托、基本权利保护等学说为其正当性提供理论基础,而且契约自由的理论前提与社会现实之间的差距,也奠定了立法的必要性与合理性的基础。对契约当事人而言,立法的限制与保护都是相对的,对一方当事人契约自由的保护则是对另一方契约自由的限制。这在规范体系上,不仅表现为民事法体系之内的保障与限制,而且包括民事法体系之外专门立法的保护与限制。较之立法机关,作为司法机关的普通民事法院对契约自由的保护,因机构本身的性质、工作特点所致,其对契约自由的影响更多的是通过具体契约争议中法律的选择适用、概括性条款的解释等实现的。而立法机关、司法机关对契约自由的保护与限制是否正当、合理,则需要相应机关的监督与审查。这在现代立宪主义国家,则表现为违宪审查的实践。针对违宪审查实践中对政治自由与经济自由分别审查的做法,首先要肯定其合理性,这是由经济立法内容的特殊性以及三权分立体制所决定的,其次也要认识到这一做法背后深刻的政治、经济、社会文化背景。

为保护契约自由,通过违宪审查实现对立法机关的监督,《美国宪法》第1条第10款"契约义务条款"的实践较具有代表性。以契约条款在保护契约自由中的影响及法院所秉持的立场为依据,可划分为契约条款的兴起、契约条款的衰落以及契约条款的新生三个时期。但在当今的美国司法审查实践中,这一条款的运用极其少见,更多的是通过运用第5条修正案"征收条款"、第14条修正案"正当法律程序条款"实现对财产权与经济自由的保护。在德国,因为宪法诉愿制度的建立及其实践,使得宪法法院与普通法院之间的关系变得紧张。这也需要对实践中广泛运用的利益衡量方法的理论基础、权限领域进行反思。而在没有建立宪法诉愿制度的国家,违宪审查机关与普通法院之间的紧张关系并不特别突出。但这并非意味着普通法院在处理具体的司法纠纷时可以脱离宪法价值的影响与约束。实现宪法价值对司法实践的影响与约束,则是现代立宪主义国家的基本要求。而实现这一要求,民法中概括性条款的解释与运用无疑发挥了十分重要的媒介作用。

通过对20世纪以来各国保护契约自由的理论与实践的总结,发现在契约自由与宪法的发展中有以下特点:在理论上,对契约自由与财产权的保障,私法以外的公法的影响逐渐受到关注;在立法中,逐渐注重涉及契约自由及其限制的相关法律的颁布;在实践中,宪法对契约自由的价值及意义逐渐得到确立。展望21世纪契约自由的发展,也是机遇与挑战并存。通过对小区规约、代孕契约以及国家为保障契约自由实现所应承担的资讯义务的分析,则为现代城市建设、生殖技术的发展以及信息社会对契约自由的影响提供了类型化分析的视角。可以肯定的是,现代社会的发展使得宪法对契约自由的影响越来越大,形式也越来越多样化,契约自由无法脱离宪法价值的影响而实现。当然,在私法自治、契约自由的坚强堡垒面前,在国家与公民之间关系的传统宪法理论之下,宪法对契约自由的影响仍然是潜在而缓慢的。之所以如此曲折缓慢,是因为宪法体系与民法体系在适用对象、调整方式上都有着本质的差异。在我国,契约自由的宪法基础的确立,宪法学研究契约自由相关问题的深入,都有赖于我国人民代表大会制度下宪法监督制度的发展与完善。

因此,虽然一再强调宪法对于契约自由的价值与影响,但我们也须深谙于心的一个主旨与原则便是,强调宪法价值并不妨碍私法自治的实现,而是以宪法价值来整合由公法与私法共同构成的法律体系。强调宪法对于契约自由的影响,其根本目的也并不是要改变甚至取代原有的契约自由,只是奠定与强化其实现的基础。这在根本上不仅是解决契约自由当前所面临困境的根本出路,也是整个社会法律制度的一体化、层级化的根本要求。

第1章　契约自由基本范畴研究[①]

1.1　基本范畴之一:"契约"

1.1.1　主脉的考察:作为"交易"的契约

(一)"交易"契约的内涵

提及"契约",人们首先想到的可能就是双方之间进行的财产交易,这也是"契约"概念在当今最为主要、常见的用法。"契约"肇始于罗马法,查士丁尼在《法学总论》中对契约概念做了高度抽象的概括,"契约(contractus)是由双方意思一致而产生相互间法律关系的一种约定"[②],将"契约"视为一种"合意"或"约定"。根据英国法律史学家梅因的研究,契约最初所表达的是"联系"或"有约束的联系"之义,而表示一个"契约"的名词则是拉丁文"耐克逊"(nex),契约的两造称为"耐克先"(nexi),

---

[①] 明确一个概念的内涵与外延,是进行研究的前提与基础。对于"契约自由"这一概念而言,虽然近年来对其进行的研究不计其数,但对这一基本范畴的原初意义及其历史发展的变迁做一全面梳理的,并不多见。而且,在我国,由于"契约"与"合同"这两个概念之间的紧密关联,对"契约自由"这一概念的使用也是十分复杂且混乱的。为此,为了明确本书核心的研究对象——"契约自由",本书则采用了语辞学的方法,将"契约自由"解析为"契约"与"自由"两个概念,先对两个概念逐一进行分析,然后再分析"契约自由"。

[②] 〔古罗马〕查士丁尼著:《法学总论》,张企泰译,商务印书馆1997年版,第159页注释1。

是一种"用铜片和衡具的交易"①。这种将"契约"与"产生法律关系"紧密联系的做法,也一直影响了契约概念的界定及在后世的主要应用。

因传统理念、司法制度等诸多方面的差异,英美法系与大陆法系对"契约"概念的界定有着一定的差异。在英美法中,一般认为契约(contract)是一种"允诺"(a promise)。《美国契约法重述》(第2版)对"契约"下了一个经典性的定义即是,"所谓契约,是一个或一组承诺,法律对于契约的不履行给予救济或在一定意义上承认契约的履行为义务"②。而在大陆法系国家,《法国民法典》第1101条明确指出:"契约,为一人或数人对另一人或另数人承担给付某物、作为或不作为义务的合意"③;《德国民法典》则将契约仅仅视为"债的关系"④的一种形式,并纳入法律行为之中予以规范。

英美法系与大陆法系这种对"契约"概念定义上的差异,近年来随着学理研究与司法实践的发展,也呈现出了相互融合的趋势。特别是英美法系契约法中所尊崇的约因理论发生了变化,也开始采用了大陆法系将契约视为一种合意的立场,《牛津法律大辞典》将契约定义为:"契约"是二人或多人之间为在相互间设定契约义务而达成的具有法律强制力的协议;《美国统一商法典》规定:"契约是指产生于当事人受本法以及任何其他应适用的法律规则影响而达成的协议的全部法律债务",而学者们也倾向于将契约视为"产生由法律强制执行或认可的债务的合意"⑤。

(二)交易"契约"的起源及历史沿革

1. 我国契约制度的历史考察

考察契约在我国的历史沿革,"如果以现代的观点,物品(商品)交换、

---

① 〔英〕梅因著:《古代法》,沈景一译,商务印书馆1959年版,第177—178页。
② 〔英〕P. S.阿蒂亚著:《合同法概论》,程正康等译,法律出版社1982年版,第27页。转引自季卫东先生为《新社会契约论》中译本所作的代译序——"关系契约论的启示",见〔美〕麦克尼尔著:《新社会契约论》,雷喜宁、潘勤译,中国政法大学出版社2004年修订版,代译序第2页。
③ 《拿破仑民法典》,李浩培译,商务印书馆1979年版。
④ 〔德〕康伯拉·茨威格特、海因·克茨:《合同法中的自由与限制》,孙宪忠译,载梁慧星主编:《民商法论丛》(第9卷),法律出版社1998年版,第349页。
⑤ 特内脱在《契约法》一书中对契约的定义。转引自梁慧星:《民法学说判例与立法研究》,中国政法大学出版社1993年版,第238页。

交易的背后必然包含着契约的话,可以推论在夏商之前就有可能存在契约的实际运用了。"①司马迁在《史记》中便阐明:"农工商交易之路通,而龟贝金钱刀布之币兴焉,所从来久远。"根据《周礼》的记载,在西周时期,便专设司市、质人等官员负责买卖契约的签订。而且在契约的类别、形式上也有了明确的划分,类别上"大市以质,小市以剂",形式上"'傅'是原本,'别'是副本"②。在契约交易的场所上,西周亦有大市、朝市、夕市的划分。春秋战国时期,也存在着契约和市。至汉朝时期,契约制度已渐趋完善,土地买卖契约兴盛。土地买卖契约,不仅一改以往写于竹帛之中而将其雕刻于砖、石、玉、铁、铅等坚硬物质上,而且亦有"如律令"等确认契约效力的语辞表达。③东汉时期,对契约的使用也非常普遍。根据《汉书·沟洫志》的记载,为适应租佃制度的发展,还出现了收租契约的运用。晋朝则有了对特定买卖关系订立契约的要求。在唐朝,契约的运用也十分广泛,并且实现了契约的生效期限与履行期限的分离,但契约主要是作为进行行政管理、收取契税的依据而发挥作用。④ 宋朝时期,随着商业贸易的发展,契约的形式与内容也在逐渐丰富,不仅有赊买契约、预买契约,还出现了如居间契约、合伙契约以及类似仓储保管、加工承揽等新的契约形式。⑤ 在明代,契约的使用更为丰富,卖田、卖屋、当田、当屋、租田、借贷、典雇、包工、雇船、租店、合伙经商等十几种契约格式都相当规范,并且得以保留下来。⑥ 时至清朝,契约的使用更是普遍,而且《写契投税章程》规定:"民间嗣后买卖田房,必须用司印官纸写契。违者作为私契,官不为据"⑦,从而有了"私契"与"官契"的区分,即以写契的

---

① 彭诚信著:《主体性与私权制度研究——以财产、契约的历史考察为基础》,中国人民大学出版社2005年版,第48页。
② 栗劲:《秦律通论》,山东人民出版社1985年版,第493页。
③ 参见乌廷玉著:《中国历代土地制度史纲》(上册),吉林大学出版社1987年版,第85页。
④ 《唐律疏义·杂律》规定:"谓公私债负,违契不偿,应牵掣者,皆告官司听断。"
⑤ 具体说明详见张晋藩、郭成伟主编:《中国法制通史》(第5卷),法律出版社1999年版,第264—266页。
⑥ 参见张传玺著:《中国历代契约会编考释》(下),北京大学出版社1995年版,第699—1121页。
⑦ 参见张晋藩著:《清代民法综论》,中国政法大学出版社1998年版,第130页。

形式作为区分标准。

至此,在我国历史实践中逐渐延续下来并不断丰富的契约制度,在明清时代达到了其完备之时。然而,这也是封建制度较之西方资本主义制度渐趋衰落之日。封建王朝所推行的重农抑商政策,不仅扼杀了正在萌芽中的资本主义经济,也人为地限缩了契约发挥作用的领域与范围。正是在此意义上,有学者通过对我国古代历朝契约制度的考察,指出:"我国古代的契约制度,从一开始就带有行政管理的性质。契约当事人之间从来或者很少有真正的契约自由。"①

2. 西方契约制度的历史考察

"无论是'古代法'或是任何其他证据,都没有告诉我们有一种毫无'契约'概念的社会"②,这是对"契约"在概念上源远流长的历史的精确描述。而在实践中,可以说自人类社会生产力的发展出现了剩余产品之后,契约也就有了其存在的充足空间。当然,当时的"契约"是否等同于我们今天所言的"契约"另当别论。

提及西方契约制度的起源,一般则认为古希腊就已存在契约制度,最有力的例证则是苏格拉底与阿里斯同的对话中就已提及"借贷和抵押"③。在罗马法中,契约制度得到了全面的发展,"每个债或者产生于契约,或者产生于私犯"④,契约与私犯则是债的发生原因。对契约之债的形式,盖尤斯的《法学阶梯》、查士丁尼的《法学总论》中都做了四种形式的划分,"债的缔结或者是通过实物,或者是通过话语,或者是通过文字,或者是通过合意",即所谓的"要物契约"、"口头契约"、"文字契约"和"诺成契约"四种。"'口头契约'是四类契约中最古的一类,并且是原始'耐克逊'最早的已知的后裔,

---

① 彭诚信著:《主体性与私权制度研究——以财产、契约的历史考察为基础》,中国人民大学出版社2005年版,第52页。
② 〔英〕梅因著:《古代法》,沈景一译,商务印书馆1959年版,第176页。
③ 〔古希腊〕柏拉图著:《理想国》(第1卷、第2卷),郭斌和、张竹明译,商务印书馆1997年版,第356页。
④ 〔古罗马〕盖尤斯著:《法学阶梯》,黄风译,中国政法大学出版社1996年版,第226页。

这是毫无可疑的。"①"而古代采用的'口头契约'中最重要的、并为权威经常讨论到的唯一的一种是用约定的方法来达成的,就是通过一'问'一'答'所作成的约定"。②"在生活的接触中,最普通和最重要的一种契约无疑是那种称为'诺成'的第四种","'诺成契约'在数量上是极端有限的。但是,毫无疑问它在'契约'法史上开创一个新的阶段,所有现代契约概念都是从这个阶段发轫的……在契约的观点上,形式全部被消除了,外部行为只是看做内部意志行为的象征"③。"也正是从这个阶段开始,契约只是关注意志因素,契约自由观念真正形成,从而也揭开了人类社会以自由观念指导人们思维和行动的序幕"④。正是如此,罗马法上的"诺成契约因而成为'私法自治'观念的实践基础和后世'契约自由'原则的历史渊源"⑤。

(三) 两个概念的辨析:"契约"与"合同"

"契约",一般英文表述为"contract",德文为"Vertrag"或"Kontrakt",法文为"contract"或"pacte"。作为指称"当事人之间为确立、变更、终止民事法律权利义务关系而达成的协议"的概念,在我国的民事立法与法学研究中,较长一段时期内是将"契约"与"合同"这两个概念混用的,现在则以"合同"取代了"契约"之谓。细心的学者通过考察发现,"合同"成为"契约"的同义词并逐渐取代后者,是1949年以后的事情。自1950年10月3日颁布的《机关国营合作社签订合同契约暂行办法》将"契约"与"合同"并列使用,至1957年起草民法典中的《买卖契约第六次草稿》立法文件中最后一次使用"契约",经过五年多"契约"与"合同"混同的过渡期之后,"契约"作为我国立法上的一个正式术语终于完全消失。⑥ 然而,以"合同"替代"契约"的转换过程中并没有出现公开的讨论和争论,分析其中原因可能有两个方面:一

---

① 〔英〕梅因著:《古代法》,沈景一译,商务印书馆1959年版,第184页。
② 同上。
③ 同上书,第188—189页。
④ 彭诚信著:《主体性与私权制度研究——以财产、契约的历史考察为基础》,中国人民大学出版社2005年版,第76—77页。
⑤ 吕颜峰:《私法自治与国际私法——兼论国际私法的性质与范围》,载《法制与社会发展》2001年第1期。
⑥ 贺卫方:《"契约"与"合同"的辨析》,载《法学研究》1992年第2期。

是废除"旧法统"的影响,"契约"作为旧法术语而遭到冷落;二是社会制度与经济制度变化的影响,实行计划经济之后,契约不再是当事人为增进私人利益而自由地交换商品和劳动的手段,它已经变为履行国家计划经济并使其具体化的一种工具,"契约"的涵义已发生了根本性的变化,不应继续援用从前的名称,应以"合同"取而代之。①

从历史上考证,虽然"契约"与"合同"都是古已有之的术语,但二者在内涵与外延上有着一定的差异。"契约"作为一个合成词最早见于《魏书·鹿悆传》"还军,于路于梁话誓盟。契约即固,未旬,综果降。"而"合同"只是古代契约演变过程中出现的一种表现形式,即为了取信和对质,在契文的左右两契并合处大书一个"同"字,遇有争议,两契相合,"同"字齐合,则属原契;后又将"合同"两字并书,两契之上各有两字之一半,"合同"之谓由此而来。可见,在我国古代历史悠久、形式多样的契约制度中,"合同"只是"契约"形式的一种,只是作为验证"契约"的一种标志,犹如今天的押缝标志,其本身并不是当事人之间的协议。② 有学者通过对清代契约文书的考察进一步提出,"契约"是"合同"的上位概念,在"契约"下有"合同"和"单契"两个平行概念,其中"单契"是一种不平等的具体关系的反映,"合同"中则存在着相对平等的"具体关系"。③ 在我国台湾地区,学者至今仍倾向于将"契约"与"合同"作为相互独立的两个概念来使用:所谓"契约"是由两个交换的所为意思表示之一致而成立的法律行为;"合同"行为亦被称为协定行为,是因同方向平行的两个以上意思表示之一致而成立的法律行为,对于各当事人的价值是等同的,例如,社团法人之设立、因合并之公司成立、合伙人之开除。④

针对这种以"合同"取代"契约"的做法,持肯定意见者,基于"合同"在

---

① 贺卫方:《"契约"与"合同"的辨析》,载《法学研究》1992年第2期。
② 同上。
③ 俞江:《"契约"与"合同"之辨——以清代契约文书为出发点》,载《中国社会科学》2003年第6期。
④ 史尚宽著:《民法总论》,中国政法大学出版社2000年版,第310—311页。

我国得到广泛的承认与使用而"契约"逐渐被现行立法淘汰的客观事实,赞同"在学术研究中对'契约'和'合同'两个概念不做区分,而是把它们作为等同的、可以相互替换的概念。"① 持否定意见者,以贺卫方教授在20世纪90年代初期对"契约"与"合同"辨析的一篇短文中的主张为代表,认为两个概念混同、互换是"不必要的,甚至可以说是概念上的误导",理由在于四个方面:一是从语词结构上看,"契约"是复合同义词,而"合同"是动宾结构,古代的"合同契"是"把'同'字合起来[加以验证]的契约",以"合同"径指契约与原有意义相差太远、文理上难以说通。二是"合同"之称在实际使用中很不经济,"契约"可简称为"约",而"合同"却不能做类似省略,这种术语使用上的繁琐会给法官、律师带来不便。三是改"合同"为"契约"会给学术研究带来方便和益处。对这两个概念许多学者或是各执一词或是两词互用,不利于读者正确理解有关概念,也损害了学术著作的准确性和权威性。四是"契约"概念本身已经超出了纯粹的法学与经济学的范畴。"契约"是人类冲破血缘与家族桎梏,建立人与人之间一种平等的权利义务关系的纽带,它已不仅仅是一个民法上的概念,而且成为一种社会观念,一种衡量社会进步的尺度。②

这种反对将"契约"等同于"合同"的主张,为我们洞察两个概念之间的差异提供了很好的视角。尤其是通过历史文献的考察指出了"契约"与"合同"在历史渊源上的差异,明确了"合同"在古代仅仅为验证契约的一种标志是作为"合同契"而存在的。但细究其中四个原因,从语词结构的角度来论证"契约"与"合同"的不同,并以"合同"在传统古代的称谓及意义为佐证,但古代的使用并不能禁锢其在当代意义的发展③,似乎缺乏说服力。而第二个理由,以在司法实践中用语字数的多少、繁简作为理由,也太过于牵强。第三个理由认为将"合同"改为"契约"将会带来学术研究的方便和益

---

① 房伟、胡红辉:《契约概念的厘定》,载《江西行政学院学报》2005年第1期。
② 贺卫方:《"契约"与"合同"的辨析》,载《法学研究》1992年第2期。
③ 当然,该学者也承认了可以"赋旧词以新义","然而与其本来意义毕竟相差太远,于文理上也难以说通"。

处,这实际上并非是因为以"合同"取代"契约"这一行为本身所导致的。最为强有力的,则是其所持的第四个理由,即"契约"除了"合同"所包含的经济交往的协议之外,还有史学、社会学上等更为深远的意义。在范围上,"契约"所涉的要大于"合同"所涉的,"契约"中涉及人际关系、社会关系的内容,是"合同"所不能包含的。①

因而,在笔者看来,"合同"作为平等主体之间的意思表示一致而成立的法律行为,与民事法律上的合同是相一致的;而"契约"作为当事人之间的合意,不仅包括平等主体之间的"合同",还包括非平等主体之间,如涉及社会与国家起源的"社会契约",政府与公民之间的"行政契约"②等。当然,在民事活动领域,作为平等主体之间进行交易的协议,"合同"与"契约"并无本质的差别。在某种程度上也可以相互替换、等同使用。但在民事合同之外,涉及不平等主体之间的协议,如涉及国家起源的社会契约理论,政府与公民之间的契约等,则都是"合同"所不能涵盖的。而对"契约"中所包含的涉及人际关系、社会关系的内容,在现代对"契约"的考察中也得到了进一步的深入论证。这也是下文所谓"支系③的考察:作为'关系'的契约"的主要内容。

1.1.2 支系的考察:作为"关系"的契约

(一)作为关系的"契约":基于麦考尼尔的考察

针对上述主要从"交易"层面界定"契约"概念的传统做法,学者们在进

---

① 但对该学者所提出的将"合同"改为"契约"的主张,在笔者看来,有待商榷。其所提出的四个理由也说明了"契约"与"合同"在内涵、外延上并不完全契合,如果将涵射较广的"契约"替代范围明确的"合同",实际上也会造成两个概念之间的等同与混用。

② 正是合同仅仅作为平等主体之间的合意,针对政府作为一方当事人的"合同"被命名为"行政合同",该概念能否成立、是否科学,也是争议颇多的。其中最有力的责难便是,行政机关作为一方当事人,其性质与权力导致了其与"合同"主体平等的要求是相悖的。而"行政契约"首先可在概念上避免这一问题。笔者也注意到,近年来在行政法领域倡导平等、参与的学者,也更多的是说"契约理念",而非"合同理念"。如杨解君:《行政法的任务、责任理念与制度创新——契约理念的融入》,载《法商研究》2006年第3期。

③ 这里"主脉的考察:作为'交易'的契约"、"作为支系的考察:作为'关系'的契约",所谓的"主脉"与"支系",并不当然意味着作为经济交易的契约是主要的、作为社会关系的契约是次要的,只是相对于对人们对"契约"这一概念的惯常用法与生僻用法而言的。毕竟,所谓的社会关系的契约,更主要是作为一种理论进行阐述与论证。

行批判性反思的同时,也赋予甚或还原了"契约"概念的内涵。其中,尤为值得关注的是倡导"新社会契约论"的麦克尼尔,从社会学的角度对契约的认识,认为所谓契约"不过是有关规划将来交换的过程的当事人之间的各种关系"①。针对《合同法重述》对"契约"的概念的定义,则认为"这个定义不是事实上的契约的定义,而是法律上的契约的定义","法律可以说是全部契约关系的内在的组成部分,不可忽视的一部分,但法律不是契约的全部"②。而将契约限制为"一个或一组承诺",而承诺是一个虚幻的概念,并且这个定义本身不过是像"一个承诺就是一个承诺一样的同义反复,这会对理解契约带来更严重的阻碍"③。对于麦克尼尔的关系契约论,有学者分析了这一理论的本质及其渊源,指出:"麦克尼尔的新契约观,在以相互性和角色作用的团结机制为社会基础这一点上,可以明显地看到普鲁东(Pierre J. Proudhon)的平等互惠的、联合主义的政治经济学和迪尔凯姆(Emile Durkheim)的关于社会分工和团结的社会学的影响。至于处理关系的社会工程的构思的出现和流行,显然是由美国的兼有极端个人主义和自治共同体关系的法文化条件决定的。"④

因此,着眼于整个人类社会,从放大的角度来看,契约是主体之间为了完成某种目标展开行动而最终达成的一种协议。并不能将"契约"简单地等同于"契约法",根据二者之间的关系,可以将契约分为"法内空间的契约"与"法外空间的契约"两种,前者是由法这种正式规则所调整的契约,后者则是习惯等这种根据经验不断演化并控制着人的相互交往的非正式规则所调整的法律之外的契约。两者之间的步调并不经常保持一致。处于"法外空间的契约"行为有时会引领着"法内空间的契约"的发展,或者背离法律调整的目的。⑤

---

① 〔美〕麦克尼尔著:《新社会契约论》,雷喜宁、潘勤译,中国政法大学出版社2004年修订版,第4页。
② 同上书,第5页。
③ 同上书,第5—6页。
④ 季卫东著:《法治秩序的建构》,中国政法大学出版社1999年版,第373—377页。
⑤ 李声炜:《契约自由研究——一种制度经济学的解释》,吉林大学法学理论专业2004年博士学位论文。

的确,仅仅从法律角度来界定"契约"并不能穷尽契约的全部,而且大量的"契约"在法律对其进行规制之前并已存在而且发挥作用。这所谓的"事实上的契约"则更多的是以习惯的方式存在并发展。之所以做此界分,是因为作为人类进行交换的合意,其在人类社会诞生、特别是随着剩余产品的大量出现以前便已存在。① 即使此时,并没有出现我们今天所称的现代意义上的"国家",也没有作为国家治理手段之一——法律的颁行。而在国家产生之后,国家通过颁行法律对公民的"契约"交易行为进行规制,但也并不能规制全部。而即使是在法律体系日臻完善的今天,仍有大量的契约行为在社会中以习惯的方式存在并发挥作用。正是这种法律上保障的契约与现实中运行的契约,共同构成了社会秩序的中枢连接点,通过创设权利义务关系加强人们之间的联系与交往,影响着当前的社会秩序,其在现代社会中的作用与影响不可低估。

(二)"契约"的丰富内涵与维度

正如卡尔·施米特所言,"目前还没有人对契约概念的发展做过历史考察,人们不加区分地谈论'契约'"。在关于国家契约学说的各种历史描述中,从帕多瓦的马西利乌斯到卢梭有一条连贯的线索,契约概念的内部区分被忽略了。契约概念已发生了根本的内部变化,而人们没有注意到。②

"契约"在历史上也呈现出了丰富的内涵与各异的形式,总的来看,包括:作为经济法律概念的契约,主要见之于罗马法;作为宗教神学概念的契约,主要见之于圣经;作为社会政治概念的契约,主要见之于中世纪末的反暴君派理论家和霍布斯、洛克、卢梭等人的著作,更早的发展还可见之于古希腊罗马思想家;作为道德哲学概念的契约,主要见之于罗尔斯,而康德则可以说是其先驱。③ 除了上述四个方面的维度外,亦有学者指出契约还有两

---

① 这种为了生存进行物物交换的行为,在学者看来"原始契约的产生并不是早期人类的理智选择,而是一种迫不得已的妥协、退让的后果。"参见江山:《广义综合契约论——寻找丢失的秩序》,载梁慧星主编:《民商法论丛》(第6卷),法律出版社1997年版,第253页。

② 〔德〕卡尔·施米特著:《宪法学说》,刘锋译,上海人民出版社2005年版,第75页。

③ 何怀宏著:《契约伦理与社会正义——罗尔斯正义论中的历史和理性》,中国人民大学出版社1993年版,第10、17、25、39页。

个方面的维度:一是作为法律起源的契约观念;二是作为一般人类学意义(即作为一般人类活动方式看待)或社会哲学意义上的契约观念。①

无论是对"契约"四个维度的解读,还是六个维度的解读,都全面地展现了"契约"在人类社会中的意义与影响。这也有力地反驳了只将"契约"单纯视为"经济契约"的片面观点,作为民事法律关系概念的"契约"只是其中的一个方面。只是随着历史的发展,其他形式的"契约"逐渐被扬弃,而作为民事法律关系概念的"契约"却因市场经济的发展与相关法律制度的完善得以发展,规制其权利义务关系的法律——"契约法"也渐成体系。当然,经济法律概念、宗教神学概念、社会政治概念、道德哲学概念这四种根据学科属性所做的划分,只是对"契约"概念丰富内涵与形式的一个描述。实际上,就这四种学科之间存在的关系而论,作为经济法律概念的"契约"是否包含了道德因素,也因此同时作为道德哲学概念上的"契约";宗教神学概念与社会政治概念的"契约"其中存在着怎样的批判与扬弃的历史承继关系;作为社会政治概念的"契约"与作为道德哲学概念的"契约"二者之间又有着怎样的差异与联系。这些问题实际上就需要我们对这四种维度的"契约"的共性与个性做一全面的考察。而在此基础上所提出的所谓的两个维度,实际上都是四个维度之中本已涵盖的内容,无需再单独提出。

在笔者看来,无论是古代法,还是现代法中,"契约"在本质上反映的则是主体对资源的分配或交换而达成的协议,并受协议约束的行为规范。"契约"除了表征作为经济交易的概念之外,也有一定的政治、社会意义。亦有学者通过历史考察发现,在古代"契"、"约"不只是涉及经济含义,"契"、"约"二字单独看都有政治含义,合为一词才为一纯粹经济范畴。② 因此,"契约"的表现形式可以从两个角度来分析:一个是作为经济法律概念的

---

① 高懿德:《契约观念的历史维度》,载《东岳论丛》2002 年第 4 期。
② 该学者列举了《说文》释"契","契,大约也",《周礼》郑玄注云:"大约,邦国约也"等古文献,指出"邦国约"无疑是一种政约,"约法三章"、"约纵连横"中的"约"都是在政治法律意义上而言的。参见何怀宏著:《契约伦理与社会正义——罗尔斯正义论中的历史与理性》,中国人民大学出版社 1993 年版,第 7 页。

"契约",调整民事权利义务关系的合意,这也是"契约"存在的主要形式;另一个则是一般社会政治意义上的"契约",主要是融于社会契约理论之中,作为阐述国家起源的。前者是经济方面的,后者是社会政治意义上的,前者是实在的①,后者是虚幻的。

1.1.3 "契约"概念内涵的演变及其反思

通过上述对"契约"概念的梳理不难发现,从蕴涵的丰富内涵及其在历史上表现出的不同维度到我们今天所通常认为的"交易"契约,"契约"概念也经历了一个人们对其中内涵进行选择与放弃的历程。总的来看,主要表现为以下三个方面:

1. 契约的丰富内涵,经历了逐渐限缩并明确的演变过程

就"契约"这个概念本身而言,作为当事人之间的合意,其内涵是十分丰富的,其形式也是多样的。直至今天,仍有学者为客观、全面乃至方便研究起见,将契约分为广义契约与狭义契约:广义契约作为当事人相互意思表示一致的合意,不仅仅限于债权契约,还有物权契约、身份契约以及公法上的"行政契约"、国际法上的国家之间的"条约";狭义契约指债权契约,即作为债发生原因的契约,契约自由原则所谓的契约,也都是从债权契约而言的。②为此,在理论界与实务界,长期以来对"契约"概念的适用范围上也存在着分歧,主要表现为三种不同的观点:一是广义的契约概念,契约是以确定各种权利与义务为内容的协议。契约除应包括民法中的契约外,还包括行政法上的行政契约、劳动法上的劳动契约、国际法上的国家契约等。二是狭义的契约概念,契约专指民法上的合同,即以确定民事权利和义务为内容的协议。三是最狭义的契约概念,认为《民法通则》第 85 条的规定,并非统指所有民法上的契约,仅仅指债权合同。③ 由此可见,"契约并非民法所独有,而

---

① 所谓"实在"是指契约是客观存在的,要么是明示契约,要么是默示契约。是否达成当事人的合意,是可以通过查证或解释得以解决的。
② 陈自强著:《民法讲义Ⅰ:契约之成立与生效》,法律出版社 2002 年版,第 120 页。
③ 柴振国著:《契约法律制度的经济学考察》,中国检察出版社 2006 年版,第 17—18 页。

是为全体法律所共通的制度"。① 而我们当今将"契约"等同于民法契约,只不过是择取并采用了"契约"所蕴含的丰富形式中的一种形式而已。

另外,一般意义上的关系"契约",特别是在主体、客体、内容上都与民事契约有着较大差别的"公法契约",由于其本质属性而分别由不同的学科所研究,一部分作为公民与行政机关之间的契约,即"行政契约"由行政法调整②;一部分作为阐释公民与国家之间关系的契约——社会契约,则是社会学、政治学的研究重点。现有的对"契约"概念作为指称"私人之间经济交往的契约",只是其原初的广泛涵义中的一项而已。当然,诚如美国学者柯宾所言,"一种非常普遍的错误假设,即认为法律术语(例如,契约)一定有一个绝对正确和永远正确的定义。而事实是,所有这样的术语都有许多用法,每一个人都可以从中选择。……应当看到,没有一个定义可能是独一无二的'正确',这是一个用法和便利的问题"。③

2. 契约的调控机制,经历了从由习惯到法律的演变过程

在人类社会发展伊始,物物交换、物币交换的经济交往方式,已逐渐有其雏形并发展至今。对于契约从自生自发到由法律予以调控这一过程的转变,马克思、恩格斯做了经典阐述,契约是商品经济的产物,是商品交换关系在法律上的表现,"先由交易后来才由交易发展为法制……还在不发达的物物交换情况下,参与交换的个人就已经默认彼此是平等的个人,是他们用来交换财物的所有者;他们还在彼此提供自己的财物,相互进行交易的时候,就已经做到这一点了,这种通过交换和在交换中才产生的实际关系,后来获得了契约这种法律形式。"④而组成国家,组织国家机关,行使立法、行政、司法等权力,则不过是晚些时期的事情。

---

① 陈自强著:《民法讲义Ⅰ:契约之成立与生效》,法律出版社2002年版,第120页。
② 当然,这里所谓的由行政法予以调整,主要是就大陆法系国家而言的。对于并不存在公法契约与私法契约严格划分的英美法系国家,则又当别论。这一点后文关于美国对契约自由的保护中也有所提及。
③ 〔美〕A.L 柯宾著:《柯宾论合同》,王卫国等译,中国大百科全书出版社1998年版,第8—9页。
④ 《马克思恩格斯全集》(第19卷),人民出版社1963年版,第423页。

即使是在国家成立之后,国家运用、行使其权力,这些散存于"民间"的契约交易,也更多的是以习惯的方式存在并运行。在人类社会迈向近现代社会的进程中,"法治"目标的确立及其实现也要求法律体系的完善,更多的是对社会中具有一定经常性、普遍性、稳定性的契约,在类型化的基础上纳入法律之中予以规制。这在不同法律传统的国家有着不同的做法,有的是制定专门的"契约法"予以调整,有的则是通过统一的民法典予以调整。当然,这两种做法并非径渭分明,也有不少则是二者兼而用之的。

3. 契约的核心要素,也经历了从形式到实质的历史飞越

在早期的罗马法中,十分注重契约的形式。在古罗马法中,被称为"耐克逊"(Nexum)——使缔约庄严化的铜衡交易行为,对形式的要求十分严格,不仅要求当事人亲自出场、说出规定的套语、履行铜片的交付手续,而且需要五位证人和一名司称到场作证,交易方为有效。"因此,在罗马社会早期,交易的法律效力完全取决于规定的交易形式,当事人的真实意思被相对轻视,在交易中自然无需借助解释而阐明、补充或修正当事人意思,真正意义上的合同解释就无从产生。尽管罗马法后期确认的诺成合同对于罗马法中重形式轻意思的原则仅仅是某种例外,但是它使合意表现出独立的法律意义,'使契约逐渐和形式的外壳脱离'。"① 对契约形式的重视,并将其作为判断契约成立根据的做法,在很大程度上与当时古罗马宗教法、习惯法的影响密不可分。

对于这一点,梅因即有深刻洞察,罗马法中"契约","这种概念在最初出现时,显然是极其原始的"②,而且粗糙形式和成熟时期的"契约"间存在着一个很大的距离,"因为成熟的法律学着重于仔细分析提供一个特定的口头同意的心理条件,而在古代法中则着重于附着在仪式上的言语和动作"③。"这种口头约定通过外界行为而表示,罗马人称之为一个'合约'(pact)或'协议'(convention);当'协议'一度视为一个'契约'的核心时,在

---

① 陈静娴著:《合同法比较研究》,中国人民公安大学出版社2006年版,第127页。
② 〔英〕梅因著:《古代法》,沈景一译,商务印书馆1959年版,第176页。
③ 同上书,第177页。

前进中的法律学不久就产生了一种倾向,使契约逐渐和其形式和仪式的外壳脱离。"①

因此,笔者在此对"契约"概念种种涵义的介绍,也仅仅是对"契约"的概念及其发展做了一个大致的梳理。一般而言,提及"契约",主要是将其局限于民法中债权债务关系的合意。在本质上,契约的范围十分广泛,不仅包括作为调整平等主体之间权利义务关系的民事契约,还涉及融于社会契约理论之中的一般社会政治意义上的"契约"。由于考虑篇幅所限,本书对契约自由在宪法中的地位、契约自由的立法保护、契约自由的司法保护等内容的探讨,也主要从作为私法原则的契约自由的角度,来探讨宪法所起的功能以及国家权力对其的保护及介入问题。

1.2 基本范畴之二:"自由"

1.2.1 "自由"的语辞分析

(一)"自由"概念的一般阐述

诚如梁启超先生在《论自由》中所言,"自由之义,适用于今日之中国乎?曰:自由者,天下之公理,人生之要具,无往而不适用者也。……吁,自由之义,泰西古今哲人,著书数十万言剖析之,犹不能尽也"②。一直以来,对"自由"概念及其意义的探究从未停歇过,论述"自由"的文献亦不计其数。哲学家、思想家们留下的关于"自由"广为传颂的经典字句,也为我们认识这个概念提供了一定的基础。"自由这一语词,按照其确切的意义说来,就是外界障碍不存在的状态"③"从最抽象的定义来说,自由就是指没有外

---

① 〔英〕梅因著:《古代法》,沈景一译,商务印书馆1959年版,第177页。
② 梁启超:《新民说·论自由》,载《梁启超全集》第2册,北京出版社1999年版,第671—681页。
③ 〔英〕霍布斯著:《利维坦》,黎思复、黎廷弼译,商务印书馆1985年版,第97页。

部的障碍来阻止实现我们的愿望"①,"自由是做法律所许可的一切事情的权利;如果一个公民能够做法律禁止的事情,他就不再有自由了"②。的确,在一般意义上,"自由"指的是不受外界干涉的状态,任何对其不正当、不合理的限制都会导致"自由"的减损或丧失。但也不能将自由与限制绝对对立起来,二者之间存在着内在的统一关系。"只要自由不限制,它就会击败自身。不受限制的自由意味着,一个强者可以自由地欺辱一个弱者,并且可以剥夺他的自由。这就是我们为什么要求国家应该在一定程度上限制自由,以使得每个人的自由都能够得到法律的保护。"③而自由对于个人权利与尊严的维护则有着十分紧密的联系,"与自由相联系的是生命的质量、人的尊严。"④

英国学者鲍曼则对社会科学研究中的"自由"进行了反思,指出:"那些我们自以为清楚明确的自由概念(如果我们的确考虑过自由的话)是原非如此的,而我们所熟知的自由的含义不过是最常运用(而且是滥用,如我们接下来就会发现的)的自由概念的那种含义。自由的发展经历了漫长、曲折而复杂的历史,而人们却很少对之加以回顾。自由仍然是种模糊不清的概念,其模糊性远远超过我们所乐于承认的。"⑤在对自由进行重新审视之后,鲍曼指出:"自由个体,远远不是一种人类的普遍状态,而是一种历史和社会的创造物"⑥,"自由只有作为一种社会关系时方能存在",自由既不是一种所有权,也不是个人对自身某种形式的占有,而是一种与个体之间差异性密切相关的属性。自由个体的存在不仅仅是特定社会内部身份地位分化的标志,更是稳定和再生产社会内部这种分化的条件。而自由的产生是与现代

---

① 〔英〕罗素著:《真与爱》,江燕译,上海三联书店1988年版,第109页。
② 〔法〕孟德斯鸠著:《论法的精神》,张雁深译,商务印书馆1961年版,第154页。
③ 〔英〕戴维·米勒编:《开放的思想和社会》,张之沧译,江苏人民出版社2000年版,第363页。
④ 〔俄〕别尔嘉耶夫著:《精神王国与恺撒王国》,安启念译,浙江人民出版社2000年版,第71页。
⑤ 〔英〕泽格蒙特·鲍曼著:《自由》,杨光、蒋焕新译,吉林人民出版社2005年版,导言第1页。
⑥ 同上书,第9页。

化与资本主义的出现密切相关的。个体自由是连接个体生活世界与社会及社会系统之间的中心环节,这种中心性位置的确立原本来自于生产领域和权力领域,近来已经转入了消费领域。①

(二)"自由"的类型划分:积极自由与消极自由

将"消极自由"与"积极自由"作为一组对应的概念放在一起研究,首推法国思想家贡斯当。他对消极自由与积极自由的研究主要是借助对"古代的自由"与"现代的自由"的阐释完成的。古代自由的危险在于,由于人们仅仅考虑维护他们在社会权力中的份额,他们可能会轻视个人权利与享受的价值。现代自由的危险在于,由于我们沉湎于享受个人的独立以及追求各自的利益,我们可能过分容易地放弃政治权力的权利。②

真正对消极自由与积极自由做出明确划分的,则是1958年哲学家以塞亚·伯林在《两种自由概念》的演说中提出了著名的"消极自由"与"积极自由"理论。根据他的定义,消极自由是指免受政治权力干扰的权利;积极自由是指行使政治权力的权利。"自由"的政治含义有两种:第一种"消极自由"回答的问题是"主体(一个人或人的群体)被允许或必须被允许不受别人干涉地做他有能力做的事、成为他愿意成为的人的那个领域是什么?";第二种"积极自由"回答的问题是"什么东西或什么人,是决定某人做这个、成为这样而不是做那个、成为那样的那种控制或干涉的根源"。这两个问题是明显不同的,尽管对他们的回答有可能是重叠的。而积极自由又有两种含义:一是指"去做……的自由",即某一主体能够有权去做他想做的事或成为他想成为的角色;二是指一种理性自主,它要求个人的生活受理性引导或由理性来统治其欲望或感情。③ 积极的自由与消极的自由其意义在于,积极的自由往往走向它的反面,导致专制。人类社会应该注重消极的自由,确保

---

① 〔英〕泽格蒙特·鲍曼著:《自由》,杨光、蒋焕新译,吉林人民出版社2005年版,第9—10页。

② 〔法〕邦雅曼·贡斯当著:《古代人的自由与现代人的自由》,阎克文、刘满贵译,商务印书馆1999年版,第44页。

③ 〔英〕以赛亚·伯林著:《自由论》,胡传胜译,译林出版社2003年版,第189页。

人们有行动的机会,而不是积极的自由。①

如果说贡斯当、伯林对"消极自由"、"积极自由"的探讨停留在思想价值层面,而直接将"自由"的双重属性与公民与国家之间关系联系起来,并直接影响了公民在宪法中的地位及其权利的,则是20世纪初德国著名公法学者耶林内克(G. Jellinek)。他在其《公法权利的体系》一书中提出了著名的"地位理论",即公民与国家之间的关系可以其所处的四种"地位"来解释:第一种"被动地位",指公民服从国家统治权力的地位,对应的则是公民"义务";第二种"消极地位",公民可在由"被动地位"所产生的"义务范围"之外,拥有一个可以获得国家承认(公权力不干涉)的"自由范围",这是由自然法、个人主义、自由主义等引申出来的思想,由此派生出公民的自由权,如人身自由、精神自由和经济自由等,"被动地位"与"消极地位"呈反比关系,人民的"义务范围"越大,其"自由范围"即显得越小;第三种"积极地位",相对消极地位而言,国家承认及给予公民法律上的资格,公民可以为了个人利益请求相应的国家制度予以实现的地位;第四种"主动地位",是指公民有资格参与国家民主政治生活,由此派生出公民选举权、被选举权等政治权利。②

这一理论,通过对公民在国家中所处地位做了"被动"、"消极"、"积极"以及"主动"四种类型的划分,客观全面地描述了公民在国家中的地位与影响,也因此对应了公民不同类型的权利与义务,对宪法学理论以及宪法规范都产生了十分深远的影响。回到耶氏理论体系本身,其中的瑕疵在何处,亦有学者指出,首先,针对耶氏理论中的第二种"消极地位"与第三种"积极地位",第二种"消极地位"无法产生"权利",也要求及制止排除公权力干涉,当"消极地位"所拥有的自由范围遭到公权力侵犯时,要求排除该侵害的权利,实际上则属于第三种"积极地位"③,这里耶氏在讨论"消极身份"时,实际上将请求国家机关不得干预的权利当做个人对于国家的"积极身份"的一

---

① 〔英〕以赛亚·伯林著:《自由论》,胡传胜译,译林出版社2003年版,第192页。
② 参见 G. Jellinek, *System der subjektiven offentlichen Recht*, 2, Aufl, 1905. 转引自陈新民著:《宪法基本权利之基本理论》(上),台湾元照出版公司2002年版,第106—108页。
③ 参见同上书,第108页。

种,因而耶氏对"积极身份"的说法呈现相互矛盾的现象①;其次,在耶氏理论发展的时代,尚处于基本权利不具有直接规范效力的时期,许多情形下公民个人并无请求国家积极作为的权利,因此其对基本权利规范效力的态度是十分狭隘的。② 当然,该理论所谓的"被动"与"主动"、"消极"与"积极"的划分这两组四对概念,其中如何区分,如何明确其界分标准,界分是否穷尽等,这些问题也有进一步探讨的空间。

1.2.2 "自由"的宪法文本分析

(一)"自由"在我国宪法文本中的适用情景

在我国宪法文本中,"自由"共计出现了13次。从其使用语境与具体表述来看,主要表现为"民主自由"、"……的自由"或"……自由"以及"自由和权利"三种情形。

在宪法"第二章公民的基本权利与义务"中对公民的基本权利的规定,则是"自由"在我国宪法文本中的主要表现形式。在这一章中,"自由"共计出现了8次,涉及6个条文,分别对应地是不同内容的公民自由,包括:第35条"言论、出版、集会、结社、游行、示威的自由",第36条"宗教信仰自由",第37条"人身自由不受侵犯……禁止非法剥夺和限制公民的人身自由",第40条"通信自由和通信秘密受法律保护……不得侵犯公民的通信自由和通信秘密",第47条"进行科学研究、文学艺术创作和其他文化活动的自由"以及第49条"禁止破坏婚姻自由"。

除了上述六项公民基本权利的规定之外,宪法还设置了一个概括性的条款,即第51条规定:"中华人民共和国公民在行使自由和权利的时候,不得损害国家的、社会的、集体的利益和其他公民的合法的自由和权利。"在我国的1954年《宪法》、1975年《宪法》和1978年《宪法》中,均无这一内容的

---

① 李建良:《基本权利的理念变迁与功能体系——从耶林内克"身份理论"谈起(上)》,载《宪政时代》第29卷第1期(2003年);《基本权利的理念变迁与功能体系——从耶林内克"身份理论"谈起(下)》,载《宪政时代》第29卷第2期(2003年)。

② 同上。

规定,这是我国1982年《宪法》中新增加的内容。综观这一条在"第二章公民的基本权利与义务"的位置安排,也是十分考究的。从第33条至第50条都是关于公民基本权利的规定,从第52条至第56条都是关于公民基本义务的规定,将关于公民行使自由和权利的限制规定放置二者中间,既在结构安排上有承上启下之效果,又在具体内容上实现了公民基本权利与基本义务的内在统一,真正体现了我国宪法中权利义务一致性的特点。

(二)宪法文本中"自由"的内涵:包括哪些基本权利

我国现行《宪法》第51条中两次都将"自由和权利"并列使用,那么由此进一步的问题则是,此处的"自由和权利"中的"自由"与"权利"是在同一意义上使用,是仅为强调的同语重复,还是"自由"与"权利"相互补充,"自由"所保障的权利之外则是"权利"?

这种"自由"与"权利"的并用,不仅在宪法文本及宪法性法律文件中大量出现,而且在学者的理论研究中,指称宪法所确认和保障的公民的权利和利益时,"宪法权利"、"宪法自由"、"基本权利"、"自由权"、"自由"、"权利"等概念不一而足。概念的使用极为繁杂多样,而各概念的内涵与外延及其相互之间的界分并不十分清晰。针对"宪法权利"与"宪法自由",有学者指出,宪法权利与宪法自由,具有不同的价值属性,在宪法价值体系框架中承担着不同的功能。"宪法权利"与"宪法自由"是两个相辅相成、各具有独立价值属性的宪法的"应然性"概念。"宪法权利"相对"宪法自由"而言,更体现了宪法所反映的主体性中的"意志性",而"宪法自由"则是以实现主体的最大利益为前提的。[①] 这种辨析明确了"宪法权利"与"宪法自由"在价值属性上的差异,但由于未能明确"宪法权利"与"宪法自由"在宪法文本上所对应的权利内容,使得界分仅仅停留在理论层面上。

在近代宪法时期,大部分国家的宪法或宪法性法律文件都对"自由"所对应的基本权利内容做了最大程度的拓展与反映。"自由"与宪法所保护的基本权利的关系十分密切,实际上现代各国一般宪法所承认的人民自由,包

[①] 莫纪宏著:《现代宪法的逻辑基础》,法律出版社2001年版,第289、291页。

含两大种类:一为关系个人物质的利益的自由,主要包括四种,即人身自由、居住自由、工作自由与财产自由;二为关系个人精神的利益的自由,也包括信教自由、意见自由、集会自由、结社自由。① 将平等与自由视为保障和实现公民基本权利的基本价值目标,对自由的范围做最大程度地拓展,在宪法中予以保障。这种思想,也一度影响了旧中国宪法或宪法性法律文件的制定及其内容安排。民国元年公布的《中华民国临时约法》第6条关于人民享有的自由权中,分七项先后规定了:人身自由、家宅自由、财产及营业自由、言论著作刊行集会结社自由、书信秘密自由、居住迁徙自由以及信教自由。此后,民国三年的《中华民国约法》第5条也采取了同样的规定,只是特别明确了自由权的行使必须在"法律范围内";而民国十二年的《中华民国宪法》也是从第6—13条,逐条规定了人民享有的七项自由权。

而在现代,"法治国家的自由价值通过宪法规定的精神自由、人身自由、经济自由等自由价值得到具体化"②。在自由主义传统十分浓厚的美国,学者埃里克·方纳就将自由放在特定的历史情境之中,通过对美国历史上不同时期自由的思想及其实践的梳理,从三个维度来分析"自由":第一个是政治自由,主要是公民参与公共事务、政治民主的权利,这一度成为19世纪自由内涵的核心,部分群体也是以自由为由来要求获取投票权的;第二个是作为个人选择的自由,这是始终与美国公民生活相伴的,在美国革命初期它与民主政治、宗教认同有关,到19世纪逐渐被用于个人"选择的自由"推进到几乎所有的个人生活领域;第三个是经济自由,即什么样的经济关系构成了个人在工作生活中的自由。经济自由起初集中表现在个人的经济自主能力上,后随着工业经济的发展,新的经济自由的定义开始出现:镀金时代的"契约自由"、进步时代的"工业自由"、新政时期的经济保障以及最近出现的要求具有在市场经济中参与大众消费的能力等。③ 不难发现,"自由"的范围

---

① 王世杰、钱端升著:《比较宪法》,商务印书馆1999年版,第78页。
② 胡锦光、韩大元著:《中国宪法》,法律出版社2004年版,第36页。
③ 〔美〕埃里克·方纳:《美国自由的故事》,王希译,商务印书馆2003年版,"序"第10—15页。

如此之广,包括政治自由、个人选择自由以及经济自由三个方面,实际上涵盖了公民涉及政治生活、社会生活以及经济生活三个领域的生活。当然,这与美国长期以来奉行的自由主义的基本理念,以及所推崇的自由与权利保护之间的紧密关联不无关系。

实际上,将"自由"所对应的宪法上的公民基本权利内容做最大范围的拓展,对这一理念和做法的解释,我们也许可以从历史背景与文化价值这两个方面的影响找到答案。的确,将"自由"对应的基本权利内容在宪法上予以充分确认和保障,这是自18世纪至20世纪初期颁布的宪法所呈现的基本特点。而这一时期,也正是处于近代宪法的历史时期。在未实现从近代宪法向现代宪法变迁之前,作为要求国家对公民的经济、社会方面权利予以保障的"社会权"尚未正式浮出水面,更勿论"自由权"与"社会权"的明确界分。"自由"能够涵盖除"社会权"之外的那部分的公民基本权利,甚至是某些具有"社会权"形态的基本权利,这也是理所当然的。无论是国外的宪法文本,还是新中国成立前制定的宪法或宪法性法律文件,都无法脱离这一历史背景。

当然,我们必须明确的是,这一拓展也是有其边界的,其中也有许多权利内容与要求是"自由"所难以涵盖的。首先,诚如王世杰、钱端升教授所言,一般都在规定"自由"相关的权利之前,先规定"平等"原则,这实际上是充分认识到了"自由"所对应基本权利的范围的有限性,也充分认识到了基本权利体系中"自由"与"平等"之间的内在紧张关系。即使对"自由"所对应的基本权利做最大程度的拓展,也无法涵盖和满足公民要求"平等"的相关权利要求。而为切实实现平等和自由,各国宪法在规定个人的基本权利及义务时,往往先宣示人民平等原则;而在讨论各种自由的意义与范围之前,一般也是先解释人民平等的原则。这是受18世纪以来将平等与自由视为绝对不容偏废的原则的影响。① 其次,就"自由"——"不被……干涉做……"的涵义而言,这一涵义折射到公民的基本权利上,则是对国家权力对

---

① 王世杰、钱端升著:《比较宪法》,商务印书馆1999年版,第78页。

公民个人不当干涉的高度警惕和消极抵制。也正是"自由"本身所蕴涵的消极要求,导致了其所能涵盖的基本权利更多地则是要求国家消极不作为而为公民个人享有的"自由"权利,而无法涵盖要求国家积极作为保障的公民"权利"。"自由"所涵盖的基本权利内容的有限性,也使得在基本权利体系中进行"自由权"与"社会权"的理论划分盛行,并影响至今。

近年来,针对我国社会转型过程中,基于公民基本权利与自由保护的现状,亦有学者对作为宪法权利的自由进行系统研究,指出:"宪法自由权在自由权中的根本地位决定了我们的研究不能仅停留于宪法本身,还必须对整个自由权作基于宪法意义上的关注。这种宪法意义上的自由权不仅包括传统的不受奴役、不受专横干预的个人生活领域的个人自由权(我们称之为狭义的自由权),而且也包括权利主体自主地参与政治生活的政治自由权,还包括权利主体在经济生活领域中的经济自由权。"①这种对自由权广泛意义上的认识,不仅拓展了传统理论中自由权的范围,而且沟通了自由权与社会权之间不可逾越的鸿沟,某些被我们视为传统的社会权也有自由权的相关内容。当然,这种以自由权构建我国公民基本权利体系的观点,其和传统社会权与自由权划分的主流理论关系如何,该理论自身是否具有合理性,则需要进行探讨。

(三)"自由"仅仅是消极的?——基于权利成本的考量

对"自由"进行"积极自由"与"消极自由"的划分,不仅影响了公民在国家中的地位、身份以及其应享有的相关权利,而且影响了宪法所保障公民基本权利体系的建构。而近年来针对"消极自由"与"积极自由"亦有不少批判意见,其中对社会权与自由权的理论反思②便是其一,这当然是置身于整个公民基本权利体系的思考。仅仅局限于所谓的"自由权"本身,这种对自由是"消极的"的批判也亦有之。

---

① 杜承铭、吴家清等著:《社会转型与中国宪法自由权制度的完善》,北京大学出版社2005年版,第23页。

② 相关研究参见龚向和:《社会权与自由权区别主流理论之批判》,载《法律科学》2005年第5期。

最有力的则是来自美国宪法大家霍尔姆斯与桑斯坦的批判,他们首先在理论上支持了这种关于积极权利与消极权利的划分。接着明确指出这种划分,首先并没有在宪法中出现,其次对这些不同的权利主张进行有效地分类整理也并非易事。经过审视,两种基本权利的对立比想象的更难以捉摸,并非最高法院设想的那样简单清楚,而是以理论上与经验上的根本混乱为基础的。为此,他们结合权利行使的成本,提出无论是积极权利还是消极权利都需要政府的积极保护,所有权利都是积极权利,也就是赋予权利(entitlement),需要政府的创设与实施,权利的本质并非是对抗政府的。因此,消极权利与积极权利的两分法是没有意义的,个体的权利和自由从根本上依赖于有力的政府行为,所有的权利都需要公库的支持。[①] 权利需要救济,救济需要成本,所有法律上实施的权利必然是积极权利。几乎每一项权利都蕴涵着相应的政府义务,而只有当公共权力调用公共资金对玩忽职守施以惩罚时,义务才能被认真地对待。[②]

从"自由"实现的经济成本角度考虑,否认了"自由"的"消极性"属性,这种从财政经济的角度对"自由"进行反思,的确有一定的合理性和现实性。但仅仅从经济成本否认了"消极自由"自身存在的合理性,否认了"消极自由"与"积极自由"的理论划分,其后果便是混淆了二者对国家义务要求内容及程度上的区别,在其看来所有的"自由"都是需要国家运用财力支持才可实现的。由此,国家在公民"自由"实现与保障上的作用大大加强,国家可以介入的空间也无处不在,如何防范国家以资助、救济为名所进行的限制与干预,恐怕也是不得不首先面临的难题。

[①] 〔美〕史蒂芬·霍尔姆斯、凯斯·R.桑斯坦著:《权利的成本——为什么自由依赖于税》,毕竞悦译,北京大学出版社2004年版,第2、26页。

[②] 同上书,第26页。

1.3 基本范畴之三:"契约自由"

1.3.1 "契约自由"的语辞分析

契约自由(Freedom of Contracts, Vertragsfreiheit),即指的是"有缔结契约的自由"。一般而言,契约自由的涵义主要包括两个方面,一方面是是否订立契约的自由;一方面是契约一旦订立免于干涉的自由。① 何谓"有缔结的契约的自由",则需要从"自由"与"契约"这两个概念的界定逐层展开。

何谓契约的自由?上述对"自由"内涵的揭示也说明了这一点,即不受强制性。这就表现为对于是否缔结契约,当事人有自主决定权,谁都不能强制其必须与他人缔约或者不得缔约;对于已经缔结的契约,无论是契约的内容还是契约的执行,都不受来自于契约关系之外的任何人的干涉和制约。因此,不受强制或干涉则是"契约自由"的基本要义。当然对于这里的不受契约关系之外任何人的强制或干涉,也包括两个方面:一个方面是契约关系以外其他公民不得干涉,这也是民事法体系中予以规制的主要内容;另一个方面则是无正当理由国家权力也不得肆意干涉,这则是自由权作为抵御国家权力干涉最集中的体现。诚然在民事法体系中对其他公民的干预予以规制是十分必要的且是现实可行的,但若不能考量到国家权力对契约自由干涉的潜在威胁并加以有效防范,契约的自由也是无法实现的。而且较之公民个人对契约的破坏,国家权力的地位与属性决定了其对契约关系的影响则更为彻底与深远。

何谓在契约上的自由?"契约",在本质上指的是当事人通过"自我决定"形成的"自我拘束"的合意。契约的自由,指的是当事人有根据自己的意愿通过合意创设双方权利义务关系的自由。具体而言,它主要包含以下

---

① Nicholas S. Wilson, *Freedon of Contract and Adhesion Contracts*, 14 Int, 1 &comp. L. Q. 172 (1965), p.172.

几个方面的内容:是否缔结契约的自由、选择契约相对人的自由、决定契约内容的自由、解除契约的自由。前几项内容都是契约自由的充分体现,问题在于解除契约是否属于契约自由的内容。一般而言,解除契约主要有两种方式,一种是由法律规定的解约原因,即单方解约,由一方当事人依其意思表示直接解除契约。由于单方解约是其意思表示的体现,属于解约自由的范畴亦无疑问。问题在于第二种双方合意解除契约,即以"解除契约"来消灭已缔结的前一个契约,对其性质该如何认定。亦有学者指出:"合意解约是由'契约解除契约',解约仍以合意为前提,故应属于缔约自由而不属于解约自由的范畴"。[①] 契约自由既然作为双方当事人合意的结果,既然有缔结契约的自由,相应地也有终止契约的自由,无论双方合意解除契约是属于缔约自由还是解约自由,都是契约自由的应有之义。

契约自由得以实现则需要满足相应的条件,这也是一般所谓的契约自由实现的前提条件,主要来讲包括三个要求:第一个要求是,行使契约自由的双方当事人是独立的、主动的个体,且双方地位是平等的,当然基于现实的差异,这里所谓的"平等"只能是所谓的"结构上的平等";第二个要求是,契约双方当事人能够自由地表达其意志,而且该意志一般而言是真实、可信的,这就要求能够及时充分地获得影响其作出决定的信息;第三个要求则是,契约双方当事人确信双方做出的合意能够切实地得到执行,而未能履行契约义务的一方当事人也能够承担相应责任。当然,这仅仅是契约自由实现的三个理论前提。正是这三个条件理论与现实之间的差距,为国家权力介入、保障契约自由实现提供了正当性的基础。

1.3.2 契约自由的思想与原则

作为民事法体系的一项基本原则,契约自由对于平等民事主体之间的财产交易起着十分重要的作用。契约自由原则最早源自罗马法,这也是我们对契约自由历史源流的一般认识。对此,亦有学者对契约自由的思想与

---

① 姚新华著:《契约自由论》,载《比较法研究》1997年第1期。

契约自由的原则做了界分。由于种种原因,契约自由在罗马法上只是一种思想,并且只反映在诺成契约的一种形式中,并未形成罗马契约制度的一项基本原则。尽管如此,罗马的诺成契约对后世法律的影响是不可抹杀的,它为近代契约自由原则的形成和发展埋下了"生命的根"。① 契约自由思想最早源自罗马法,但有了契约自由的思想并不等于有了契约自由的原则,罗马法并未将契约自由提升到法原则的高度。第一次将契约自由确立为契约法基本原则的则是1804年的《法国民法典》,此后许多大陆法系国家相继在法律上确立了契约自由原则。②

具体而言,契约自由原则的内涵,主要包括:(1)缔约自由:缔约与否,任由当事人的意思决定,法律上不加干涉;(2)相对人选择自由:与何人缔结契约,应任凭当事人的自由选择,任何人均不负有与特定人缔结契约的义务;(3)内容决定自由:当事人可以自由决定契约的内容,但不得违反强行法的相关规定;(4)方式的自由:原则上契约依据合意即可成立,并不限于任何方式,当然基于交易安全的需要法律也会规定某些契约必须采用书面形式;(5)变更与废弃的自由,即当事人可以在缔结契约后变更契约的内容,甚至以后契约废弃前契约(例如合意解除)。③ 这从契约的缔结过程及其表现形式的角度对契约自由的内涵做了全面总结。

从契约自由思想到契约自由原则的确立经历了好几个世纪的历史积淀,不仅仅表现为将契约自由从思想到法原则规范形式上的变化,在更深层次上则是社会政治、经济与文化条件对契约自由原则本身所要求内涵的支持。近代资本主义的出现,使契约自由形成了以人文主义为价值基础、以代议制民主政体为政治保障、以市场经济为根植土壤的完整价值体系。正是基于这一价值体系的完成,契约自由才从古罗马的理想跃升为近代民法的

---

① 马骏驹、陈本寒:《罗马法契约自由思想的形成及对后世法律的影响》,载《武汉大学学报(哲学社会科学版)》1995年第1期。
② 金健:《契约自由、国家干预与中国合同法》,载《法学评论》1998年第6期。
③ 参见郑玉波著:《民法债编总论》(第2版),中国政法大学出版社2004年版,第34—35页。

一大原则。① 而从根本上而言,对契约自由的认识有赖于其背后国家权力与个人自由之间关系的厘清。如果不能正确地认识国家权力与个人自由之间的关系,也无法体察契约自由的思想与原则在本质上的差异。

1.3.3 契约自由的意义

"契约"概念有其丰富的内涵,而契约自由的意义也绝非仅仅止于契约法领域。"契约自由不仅仅意味着它只是契约法里面的一项原则,一种精神。恰恰相反,往往是因为对契约自由本身的反思才引发了包括契约法在内的广泛的法律体系的发展。而这构成了契约式思维方式的理论原点。契约式私法思维方式的要义在于,以契约及它所要求的自由本身来作为构建私法思维方式的基础和本源。"② 总的来看,契约自由的意义在于以下几个方面:

(1) 契约自由的确立及其实现,则标志着一个国家民主、自由的程度。

契约自由作为当事人合意设定其权利义务关系,要求未经正当理由国家不得干预,因此,契约自由的实现标志着国家民主、自由的程度,其对民主政治的意义与影响不可低估。契约自由的实现及其保障需要有社会条件的支撑,在古代社会中,契约所起的作用很小,因为义务通常被认为是缘于习惯和身份,而不是自由选择的结果。在现代集体主义社会中,国家的权力无所不能,个人自由选择权较少受到重视,契约的作用也十分有限。但在西方民主社会中,更为广泛的自由选择权从一开始就受到重视,契约的作用较大。③ 私有财产权的保障以及在此基础上的经济活动的自由,是近代资本主义发展的基石与原动力,前者是经济自由"物的、客观的"层面,后者则为

---

① 姚新华:《契约自由论》,载《比较法研究》1997 年第 1 期。
② 李声炜:《契约自由研究——一种制度经济学的解释》,吉林大学法学理论专业 2004 年博士学位论文。
③ 〔英〕P. S. 阿狄亚著:《合同法导论》(第 5 版),赵旭东、何帅领、邓晓霞译,法律出版社 2002 年版,第 1—3 页。

"人的、主观的"层面,两者如车之两轮相辅相成。① 可见,正是近代资本主义发展所提供的自主主体、财产权利,为契约自由的确立提供了前提条件,而契约自由的实现也反过来促进资本主义的进一步发展,二者是互为促进的。

(2)契约自由的行使,是公民行使其设定权利义务自由的重要途径。

从义务的来源来看,可以分为自我设定的义务与外部施加的义务两大类,契约法则属于自我设定义务的法律的一部分,是公民因其所涉及的关系和交易而对他人应承担的义务的法律。② 因此,根据自我意愿,自由地处置其权利义务,也成为契约自由的根本标志。"契约"是主体间通过"自我意志"达成"自我决定"的方式,契约自由的目的即在于成就个人的自我决定。③ 当然,自近代以来,为防止公民处置其权利义务的肆意及所带来的危害,国家也会除通过契约合意之外设定一些强行性规范规定某些权利的不可放弃性或者对当事人施加一定的义务。格兰特·吉尔莫提出所谓的"契约的死亡"也正是基于这一点,认为契约法被侵权法所吞噬,契约法与侵权责任法的融合。④

(3)契约自由有其独立的价值与意义。

契约自由本身有其独立的价值与意义,以法律和道德的关系来看,"我们不难发现,在大量的契约法背后其实蕴涵了一个人应信守允诺和遵守协议的简单的道德原则。契约自由,尽管仅是其形式的表现形式,同时又包含了很多公正的内容。此外若再考虑到,自由本身就是一种价值,契约自由首先是基于自身的原因,不是仅仅因为作为获得合同公正的一个手段而受到保障,那么原则上就能够而且也应该得出这个结论:即相对于实质的合同公

---

① 许志雄、陈铭祥、蔡茂寅、周志宏、蔡宗珍:《现代宪法论》,台湾元照出版公司2005年版,第167页。
② 〔英〕P.S.阿狄亚著:《合同法导论》(第5版),赵旭东、何帅领、邓晓霞译,法律出版社2002年版,第1—3页。
③ 周伯峰:《民国初年契约自由概念的诞生——以大理院的言说实践为中心》,北京大学出版社2006年版,第111—113页。
④ 这一主张在格兰特·吉尔莫所著的《契约的死亡》一书(曹士兵、姚建宗、吴巍译,中国法制出版社2005年版)中即有明确表达。

正来说,形式的契约自由应有其优先性"。① 德国学者也明确指出:"契约自由为一般行为自由的组成部分……是一种灵活的工具,它不断进行自我调节,以适应新的目标。它也是自由经济不可或缺的一个特征。它使私人企业成为可能,并鼓励人们负责任地建立经济关系。因此,契约自由在整个私法领域具有重要的核心作用"②,其对个人独立性、自主性的彰显以及对经济交往的激励,都起着十分重要的作用。也正是在此意义上,也不乏将契约自由等同于私法自治、个人自治的学说理论。

---

① 〔德〕Canaris:《债务合同法的变化——即债务合同法的"具体化"趋势》,张双根译,载《中外法学》2001年第1期。
② 〔德〕罗伯特·霍恩、海因·科茨等著:《德国民商法导论》,楚建译,中国大百科全书出版社1996年版,第90页。

第 2 章　契约自由与宪法的历史变迁

"思想的活动,最初表现为历史的事实;过去的东西,并且好像是在我们的现实之外。但事实上,我们之所以是我们,乃是因为我们有历史,或者说的更确切些,正如在思想史的领域里,过去的东西只是一方面,所以构成我们现在的,那个有共同性和永久性的成分,与我们的历史也是不可分离地结合着的……我们必须感谢过去的传统,这传统犹如赫尔德所说,通过一切变化的因而过去了的东西,结成一条神圣的链子,把前代的创获给我们保存下来,并留给我们"。① 研究契约自由也是如此,不能人为地割裂其在历史变迁中过去与现在的紧密联系。要客观、全面地认识契约自由,必须对契约自由的历史变迁做一个系统的梳理。

2.1　从近代到现代:民法与契约自由历史变迁的纵向分析

根据主导理念、基本原则及制度构建的差异,对不同

---

① 〔德〕黑格尔著:《哲学史讲演录》(第 1 卷),贺麟、王太庆译,商务印书馆 1959 年版,第 7—8 页。

历史时期的法律制度做一个时代的大致划分,是法学研究的通常做法,也是十分必要的。当然,这种基于历史时代划分的相对性及其局限性,我们也必须了然于心,"实际上,观念与制度确是在继续不断地永久变迁,这是确切的。不过为方便讲述起见,不得不划定范围而分别时代。区别当然是人工的,但亦属必不可少。"①

2.1.1　从近代民法到现代民法

在民法学中,相应地有"近代民法"与"现代民法"的理论划分。梁慧星教授在对从近代民法到现代民法法学思潮的系统研究中,对"近代民法"、"现代民法"的概念做了明确界定。"所谓近代民法,是指经过17、18世纪的发展,于19世纪欧洲各国编纂民法典而获得定型化的,一整套民法概念、原则、制度、理论和思想的体系。在范围上包括德国、法国、瑞士、奥地利、日本以及旧中国民法等大陆法系民法,并且包括英美法系民法"②,而"所谓现代民法,是指近代民法在20世纪的延续和发展,可以说是现代社会的近代民法。现代民法,是在近代民法的法律结构基础上,对近代民法的原理、原则进行修正、发展的结果"③。在法典的表现形式上,谢怀栻先生则指出:"近代民法以法国民法典为代表,而现代民法以德国民法典为代表。"④

在价值理念上,近代民法的理论与制度体系,是建立在对当时社会生活的两个基本判断之上,第一个判断是平等性,即一切民事主体都是平等的⑤;第二个判断则是互换性,民事主体在市场交易中作为出卖人与相对人发生交换关系。近代民法理念所追求的社会正义,只是形式正义。在价值取向

---

① 〔法〕莱昂·狄骥著:《〈拿破仑民法典〉以来私法的普通变迁》,徐砥平译,中国政法大学出版社2003年版,第4页。
② 梁慧星:《从近代民法到现代民法法学思潮——20世纪民法回顾》,载梁慧星主编:《从近代民法到现代民法》,中国法制出版社2000年版,第169页。
③ 同上书,第177页。
④ 谢怀栻著:《外国民商法精要》,法律出版社2002年版,第13—48页。
⑤ 这种"平等"是在一般意义上而言的,即使存在着差别也不会导致一方当事人具有明显的优势地位凌驾于另一方之上。

上,近代民法以法的安定性为首要价值取向,而非法的妥当性。① 在现代民法中,作为近代民法基础的两个基本判断即所谓的"平等性"与"互换性"已经丧失,出现了严重的两极分化与对立,一是企业主与劳动者的对立,二是生产者与消费者的对立。现代民法的理念,也开始抛弃形式正义观念而追求实质正义。在现代民法的价值取向上,由安定性转向具体案件判决的社会妥当性。②

在制度模式上,在近代民法模式之下,主要表现为:第一,抽象的自由平等的人格;第二,财产权保护的绝对化;第三,私法自治;第四,自己责任。③ 现代民法的模式,集中表现为:第一,具体的人格;第二,财产所有权的限制;第三,对私法自治或契约自由的限制;第四,社会责任。④ 谢怀栻先生则从制度本位的角度,指出:"近代民法是个人本位的法,权利本位的法。现代民法是社会本位的法"⑤,即近代民法中的一切法律关系都是以个人为单位而建立起来的,强调、重视个人权利;发展到现代民法,对个人本位、权利本位逐渐加以改变或限制,传统的私法自治原则越来越受到限制。⑥

在具体制度上,从近代民法向现代民法,其中的变化是全方位的,主要表现在:首先,传统的私法自治原则受到越来越大的限制,这又主要表现为对所有权的限制、对契约自由的限制、无过失责任制度的确立等;其次,家庭法的变革,宪法中男女平等原则的确立也影响了婚姻家庭法的改革,虽然各国在改革时间、力度上存在着诸多差异;再次,人格权在民法中受到重视,人格权作为一项总的权利受到宪法和民法的保护,人格权的范围也在日益扩大,其中一个很重要的内容便是"个人生活秘密权"的保护;最后,财产法方

---

① 所谓"法的安定性"指的是要求对于同一法律事实类型适用同一法律规则,则得出同样的判决结果;而"法的妥当性"指的是每个具体案件都应当得到合情合理的判决结果,要求考虑每个具体案件的特殊性。梁慧星:《从近代民法到现代民法法学思潮——20 世纪民法回顾》,载梁慧星主编:《从近代民法到现代民法》,中国法制出版社 2000 年版,第 169—170 页。
② 同上书,第 171—172 页。
③ 梁慧星主编:《民商法论丛》(第 3 卷),法律出版社 1995 年版,"卷首语"第 3 页。
④ 同上书,"卷首语"第 4 页。
⑤ 谢怀栻著:《外国民商法精要》,法律出版社 2002 年版,第 13—48 页。
⑥ 同上。

面的变化,这主要表现为土地改革以及高层建筑的共有制度。① 亦有学者高度关注了这一变迁中民事主体的制度与理念的变化,指出在近代民法向现代民法的变迁中,也经历了从"'人可非人'的否定"到对"'非人可人'的确立"的变化。② 这实际上反映了从近代民法向现代民法变迁中,立法者对民事主体从摆脱等级制度的束缚确立独立自主的地位到非自然人民事主体地位的确立,这一方面固然是民事实践发展的需要,另一方面也反映了社会文明及进步对当事人主体地位确立及其权利保护的客观要求。

2.1.2 从近代契约自由到现代契约自由

从近代民法到现代民法的变迁,是与契约自由的变迁紧密联系在一起的。从近代民法到现代民法发展的变迁所表现的现象及其特点,其中一个重要方面就是对契约自由的限制。这主要集中于对"服从契约"的规制以及"强制契约"制度的出现。③ 在近代民法中,基于平等性与互换性这两个基本判断,国家采取放任态度,让当事人根据自己的自由意思通过相互平等的协商决定权利义务关系,订立的契约被视为具有相当于法律的效力,不仅作为他们行使权利和履行义务的基础,而且作为法院裁判的基准。在现代民法中,基于这两个基本判断的丧失,国家开始积极介入契约,对契约自由予以一定的干预和限制,以实现实质正义。④

在英美国家对契约自由历史变迁的梳理中,有许多不同版本的所谓契

---

① 谢怀栻著:《外国民商法精要》,法律出版社2002年版,第13—48页。
② 法律中的"人"(实际上是法律主体)与现实中的人并不是一一对应的,法律中的"人"始终是立法者基于现实需要的一种抽象或虚拟。所谓"'人可非人'的否定",主要是19世纪的近代民法对古代民法主体不平等的否认,恢复所有自然人格,人与人的区分不再建立于其在国家、家庭中的地位,而是直接建立在自我属性上(如年龄、精神状态以及习性上);所谓"'非人可人'的确立",主要表现在现代民法对非自然人实体的人格化,如法人主体资格的确立、自然人生命的延展(如对胎儿、死者的人格的争论)等。参见李拥军:《从"人可非人"到"非人可人":民事主体制度与理念的历史变迁:对法律"人"的一种解析》,载何勤华主编:《20世纪外国民商法的变革》,法律出版社2004年版,第127—141页。
③ 谢怀栻著:《外国民商法精要》,法律出版社2002年版,第48页。
④ 梁慧星:《从近代民法到现代民法法学思潮——20世纪民法回顾》,载梁慧星主编:《从近代民法到现代民法》,中国法制出版社2000年版,第171页。

约"三阶段说"。从 1970 年美国耶鲁大学终身教授格兰特·吉尔莫发表了"契约的死亡"的报告到日本学者内田贵提出"契约的再生",为我们大致勾勒了从契约的兴起——契约的死亡——契约的再生这三个阶段的发展脉络[①];格兰特·吉尔莫为论证其提出的"契约死亡"理论,便明确地进行了契约理论的起源、契约理论的发展、契约理论的衰落三个阶段的划分[②];英国前牛津大学的阿狄亚教授将英国契约法的发展分为三个阶段,古典契约法、1870—1980 年契约自由的衰落以及 1980 年以来的发展三个阶段[③]。

格兰特·吉尔莫在"契约的死亡"一文中,主要是着重于契约理论研究的演变,将兰代尔于 1871 年出版的《契约案例》一书视为美国契约理论的开端,这是契约法在法律思想中确立其独立地位的标志。古典契约法是抽象的、现实主义的,没有具体繁琐的规定,也很少有社会政策对个人自治、市场自由的限制,这一做法巧妙地配合了 19 世纪自由经济的发展。在契约理论的发展中,也更多地表现为"从主观到客观、从内部到外部、从非正式到正式运动的"[④]。而在契约理论的衰落中,法院注重"信赖利益"的保护,当事人也被强加了"前契约义务",契约责任正被侵权责任这一主流逐渐融合,契约与侵权呈融合状态。

阿狄亚教授则着重于英国契约自由的演变,除了以"契约自由"、"契约神圣"为基础的"18、19 世纪的古典契约法"与自 1870 年以来因政治思想、社会经济条件和法律的持续性发展变化而更注重对弱者、贫困者、受害者和被剥削者的保护的"契约自由的衰落"两个时期之外,还提出了"1980 年以

[①] 参见〔美〕格兰特·吉尔莫著:《契约的死亡》,曹士兵、姚建宗、吴巍译,中国法制出版社 2005 年版;〔日〕内田贵著:《契约的再生》,胡宝海译,中国法制出版社 2005 年版。虽然从"契约的死亡"、"契约的再生"仅表明了两个阶段,但"契约的死亡"必须是以其兴起为基础的,这也实际上表明了三个阶段。

[②] 〔美〕格兰特·吉尔莫著:《契约的死亡》,曹士兵、姚建宗、吴巍译,中国法制出版社 2005 年版,第 4—75 页。

[③] 他也指出,虽然很多英国契约法的根源可以追溯到中世纪,但现代法律的基本原则大部分在 18 和 19 世纪才得到发展和阐释。参见〔英〕P.S 阿狄亚著:《合同法导论》(第 5 版),赵旭东、何帅领、邓晓霞译,法律出版社 2002 年版,第 7—33 页。

[④] 〔美〕格兰特·吉尔莫著:《契约的死亡》,曹士兵、姚建宗、吴巍译,中国法制出版社 2005 年版,第 56 页。

来的发展"第三个时期。之所以明确这个时期,主要是基于自1979年撒切尔夫人第一次执政以来英国国内政治经济思潮的变化,自由市场规则的功效再次受到重视。当然,这一时期的契约自由,无论是价值理念上,还是具体制度上,都不可与两个世纪以前的"古典契约法"同日而语,而是表现出更为复杂的形态。阿狄亚教授亦早已洞察,指出:"目前,基于契约法的原则和政策的状况很难总结,因为我们面临着两个方向相反的重大趋势。一方面,存在着一个契约自由原则复兴的新趋势,虽然这意味着19世纪早期思想的回归。另一方面,存在着一个旧趋势,来自于19世纪晚期,即背离契约自由的趋势。"[1]而且,从根本上而言,"契约自由的复兴并不意味着所有的法律和所有的立法对私人契约的干涉都是令人怀疑的,甚至对于那些完全支持新的趋势的人。一些这样的立法,正像我们以前看到的,是基于广泛的公共政策基础,而不是基于家长制和保护性思想。"[2]由此可见,在对契约进行限制的立法上,国家也逐渐抛弃了单纯肯定或否定的简单做法,在努力寻找国家介入与契约自由之间的协调。因此,在某种程度上而言,阿狄亚教授所言的"1980年以来的发展"只是"契约自由的衰落"时期的一个延续,不同于古典契约法对"契约自由"的绝对推崇。这一时期也在努力寻找自由与限制之间的平衡,只是因撒切尔夫人执政以来在国家的理念与政策上所表现出的对自由的倾斜更多一些而已。

因此,从国家对当事人订立契约意志的尊重、国家在契约中的地位及作用定位来看,将契约自由的变迁分为"近代契约自由"与"现代契约自由"也是合理的。契约交易虽然起源于古罗马法中,但契约自由原则与制度的确立却是在18—19世纪逐步确立并发展起来的。这个时期,欧美国家正处于自由经济形成和鼎盛时期,契约法也集中表现为消极不干涉的要求。公民作为自由、平等的民事主体,有签订契约的自由而不受法律的干预。法律不应干预公民之间契约的缔结及其具体内容,不能不正当地限制公民缔结契

---

[1] 〔英〕P. S. 阿蒂亚:《合同法概论》,程正康等译,法律出版社1982年版,第32页。
[2] 同上书,第33页。当然,从介入的目的来看,能否将"公共政策基础"与"对公民个人的保护性思想"二者截然分开,在笔者看来十分困难。

约的权利,只有在一方当事人违反契约义务或不履行契约义务时,法律或法院才可介入。因此,"契约自由"、"契约神圣"则是当时确立契约法的基础与原则。"如果有一件事情比公共秩序所要求的更重要的话,那就是成年人和神志清醒的人应拥有的订立契约的最充分的自由权利"。[①] 而自19世纪后期,随着资本主义完成了由自由阶段向垄断阶段的转变,支撑着近代契约自由的内在根据受到严重侵蚀,整个社会所呈现的贫富悬殊、两级分化日益严峻。这就要求国家介入,从而在契约理想与契约现实、契约自由与契约正义、私人自治与国家干预的协调中,促进契约自由健康、有序地发展,维护整个社会赖以存在的法秩序。在此过程中,近代契约自由也顺利实现了向现代契约自由的转变。基于不平等、不自由的现实以及契约自由可能导致的危害的考虑,对契约自由进行一定的限制,则是现代契约自由的一大特色。而为防范契约对当事人或第三人的侵害、维护社会公共利益,契约当事人的意志受到了一定的限制。正是在此基础上,才会有"契约的衰落"、"契约的死亡"的惊呼。这种惊呼注意到了从近代契约自由向现代契约自由变迁中所呈现的变化,但我们也须深谙其客观所趋及现实意义。[②]

2.1.3 从近代到现代:民法与契约自由的变迁

近代民法向现代民法的变迁,与近代契约自由向现代契约自由的变迁,不仅在内容上表现出高度的重合性,即对契约自由的限制是近现代民法变迁的重要内容之一,而且在价值理念上也表现出高度的一致性。近代民法倡导的社会正义(主要是形式正义)的理念也反映在近代契约自由上,自由订立的契约具有法律效力,当事人必须严格按照契约约定履行义务。所谓的"契约就是契约"、"契约必须严守",正是体现的这种形式正义。现代民法注重实质正义的理念则充分体现在现代契约自由上。在现代法上,契约自由受到多方面的限制,包括公法上对交易的规制,在民法上则通过诚实信

---

① 〔英〕阿蒂亚:《合同法概论》,程正康等译,法律出版社1982年版,第4页。
② 当然,并非所有对契约自由的立法限制都是正当的、合理的,也正是在此意义上才提出注重对涉及经济自由立法的违宪审查。这也是本书第五章所要着重探讨的问题。

用原则、公序良俗原则对契约自由进行限制,以及由法律直接规定某些契约条款无效。①

诚如学者所言:"契约自由应受限制,系事理之当然。无限制的自由,乃契约制度的自我扬弃。在某种意义上,一部契约自由的历史,就是契约如何受到限制,经由醇化,而促进实践正义的纪录。"②新近的契约理论形成了一场争论,争论围绕着契约法是否促进私人优先权的行使,或者契约自由原则是否服从国家基于公平、平等、道德和效率等原因对缔约过程的合法的干预。然而,任何一种理论都未能充分说明契约法,因为每种理论都是以牺牲另一种观点为代价来强调一种观点的。实际上,契约自由原则和干预主义原则共同成为契约法的原则。③

我们可以看到,从近代契约自由向现代契约自由的变迁中,虽然契约自由因承载了契约正义、弱势群体的保护等社会功能,受到了一定的限制。但这种限制是在具有正当理由、合理程度范围前提下的限制,契约自由所要求的处于平等主体地位的当事人意思的尊重,仍然是现代契约自由的基本原则。

2.2 从近代到现代:契约自由历史变迁的横向比较

契约自由作为当事人自由意志、自主选择的充分体现和要求,早在罗马法的诺成契约中即已开其源流,在作为民法典典范的《法国民法典》和《德国民法典》中更是巩固了其在民法体系中的坚实地位。《法国民法典》和《德国民法典》作为两部具有代表性的资产阶级性质的民法,都继承了罗马

---

① 梁慧星:《从近代民法到现代民法法学思潮——20世纪民法回顾》,载梁慧星主编:《从近代民法到现代民法》,中国法制出版社2000年版,第172页。
② 王泽鉴:《民法学说与判例研究》(第7册),中国政法大学出版社1998年版,第22页。
③ 〔美〕罗伯特·A.希尔曼著:《合同法的丰富性:当代合同法理论的分析与批判》,郑云瑞译,北京大学出版社2005年版,第266页。

法的契约自由思想。然而,因历史背景和指导思想的迥异,契约自由也呈现了不同的表现形式。在一定程度上,对契约自由原则的规定,《法国民法典》更多地秉承了自由的理念,而《德国民法典》则从社会的角度对契约自由原则施加了一定的限制。

2.2.1 规范的比较

作为民法基本原则之一的契约自由,为市场主体交易的正常进行提供了指导性原则,自是民法典立法中的重要内容,当然不可避免地以民法典的规范形式表现出来。对于契约自由原则的探寻,也必须首先从民法典的文本规定出发。颁布于1804年的《法国民法典》对契约自由做了最大程度的发挥,信奉的是绝对的契约自由;而晚近一个世纪颁布的《德国民法典》,则对契约自由做了诸多的限制,实行的是相对契约自由。为此首先需要从法律规范的角度进行比较:

(1) 在契约的产生依据上,《法国民法典》注重当事人"合意"对于契约成立的效力,第1101条规定:"契约为一种合意。依此合意,一人或数人对于其他一人或数人负担给付、作为或不作为的债务",第1119条规定:"任何人,原则上仅得为自己接受约束并以自己名义订立的契约。"①《德国民法典》中没有关于契约产生依据的具体条文,仅是通过对抽象概念"法律行为"的规定予以调整。②

(2) 在当事人合意和法律适用之间的关系上,《法国民法典》规定合意排除法律适用,法律规定只是补充合意而存在;而《德国民法典》第134条规定:"法律行为违反法律上的禁止者,无效;但法律另有规定者,不在此限",可见契约自由为"法律范围内的自由"。

---

① 《法国民法典》,罗结珍译,中国法制出版社1999年版。下文《法国民法典》的相关条文皆参见此书。

② 当然,作为"总则"中重要概念的"法律行为",不仅包括一般意义上的契约,还包括"物权合意"(Dingliche Einigung)、家庭法中的契约、遗嘱设定以及股东大会批准增加资本的决议等。参见《德意志联邦共和国民法典》,上海社会科学院法学研究所译,法律出版社1984年版。下文《德国民法典》的相关条文皆参见此书。

（3）在契约效力的范围上，即与国家法律的关系上，《法国民法典》第1134条规定："依法成立的契约，对缔结该契约的人，有相当于法律之效力。此种契约，仅得依当事人相互同意或法律允许的原因撤销之。前项契约应善意履行之"，第1135条规定："契约不仅对其中所表达的事项具有约束力，而且对公平原则、习惯以及法律所依其性质赋予债之全部结果具有约束力"。可见，对由当事人合意产生的契约效力做了最大程度的肯定——"相当于法律之效力"，而且对原则、习惯以及法律所赋予的债的全部结果也具有约束力。①《德国民法典》第242条规定："债务人应依诚实和信用，并参照交易上的习惯，履行给付"，这是在承认契约自由的同时，通过诚实信用原则以及交易习惯的要求，从社会本位的角度设置了对契约自由的诸多限制。

（4）在对契约自由的限制上，即公序良俗对契约的调整。法国民法典和德国民法典中都有关于公序良俗原则的规定。《法国民法典》第6条规定："任何人不得以特别约定违反有关公共秩序与善良风俗之法律"，《德国民法典》第138条第1款规定："法律行为违反善良风俗的无效"，第826条规定："以背于善良风俗的方法故意损害于他人者，应向他人负损害赔偿义务"。在一般情形下，仍然充分尊重当事人的意思自治，只是要求当事人的特别约定不得有违公序良俗的相关要求。

（5）在对契约的解释上，《法国民法典》第三章"债的效果"中"第五节契约的解释"从第1156条到第1164条都是关于契约的解释，其中第1156条规定："解释契约，应从契约中寻找缔结契约之诸当事人的共同本意，而不应局限于用语的字面意思"，第1163条规定："不论订立契约的用语如何笼统、概括，契约之标的仅可推知属于当事人本意立约之事项"，可见采用的是权利义务关系基于当事人之间合意的理念。德国民法典仅仅做了一个非常

---

① 对《法国民法典》1134条的规定，多数学者理解为，该条仅规定合意之拘束力者。而鉴于法国民法典编纂时的思想背景，似应解释为该条之规定系宣示：个人合理的自由意思得制定当事人间之法律，而国家须将当事人所制定之法律采为国家法（法国民法不承认国家的习惯法），使其发生国家法上之效力。参见陈文贵：《基本权利对民事私法之规范效力》，台湾警察大学法律学研究所2000年硕士学位论文，第159页。

原则性的规定,第157条规定:"契约的解释,应遵守诚实和信用的原则,并考虑交易上的习惯"。较之前者对当事人意思的高度尊重,后者则直接肯定了诚信原则与交易习惯对当事人权利义务关系的影响。

2.2.2 历史的分析

民法典作为对民事活动调整的法律规范,是其所处时代的产物,"对于法典编纂而言,政治因素必定是重要的,并且当法典问世之时,也必定有适当的政治环境。从事实来看,到了近代法典编纂已经非常普及,这要么是由于颇不一样的政治条件有利于或至少允许编纂法典,要么是由于经常产生编纂法典所需要的政治条件,二者必具其一。就较早的近代法典而论,我们可以观察到更大的政治参与"。① 要了解《法国民法典》与《德国民法典》所奉行的契约自由的差异,也必须从其制定背景、经济基础、政治体制以及文化理念等多方面进行探究。

1.《法国民法典》制定的宪法背景

作为资本主义国家颁布最早、影响最大的一部民法典,《法国民法典》的重大意义即使在两个世纪后的今天也是不可低估的。《法国民法典》的编纂首先得益于法国大革命的影响,正是大革命推翻了旧王朝的种种社会制度,建立了以追求自由、平等为原则的国家,才使民法典所要求的权利平等成为可能。法国大革命和民法典的编纂关系如此紧密,"一方面《法国民法典》依旧受到法国大革命发出的启蒙思想激情的滋润,另一方面法典编纂时已到了革命的狂热大大冷却的时期,编纂者更多地是在革命理想的感召力和传统法律制度的精细完整之间寻找折衷点",无怪乎"只是在法国,法典的编纂才产生于革命运动的热情;也仅仅是在法国,社会现实与社会形态为基础的法律才达到了完全的重合"。②

---

① 〔美〕艾伦·沃森著:《民法法系的演变及形成》,李静冰、姚新华译,中国法制出版社2005年版,第114页、第139页。

② 〔德〕K.茨威格特、H.克茨著:《比较法总论》,潘汉典等译,法律出版社2003年版,第134页。

必须承认的是,《法国民法典》的诞生,作为执政者的拿破仑功不可没。① 早在法国革命后,康巴塞雷斯曾受督政府委托,于1793年、1796年和1799年先后三次起草民法典,但均遭否决。② 就拿破仑而言,他是将民法典的起草和颁布视为政治统治的一个重要手段来推动的:在民法典的起草过程中,参政员为讨论民法典草案召开的87次会议,他参加并主持了35次;在民法典的具体内容上,较之对单纯立法技术问题的关注,拿破仑更注重现实的政治生活;在抽象思维和具体规则的取舍上,他更是明确提出:"我们已经结束了大革命的传奇,现在我们必须着手于它的历史了,在应用革命诸原则时,只需要其中那些现实的、切实可行的东西,不需要那种纯理论的、假设的东西"③;而在民法典的通过上,当法典被参政院否决濒临流产的危险时,他果断地对参议院进行清洗以保证法典的通过。可以说,从一开始,民法典就被执政者视为政治生活的重要一环而加以推动,承载了其统一私法、建立统一和平平等生活秩序的期望。

2.《德国民法典》制定的宪法背景

如果说《法国民法典》的起草和诞生直接昭示了其和国家政治生活的紧密联系,那么《德国民法典》的迟迟出台也从反面印证了民法典对于国家立宪制度支持的需求。早在1814年,为了对革命时期和拿破仑时代的法兰西侵略和武装占领进行反击,蒂博特和德国民族主义者极力主张立即编纂德国的法典。然而,这一主张遭到了德国历史法学派代表萨维尼的坚决反对。④

---

① 美国学者艾伦·沃森通过历史的考察指出,虽然拿破仑在《法国民法典》颁布过程中的作用非常重要,但早在法国大革命时期就已经有了法典化的举动;而萨维尼也仅仅是延缓了《德国民法典》的起草工作,因此"在某具体国家内,有无民法典问世,其原因不能归结于某个人的权力或说服力。"参见〔美〕艾伦·沃森著:《民法法系的演变及形成》,李静冰等译,中国法制出版社2005年版,第143页。
② 虽《法国民法典》是在1801年由拿破仑颁布命令成立的民法典四人起草委员会(由最高法院院长特隆歇、司法部长比戈—普雷亚梅纽、罗马法专家马尔维尔和海军法院法官波塔利斯组成)在四个月的时间里迅速完成的,但很早以前统治者就有让法国社会服从于统一法典的设想,资产阶级也在1791年宪法中提出"迅速颁布统一的民法典"、"全王国共同的民法典"的要求,但几经波折,仍无结果。
③ 曲可伸主编:《世界十大著名法典评价》,湖北人民出版社1999年版,第176页。
④ 萨维尼反对的理由在于:其一,法律只能从人民的民族精神中产生,不能由某些人编造;其二,他们那个时代还没有具备编纂法典所必需的技能和才能。因此,草率进行将是没有意义甚或有害的。他认为编纂《德国民法典》的时机尚未成熟,研究罗马—日耳曼习惯法更为合适。参见〔德〕萨维尼著:《论立法与法学的当代使命》,许章润译,中国法制出版社2001年版。

更深刻的原因则在于,帝国制定民法的立法权,还欠缺明确该立法权限的宪法依据。1867年《宪法》第13条宣布债法属于联邦立法权的范围;1871年德意志帝国成立后,1871年4月16日的宪法重申了这一规定;1872年和1873年先后两次修改宪法,特别是1873年12月12日修改的宪法,终于将帝国立法权从先前仅限于债法、商法和汇票法方面扩展到全部民法。统一法律的要求酝酿了几个世纪,直至此时理论上和立法上的分歧才得以解决,长达二十年之久的《德国民法典》起草工作以此为发端。《德国民法典》和其他法典的编纂,实际上是在1871年德国完成了政治上的统一、组成联邦以后才走上轨道并获得批准的,同时法典编纂工作也被看做是促进全国统一的一种工具。①

2.2.3 原因的探究

通过上述具体规范的比较,可以看到同是被奉为经典的两大法典在契约自由的理念、规定上有着很大的差异,究其原因主要有以下几个方面:

(1) 经济基础的差异。民法典制定的需求与功能是与这个时代紧密联系在一起的,对这一时代背景的探讨难免过于空泛,但对其经济基础的比较却是必不可少的。法国民法典的制定,是在推翻了封建制度、取得了资产阶级革命的胜利后。当时尚处于资本主义发展的初期,如何将"人"从封建束缚和奴役中解放出来,彰显"人"这一自治主体的本性,最大程度地激发其积极性、自主性则成为民法典的首要任务。"人"是平等的、自由的,当然有权利以契约的形式进行交易、自我负责,排除来自国家法律和他人的不当干预,这也是契约自由的应有之义。一个世纪以后的德国,则从自由资本主义时期走向了垄断资本主义时期,自由资本主义时期绝对的自由竞争所带来的各种问题凸现,各种社会经济关系日趋复杂,那么对契约自由原则的采用、如何使其更适合经济发展和社会需求也需分外审慎。

(2) 国家性质的差异。按照马克思主义的观点,国家作为阶级矛盾不

---

① 《德意志联邦共和国民法典》,上海社会科学院法学研究所译,法律出版社1984年版,"译序"第1页—15页。

可调和的产物,特定的阶级凭借经济上的支配地位取得国家统治权,而其统治权的享有和运用又反过来成为促进其经济利益的手段,其手段之一便是颁行法律。也正是在此意义上,国家性质和法律制定的关系紧密,即使是奉行自由、民主的民事立法也是统治阶级意志和利益的集中表现。制定《法国民法典》是新兴资产阶级的要求,"最初编纂的民法典乃是第三等级即市民等级的法典",民法典编纂者心中的理性形象也是"有产者的市民阶级的理想形象"。① 《德国民法典》制定之时,资产阶级和容克贵族联合执政,制定民法典的首要任务是在尽可能的范围内保护容克贵族的利益,维护现有的社会秩序。为此,编纂民法典的活动是统治阶级自上而下制定的。

(3) 国家结构形式的差异。国家结构形式的格局和特点奠定了该国制定民法典的历史基础,也影响了该国制定民法典根本任务的取向。在民法典颁行之前,法国是一个单一制国家,没有实施于部分地区的法典,调整民事活动的主要是散见于民间的习惯法等。在这种既无现有地方法典作为范例以借鉴,又要制定一部统一民法典通行于全国的情境之下,编纂民法典的任务尤为迫切,缺乏范例也给编纂者提供了更多的自由空间。② 在《德国民法典》颁行之前,德国是联邦制国家,调整民事关系的法律在各邦也有很大差异,分别有适用普鲁士普通邦法、法国民法、萨克逊民法、普通法四块不同的法域。较之法国颁布民法典的急切要求,德国制定民法典的任务更多的是统一全德范围内的私法。有各邦现有的法律发挥作用,没有制定法典填补法律空白的现实要求,这就使得民法典的制定工作有了充分的准备、论证时间(从1873年至1896年长达23年之久),如何使得民法典的规定更符合社会的要求、更加合理③,则成为起草者探究的重点。这一社会基础的差异,

---

① 〔德〕K.茨威格特、H.克茨著:《比较法总论》,潘汉典等译,法律出版社2003年版,第144页。

② 这也是抛开其他影响因素,对契约自由基于个人自由的程度而言,《法国民法典》比《德国民法典》的限制更少、更为彻底的原因。

③ 德国统治者对第一个起草委员会提出的任务便是:对德国现行的私法要从合适与否、内部真实与否以及合乎伦理与否各方面加以探讨,特别对于诸大法典与罗马法、德国的基础相异之处要研究其合适与否,尽可能求其均衡,从而草拟出适合于现代法学要求的草案。

也就有力地说明了,较之《法国民法典》奉行的契约自由原则,《德国民法典》实行的契约原则更为切实可行、并影响至今的缘故。

(4) 立法目的的差异。正如日本法学家穗积陈重所言,各国编纂法典(特别是民法典)有不同的目的,法国民法兼采守成、统一和更新三重目的,《德国民法典》的主要目的是统一①,不同的立法目的也影响了民法典的特点"《法国民法典》是一部革命的法典,其特点是破旧立新。《德国民法典》是一部保守的、甚至是守旧的法典"②。《法国民法典》革命性的一面③在契约自由原则上也表现得极为明显,它将民事主体从封建制度的束缚中解放出来,要求实现人的自治。而《德国民法典》对契约自由的限制,虽有其特定社会历史背景的要求为其正当性、合理性提供了充分论据,但对当事人意思自治造成了一定限制却是客观事实。在"人"的全面解放及其维护上,我们不可否认的是,其革命性是不及《法国民法典》的。

(5) 文化理念的差异。文化理念在一定程度上深深影响了该法典的目的、宗旨、指导思想和具体规定,即使是民法学者也坦言,"考察一下欧洲大陆的政治及经济发展史,我们就会发现民法和民法文化与政治及经济的紧密联系。当实行开明政治、经济放任时,民法便得到发展完善,其中所蕴涵的文化特质便得以体现。"④不可否认的是,兴起于17世纪的欧洲启蒙思想⑤都影响了法国和德国,然而为何两大法典在契约自由原则上有如此大的差异?除了上述原因之外,局限于文化理念,则是法国、德国吸收并发展启蒙思想的路径差别所致。启蒙思想直接推动了法国大革命的发展,而法国

---

① 〔日〕岩波版《法律学辞典》,昭和12年,第2471页。转引自谢怀栻著:《大陆法国家民法典研究》,中国法制出版社2004年版,第53页。
② 同上书,第53页。
③ 当然所谓的革命性也是较之封建社会的传统而言的,理解了这一点,也就不难理解德国学者的论断"对于同时代的人来说,《法国民法典》颇似一项革命的创作,但是进一步的考察却如此清楚地表明,这部法典在很大程度上仍立足在保守主义和传统法律制度的基础上"。参见〔德〕K. 茨威格特、H. 克茨著:《比较法总论》,潘汉典等译,法律出版社2003年版,第134页。
④ 江平、苏号朋:《民法文化初探》,载《天津社会科学》1996年第2期。
⑤ 它通过对传统的宗教、政治、文化等制度的检讨批判,要求实现摆脱中世纪的束缚,通过理性实现个人自由。

大革命的胜利使得自由主义、个人主义得到了更大的弘扬,在法国民法典中表现之一便是较少受到限制的契约自由原则。当事人签订契约的自由,是个人主义者要求实现其自由、平等思想的重要表现,这也是保护和实现资产阶级平等的客观需要。而启蒙思想在德国,更多地则转化为18世纪德意志各邦改革运动的精神动力,但它异于法国自由狂热、富有激情的革命,是立足于现有的社会制度所做的改革。"人"具有既是个体,同时又是整个社会共同体成员之一的双重属性(Doppelnatur)。[①] 在这一理念之下,公民在经济领域的契约自由也仅仅是在受国家约束前提下的自我交易、自我负责的行为自由。

2.2.4 余论

上述针对契约自由对《法国民法典》与《德国民法典》所做的比较在于阐明,较之《法国民法典》,一个世纪后颁布的《德国民法典》,更多地置身于公民民事行为与社会的关系考量,对契约自由有了更多的限制。但这仅仅是对法典颁布当时其指导理念和规范形式的相对界分,无论是法典制定之时的规范本身,还是历史的今天,对契约自由原则的发展,《法国民法典》和《德国民法典》对契约自由原则的适用、发展都有着惊人的一致。

1. 法典规定的共通

所谓的契约自由只能是法律范围之内的"自由",国家通过行使立法权制定民法典这种行为本身也在一定程度上摈弃了绝对的契约自由。即使是更为注重个人自由、实行较少限制的《法国民法典》,其中也不乏对契约的规制内容,这主要是通过对契约效力的规定来实现的。契约有效成立必须符合四项条件:"负担债务的当事人的统一;其订立契约的能力;构成权利义务客体的确定标的;债的合法原因"(第1108条),"如原因为法律所禁止,违反善良风俗或公共秩序,此种原因为不法原因"(第1133条),而"无原因之债,或者基于错误原因或不法原因之债,不发生任何法律效力"(第1131条)。通过对契约有效成立的条件要求,将"善良风俗"和"公共秩序"的要

---

① 〔德〕K.茨威格特、H.克茨著:《比较法总论》,潘汉典等译,法律出版社2003年版,第217页。

求渗透其中,实现对契约自由的限制。可见,即使是《法国民法典》所奉行的绝对契约自由,也仅仅是相对意义上而言的。从来不存在无任何限制的绝对意义的契约自由,也无法存在。

《德国民法典》虽然对契约自由原则做了一定程度的限制,但这是在充分尊重当事人契约自由的前提下所做的一些限制。对契约自由的理念倡导和国家保护,则是第一位的。也正是如此,社会主义者安东·门格尔在其著作《民法与无产的民众阶级》一书中对其进行了极为尖锐的批判,提出了契约自由原则会在何种程度上导致社会弱者受制于社会强者的契约专制的问题。而在德国第一部民法典草案中对契约自由所做的一些限制,也被学者认为是冷酷的个人主义添加"少许几滴社会的润滑油"①。

因此,即使是奉行契约自由原则的《法国民法典》也有对契约自由的限制,对契约自由进行限制的《德国民法典》也是以个人主义为基点,两大法典在本质上有一定的共通之处。理解了这一点我们就不难理解,为何马克思提出:"《法国民法典》并非近代市民社会的产物,它于18世纪即已产生,未必能反映在19世纪才得以发展的市民社会的要求"②,为何《德国民法典》"与其说是20世纪的序曲,不如说是19世纪的尾声"(拉德布鲁赫语),是"一个历史现实的审慎终结,而非一个新的未来的果敢开端"(齐特尔曼语)③。

2. 历史发展的共通

为何颁行于几个世纪以前的民法典,在未做彻底修改的前提下,却能适应本国社会政治、经济、文化的变迁?这是许多学者关注的问题,也是《法国民法典》、《德国民法典》所面临的重大课题。从资本主义初期到当今高度发达的垄断资本主义经济,为适应社会经济发展对契约自由的需要,法国和

---

① 〔德〕K.茨威格特、H.克茨著:《比较法总论》,潘汉典等译,法律出版社2003年版,第217页。
② 〔日〕大木雅夫著:《比较法》,范愉译,法律出版社1999年版,第181页。
③ 〔德〕K.茨威格特、H.克茨著:《比较法总论》,潘汉典等译,法律出版社2003年版,第218页。这种对《德国民法典》的评价,主要是针对其所表现的保守性特点而言的。笔者在此更乐意将这种评价理解为,被视为"19世纪尾声"、"历史事实的审慎终结"的《德国民法典》,与产生于19世纪初期的《法国民法典》之间的关联处。

德国对民法典的发展也表现出了高度的相似,它们通过立法、司法等诸多手段对契约自由进行了一定的修正。

(1) 立法对契约自由的发展。法国在家庭法、继承法领域对民法典做了较多的修改,对契约法领域也做了一定的修改,主要是通过特别法的方式,在租赁契约、运输契约、雇佣契约、保险契约等方面施加了一定的限制,以防止任意运用契约自由所导致的不利后果。德国也是在高度严密抽象的民法典之外,通过颁布竞争法和卡特尔法、住房建筑法、租赁法以及劳工法等单行法律,用以平衡契约双方的不平等地位和保障处于弱势的缔约者。[①]

(2) 司法对契约自由的发展。和美国宪法一样,《法国民法典》虽很少变动,但通过法学理论的发展和法院的审判实践,也使契约自由随着时代变迁发生了较大变化。为了应对工业革命带来的冲击,学者和法官通过灵活阐释使得民法规则与现代社会相适应,如运用《民法典》的第1121条确定第三者受益人合同及其限制、通过第1376条确定不正当致富规则,第1870条规定对工人的保护,利用第544条财产拥有者的权利防止其滥用权力开除雇员等。[②] 在德国,法官通过诸如第242条"诚实信用"等一般性条款[③]作为实现契约关系伦理化的突破口,从而实现对契约当事人社会责任的要求。

(3) 法学理论对契约自由的发展。在《法国民法典》颁行的早期,法学理论更多的是注释法学的要求,注重法律条文自身的逻辑性、系统性,然而随着"自由科学研究学派"的兴起,学者们更多地注意到了社会发展的需求、交往领域的惯例与习俗以及社会学研究的最新成就等。德国学者对第一委员会起草的民法草案的种种批判虽然效果甚微,但激起了全国上下对德国民法典规定中所触及的个人与社会关系的反思。

---

① 《德国民法典》的这一发展,其理论前提是社会民主的理想。这种民主不仅赋予个人权利,而且还包含着国家有责任为人们谋求社会福利,个人行为要对社会负责。德国法律中原先存在抽象概念已有更为实用主义的方法所取代,其目的是要运用一个多元社会的价值尺度,这个多元社会包括了福利国家的一些有力因素,并且强调了公民自由。参见《德意志联邦共和国民法典》,上海社会科学院法学研究所译,法律出版社1984年版,"译序"第1页—15页。
② 参见张千帆:《〈法国民法典〉的历史演变》,载《比较法研究》1999年第2期。
③ 这些一般性条款还包括《德国民法典》第138条、第157条、第826条等。

综上所述,之所以择取《法国民法典》和《德国民法典》作为分析样本,对两大法典涉及契约自由的内容做一比较,根本目的在于探究契约自由变迁背后的历史背景和指导思想的差异。尤其是国家的经济基础、国家性质、国家结构形式、立法目的以及文化理念——构成国家制度重要特征的诸多要素,如何影响了该国民法典的制定进程以及契约自由的保护与限制。然而,在制定之初在契约自由的理念及其保护上存在着诸多差异的两大法典,经过两个多世纪的历史发展,却表现出了惊人的相似性。这不仅表现为在理念上对契约自由与社会发展辨证关系的一致之处,也表现为通过立法、司法以及法学理论对契约自由发展方式上的相似之处。而这些相似性,也正是两大法典保持其永久生命力的原因和动力所在。

2.3 从近代到现代:契约自由与宪法的变迁[①]

2.3.1 契约自由的变迁与宪法的变迁

民法经历了从近代民法向现代民法的变迁,而孕育其中的契约自由也经历了从近代向现代的变迁。近代契约自由与现代契约自由的区别,主要

[①] 契约自由与宪法的历史变迁,在人类社会整个历史时期,除了"从近代到现代"的变迁,还包括近代之前的古典法时期二者的发展及相互关系。这一时期的梳理论证也是最为棘手的,人类历史上"民法与宪法何者为先",民法学者与宪法学者亦有不同回答,发生学与价值学理论各异。

在笔者看来,这在根本上涉及的是民事权利和自由的合法性来源问题。对此,有学者进行了具体分析,提出"西方民事自由与权利的合法性来源一般有两种:一种是外在于国家权力,国家权力只能认可而不能创制;一种是内在于国家权力,是由国家权力创制和授予的。西方民事自由与权利的存在样态一般也有两种,一种是身份、等级、特权式的自由与权利;一种是普及化的、为大多民众普遍拥有的基本自由与权利。西方很早就产生了合法性来源外在于国家的民事自由与权利,但这种自由与权利多是一种身份、等级、特权式的自由和权利。近代英美两国自由与权利的现代化成功转型,源于将这种身份、等级、特权式民事自由与权利向更广大的社会阶层普及和开放,使得这种自由与权利成为一种基本权利,进而推动了保障这种基本自由与权利的宪政机制发展;而近代法国自由与权利的现代化转型失败,源于没有将这种身份、等级、特权式的自由与权利向更广大的社会阶层普及和开放,自由与权利没有走出狭隘的特权性与身份性,没有成为一种基本权利,进而也将无法推动保障这种基本自由与权利的宪政机制完善。"具体论证见钱福臣、魏建国著:《民事权利与宪政——法哲学视角》,法律出版社2010年版,第39—81页。

在于国家在契约自由过程中的地位、功能及其权限。从近代向现代的变迁，则集中表现为国家积极介入契约，对契约自由予以一定的干预和限制，以实现契约自由与契约正义的双重课题的过程。

在宪法学研究中，关于宪法的发展历程，也有所谓的"近代宪法"与"现代宪法"的划分。这则是形式上的宪法分类理论中的一种划分。① 将这种形式上理论划分投射到经历了三百多年发展历史的近现代宪法中，则可以1918年第一次世界大战结束为界限分为两个时期，即近代宪法与现代宪法。② 近代意义的宪法首先产生在英国、美国和法国等欧美先进国家，主要特点是宪法强调公民权利，特别是自由权利，具有自由主义色彩；国家的权力主要被限制在政治生活领域，宪法具有"政治法"的特色；而"1919年的德国魏玛宪法和1918年的苏俄宪法的颁布，标志着现代宪法的产生"③，宪法开始关注经济和文化生活领域，国家权力也进入社会经济和文化生活领域，宪法不仅仅是"政治法"，而是内容更为全面的"社会法"④。由此可见，近代宪法与现代宪法的区别，便主要表现在宪法的规范内容、国家权力的介入领域等方面。⑤

2.3.2　契约自由变迁与宪法变迁的内在关联性

如前所述，宪法经历了从近代向现代的变迁，契约自由也经历了从近代向现代的变迁，那么二者之间是否存在着关联性，这种关联性又表现在哪些

---

① 所谓形式上的宪法分类，是与实质上的宪法分类（主要是以宪法的阶级本质为分类标准的分类，包括资产阶级国家宪法与无产阶级国家宪法）相对应的，是以宪法形式上的某一属性或特征为分类标准而对宪法进行的分类，包括成文宪法与不成文宪法、刚性宪法与柔性宪法、民定宪法、钦定宪法与协定宪法等。
② 李步云主编：《宪法比较研究》，法律出版社1998年版，第121页。
③ 刘茂林著：《宪法学》，中国人民公安大学出版社、人民法院出版社2003年版，第84页、第87页。
④ 也正是在此意义上，亦有学者直接将这种宪法分类称为"近代意义的宪法"、"现代福利国家的宪法"。参见胡锦光、韩大元著：《中国宪法》，法律出版社2004年版，第32页。
⑤ 当然，亦有学者指出，从近代宪法向现代宪法的转型中，现代宪法不仅未在确认社会权的同时而放弃了传统的自由权，甚至仍然将自由权置于整个权利规范体系中的重要地位之上。参见林来梵著：《从宪法规范到规范宪法——一种规范宪法学的前言》，法律出版社2001年版，第79页。

方面？通过考察不难发现,其在历史时期、价值理念与制度内容上都存在着高度的一致性。

(1) 历史时期上的一致性。近代契约自由向现代契约自由的变迁,其背后深刻的历史背景则是19世纪末期,资本主义从自由阶段向垄断阶段的转变。近代宪法与现代宪法的划分,则是以第一次世界大战后德国魏玛宪法与苏俄宪法的颁布为标志。而这两部宪法的颁布时期也都是在20世纪的初期。契约自由与宪法的变迁,都是发生在19世纪末20世纪初期,这一历史时期上的高度一致性,是巧合还是必然？19世纪末期随着资本主义经济的发展,社会问题更为突出,社会矛盾也日益尖锐,社会背景、基础的变迁,也必然导致相应的契约自由、宪法作出相应调整,解决社会发展所带来的各种问题。

(2) 价值理念上的一致性。近代契约自由推崇"契约自由"、"契约神圣",在这一"契约即正义"理念的指导下,也对来自国家权力对契约关系的介入和限制持强烈的抵触态度。而现代契约自由基于种种契约"不自由"的现实,为纠正契约失衡以保障契约自由的真正实现,则需要借助国家权力的介入。如果再固守原有的契约形式正义的理念,只会导致契约沦为强者凌驾于弱者之上的藉口。这种近代契约自由所尊崇的自由主义理念与现代契约自由所倡导的社群主义理念,分别可从近代宪法与现代宪法中找到其根源与依据。近代宪法与现代宪法的划分,是与所谓的"自由国家的时代"、"社会国家的时代"亦步亦趋的:近代宪法中得以实证化了的立宪主义思想,在19世纪的"自由国家"下进一步得到发展,其主要特点是自由且平等的个人基于个人自由意志的经济活动得到广泛的认可,通过自由平等的个人竞争被认为是可以实现社会调控功能的,而国家则不应实行经济上的干预,只承担维持社会秩序的职责,"警察国家"、"消极国家"由此而来;而时至20世纪,垄断资本主义的发展带来了财富的过度集中与劳动状况的急剧恶化,国家也面临着对社会上、经济上弱者进行保护与救济的职责,此时宪法所保障的自由,不仅是国家权力不予干涉的消极自由,还包括国家权力积极介入予以保障的积极自由,"社会国家"、"福利国家"方兴未艾。①

(3) 制度内容上的一致性。近代宪法中"自由国家"的理念,也相应地影响了宪法的规范内容与制度构建,宪法主要强调公民的基本权利(主要是自由权),具有强烈的自由色彩,因此如何防止国家权力侵犯公民基本权利,则成为构建国家制度的重要目标。现代宪法中的"福利国家"理念,不仅反映在宪法对公民社会、经济权利的高度关注上,而且表现为国家为保障公民社会、经济权利的制度建构上。与近代宪法相对应的近代契约自由也是如此,排斥、抵制来自国家权力对契约关系的介入和限制则是其主要特征。正是在这种意义上,亦有学者指出契约自由的实现及其特征表现出强烈的自由权的特性。② 而现代契约自由则与现代宪法表现出高度的一致性,在契约理想与契约现实、契约自由与契约正义、私人自治与国家干预的协调中,促进契约自由健康有序地发展,维护整个社会赖以存在的法秩序,不仅是现代契约自由的基本要求,也是现代宪法的重要内容之一。社会贫富、强弱之间的差别需要国家的积极介入,以纠正形式上契约自由所导致的实质上的"不自由",这主要表现为大量的社会经济立法。在此,国家对公民不仅仅是消极上的不干涉,更要积极介入,通过形式上、制度上的发展完善履行其对公民所应履行的义务。这也通常被视为社会权利的重要内容。

2.3.3 主观与客观:契约解释与宪法解释的内在一致性

(一) 契约解释:主观主义与客观主义

契约自由的实现,特别是在涉及对契约效力认定的问题上,一个不可避免的问题便是契约解释。所谓契约解释,"是在契约发生法律上实质拘束后,探求当事人约定的内容,具有何种法律规范意义,主要的目的,是在解决该具体契约法律适用的问题。契约若成立书面,主要就是书面契约条款的

---

① 〔日〕芦部信喜著:《宪法》(第3版),〔日〕高桥和之增订,林来梵、凌维慈、龙绚丽译,北京大学出版社2006年版,第14—15页。
② 亦有学者明确指出:"民事权利是宪法自由权的价值延伸"。见莫纪宏、李岩:《人权概念的制度分析》,载《法学杂志》2005年第1期。

解释。契约解释在许多方面,类似法律解释,如同法律有漏洞,契约亦有可能有漏洞存在,而有待填补,填补方法,许多也类似法律漏洞的填补。"①那么,契约解释与意思表示解释,对于二者之间的关系,也有两种不同的观点,一种观点认为二者存在着差异,意思表示解释主要在处理契约是否因意思表示一致的问题,与契约解释属于不同层面的问题②;另一种观点则认为解释契约与解释意思表示所依据的主要规则并无不同,两者的区别主要在于解释的对象,而如何进行解释的规则似乎并无不同。③

在契约解释的理论中,也形成了两种对立的观点:一种是所谓的"主观主义",也称"意思说",它以意思自治为核心,认为契约解释应以探求当事人的真实意思为目的,而不应拘泥于文字;另一种是"客观主义",也称"表示说",它以维护法律秩序为出发点,认为当事人的内心意思非他人所能得知,只能从当事人表现出来的文字等作为解释契约的依据。可见,两种理论的分歧主要表现在契约当事人意图是否可知、怎样可知以及是否需要可知三个方面,前者要求最大程度地探求当事人的主观意图,这一主张的理论前提便是当事人的真实意思是可知的,而且能够被探知;后者则要求以文字作为解释契约的依据,在其看来当事人的真实意思他人无法可知,只能根据客观情况予以斟酌确定。

契约解释的理论,在不同法系的国家、在同一国家的不同历史时期也有不同的表现与要求。在大陆法系国家,在 19 世纪初期采纳的是"主观主义",要求法官最大可能地探求契约当事人的真实意图,尤以法国民法典为代表;而在 19 世纪后期,随着社会背景与思想理念的变化,主观主义受到了强烈冲击,"客观主义"逐渐显露,解释契约不应仅仅拘泥于当事人的主观意图,更应从维护交易安全的角度、以一般民众能够得知理解的外部意思为标准,这一转向以德国民法典为典型。在英美法系国家,在 18 世纪发展完善

---

① 陈自强:《契约之成立与生效》,学林出版社 2002 年版,第 240 页。
② 同上书,第 240 页。
③ 〔德〕梅迪库斯著:《德国民法总论》,邵建东译,法律出版社 2001 年版,第 236 页。

起来的契约法原理对契约的解释一直强调的则是当事人所作出的"允诺"。① 这一方面固然与其对"契约"概念的理解有关,另一方面也表现出其在契约解释上主要采用的则是客观主义的解释标准。而在19世纪末20世纪初期,因政治、经济与法哲学思潮的变化,契约解释的客观主义在得到强化的同时,对当事人意图的探求也日益受到重视。当然,时至今日,英美法系国家的判例与学说在契约解释的理论问题上,仍然存在着较大争议。值得注意的是,英美法中探求当事人意图的标准,依然不同于大陆法系国家的主观主义,而是采用客观推定的有理性的一般人可能具有的意思标准(实际上这个有理性的一般人即是法院本身)。客观解释标准仍旧是英美法系契约解释理论的核心。由此可见,一定解释理论的确定,既受制于合同法基本原则,又是一定价值选择的结果。②

(二)宪法解释:原旨主义与非原旨主义

在宪法的理论与实践中,同样也面临着一个不可回避的问题——宪法解释。"宪法解释是一种探求宪法规范客观内涵的活动,具体指一定主体对宪法内容、含义及其界限所做的一种说明"③,从一般意义上而言,即指对成文宪法文本中具体条款的含义的解释。进行宪法解释,不仅是理解高度概括、抽象的宪法条文的客观需要,而且也是司法审查实践中的重要制度与形式载体。对于宪法解释而言,一方面因宪法的调整对象与规范内容决定了宪法解释者较之普通法律的解释者有着更大的空间,主观性无法避免,另一方面宪法解释作为法律解释的一种,也必须遵循现代法学理论追求的目标,也需满足客观性的要求,因此如何处理宪法解释中的主观性与客观性的问题,就成为现代宪法解释理论首先需要回答的问题。④

在宪法解释的主观性与客观性的问题中,较为集中的便是原旨主义与

---

① 〔美〕查尔斯·弗里德著:《契约即允诺》,郭锐译,北京大学出版社2006年版。
② 周新军:《论合同解释中的主观主义与客观主义的对立统一》,载《江西社会科学》2005年第1期。
③ 韩大元、林来梵、郑贤君著:《宪法学专题研究》,中国人民大学出版社2004年版,第168页。
④ 韩大元、张翔:《试论宪法解释的客观性与主观性》,载《法律科学》1999年第6期。

非原旨主义的争论。原旨主义(originalism)①要求按照宪法文本的原初含义来解释,主要是从制宪者的意图来解释;非原旨主义(non-originalism)则持相反主张,认为制宪者的意图并不能作为解释宪法的唯一依据。而"美国宪法解释的理论史,几乎就是原旨主义者和非原旨主义者的争论史"②,原旨主义也包括极端的原旨主义者(extreme originalists)与温和的原旨主义者(moderate originalists)两个不同的层次,前者以制宪者意图为解释的唯一因素,排除其他因素纳入宪法解释,后者则承认其他解释因素的重要性,认为在原意不明确时对原意有补充意义。③

原旨主义要求在解释宪法文本时,最大程度地探求制宪者当时的立宪原意,由于这一要求则使其面临着质疑与责难。对原旨主义的种种质疑与责难,总的来看表现为三个方面的问题:一是立宪原意的"不可得"问题,探究立宪原意必须以立宪当时充分的资料为依据,而由于时代的久远加之文献资料的欠缺以及资料保存的技术不完善,实际上使得在许多时候根本无法探求制宪者的原意。二是立宪原意的"不可知"问题,即使有相关的立宪资料作为分析基础,但并不能从中有效地分析出立宪者的原意,或者甚至可能立宪者在制定该宪法条款之时的意图并不十分明确。三是立宪原意的"不必知"的问题,这也是长期以来对原旨主义进行批判的最为有力的依据。这在理论上涉及探究立宪原意的正当性的问题,即为何要探求几百年前制宪者的意图来拘束后人。若不能对这一问题作出完满解释,亦无法充分论证原旨主义的正当性,费劲心思探究立宪者原意也是枉然。而在社会变迁中,国家的政治、经济、社会文化等都已经发生了重大变化的前提下,仍然拘泥于前人制定的宪法并着重于对当时制宪原意的探讨——这种墨守成规的

---

① 在英文表达中,也通常有意图主义(intentionalism)、原始意图主义(jutisprudence of original intent)、历史主义(historicism)以及解释主义(interpritivism)等表达。
② 张翔:《美国宪法解释理论中的原旨主义》,载《山东社会科学》2005 年第 7 期。
③ 同上。

做法,也无法妥善解决当今所出现的一系列问题。①

种种对原旨主义的批判与责难,也使得在美国宪法理论与实践中形成了以非原旨主义为主流的局面。当然,在这场原旨主义与非原旨主义之争中,对原旨主义的辩护与重新认识也颇值得关注。这当推美国普林斯顿大学的惠廷顿教授在1999年出版的《宪法解释:文本含义,原初意图与司法审查》一书,其提出:"原旨主义能够最佳地满足宪法解释的要求……原旨主义方法最合乎司法部门对成文宪法的解释,并且,原旨主义法理亦有助于推进基于人民主权的政治制度的实现。……原旨主义尊重宪法文本的平衡,它承诺保留下人民写进美国宪法之内的选择和妥协"。② 当然,"随着宪法文化的多元化与宪法理论的多样化,宪法解释方法呈现出专门化、程序化与独立化的趋势。未来的宪法解释方法主要围绕价值与事实、规范与现实、主观与客观的相互关系而得到发展,合理地平衡主观价值与客观价值是宪法解释方法论取得合理性的基础"。③

(三)契约解释与宪法解释的内在一致性

比较契约解释与宪法解释,根据解释学的原理,可以从解释的目的、解释的对象以及解释的困境等方面,来发现二者之间的内在一致性:

(1)从解释目的来看:对契约进行解释,目在于使契约的内容更为明确,具体而言包括两个方面,一是确定当事人之间是否订立了契约;二是确定契约的效力,即契约中所涉及的权利与义务关系及其内容。契约解释的根本目的在于使不明确、不具体的契约内容归于明确、具体,使当事人之间

---

① 托马斯·杰弗逊在1816年便写道:"某些人以伪善的虔诚来对待宪法,把它看作是契约式的方舟,过分神圣而不敢触之。……法律和制度必须随着人类进步而发展。随着时代的进一步发展,它给人以过多的启示,人们也会产生新的认识,发现新的真理。方式和观念也会随着环境的变化而变化,制度也必须发展,以与时代协调"。见《托马斯·杰弗逊著作》第2卷,第11—12页。其中文翻译,参见〔美〕詹姆斯·安修著:《美国宪法判例与解释》,黎建飞译,中国政法大学出版社1999年版,第102页。

② Keith E. Whittington, *Constitutional Interpretation : Textual Meaning, Original Intent, and Judicial Review*, University Press of Kansas, 1999, pp.42—43.(该书的中译本见〔美〕基思·E.惠廷顿著:《宪法解释:文本含义、原初意图与司法审查》,杜强强、刘国、柳建龙译,中国人民大学出版社2006年版)。

③ 韩大元、林来梵、郑贤君著:《宪法学专题研究》,中国人民大学出版社2004年版,第191页。

的纠纷得以合理解决。对宪法进行解释,目的则在于使抽象、概括的宪法条文更加具体明确,相关的宪法争议得以解决。由此可见,都是对解释对象中不明确的内容使其明确、具体的过程,二者在解释目的上有一定的相似性,美国最高法院在 1870 年的"法定货币案"中指出:"在寻求宪法授予国会权力的性质和范围时,必须牢记那些授权的目的……这是对制定法、遗嘱、契约、宪法都普遍适用的解释规则。如果已经确定文件的总意图,条款文字的解释都必须与该意图相一致"。

(2) 从解释对象来看:契约解释的对象则是契约,而宪法解释的对象则是宪法条文。一个是"契约",一个是"宪法",二者在形式上的差异也使得将二者联系起来颇为困难。但根据社会契约的理论,将宪法看做是公民与国家之间的一个"契约",那么探究宪法文本的原意,按照原旨主义的理论,则实际上是探究在宪法这一"契约"制定之时,作为契约当事人——制宪者的原意。在此,对宪法解释所面临的原旨主义与非原旨主义之争,也无怪乎即为探究当事人制定契约之时的原意探究。只是我们对契约解释限缩在对经济交易契约的解释这一范围之上而已,这是我们对"契约"概念的限缩使用的结果。①

(3) 从解释困境来看:无论是契约解释中所面临的主观主义与客观主义,还是宪法解释中原旨主义与非原旨主义,都面临着两难选择。公法大家莱昂·狄骥则从社会连带主义的角度对私法变迁进行了考察,针对《法国民法典》第 1156 条解释契约时要寻求缔约当事人的共同意思,则认为主体的内部意思是不可捉摸的、没有公示的,法律行为的效力只应该从是否符合社会目的的角度予以考虑,一项意思表示只有通过外部行为表示出来(即公

---

① 笔者的这种推断,在林来梵教授所著的一书中也找到了印证,其明确提出:"近代自然法学派的社会契约论显然是从民法的契约原理得到了启迪,进而认为国家权力应根据自由的人民的社会契约而成立,在其看来,这种社会契约的具体形式即是宪法,或曰宪法就是一种根本契约"。见林来梵著:《从宪法规范到规范宪法——规范宪法学的一种前言》,法律出版社 2001 年版,第 313 页。

而芦部信喜教授更是指出,自然法学者所说的这种"根本契约"并不是国家(或统治者)与人民之间所订立的"契约",即不是"支配契约"或"服从契约",而是人民相互之间自己所缔结的一种契约。这种思想同样贯彻了传统民法中的"契约自由"、意思自治的原理。参见〔日〕芦部信喜著:《宪法学》,转引自同上书,第 313 页脚注第 56。

示),才具备了社会的属性,获得社会的承认。"法律保护的不是,亦不能是意思的内部行为,而是意思的外部表示","法律的效力似联系于外部行为之上而非系属于内部决意之上"。① "在法律解释的领域,我们将无法回避这样一个问题:法律解释究竟是主观的还是客观的,抑或是主客观的结合?对这个问题的回答,实际上构成了法律解释理论的基础。而在宪法解释中,围绕绝对客观解释是否可能、解释者的主观性是否完全排除、保证何种程度上的客观性、怎样制约主观恣意等问题的不同回答,则构成了宪法解释中主观主义与客观主义的理论分野。"② 契约解释与宪法解释,在理论上与实践中所面临的问题,也是极为相似的。

上述从解释目的、解释对象以及解释困境上的比较,似乎是将两个原本互不相关甚至是根本不具有相似性的对象放在一起比较太过于牵强。这一认识则是人们对契约与宪法之间关系的惯常认识所致。其实,无论从解释的目的、解释的对象还是解释所面临的困境来看,都表明二者在本质上的一致性。而如果运用社会契约的理论,将宪法视为一种"契约",那么二者之间的距离也不是那么遥远了。当然,这里只是对契约解释与宪法解释一致性的一个初步探讨,其能否成立并被认同,不仅有赖于论证的进一步深入,而且也需对作为论证前提的社会契约理论予以客观全面的认识。

---

① 〔法〕莱昂·狄骥著:《〈拿破仑民法典〉以来私法的普通变迁》,徐砥平译,中国政法大学出版社2003年版,第83—84页。
② 韩大元、张翔:《试论宪法解释的客观性与主观性》,载《法律科学》1999年第6期。

第3章 契约自由与基本权利

3.1 现代宪法中的契约自由

　　契约自由作为民法的基本原则之一,承载着私法自治的意义与要求,有相对独立的价值和表现形式。但宪法对其的影响与作用也是不可小觑的,一方面在现实意义上以宪法为基础的整个共同体法律秩序的维护为契约自由的发展提供了充分的空间;另一方面在规范意义上宪法也对契约自由进行了一定程度的确认与保障。当然,受各国宪政体制、司法制度等因素的影响,在保障的方式、程度上有着一定的差异。

　　总的来看,宪法对契约自由的保障,主要表现为三个方面:一是在宪法关于国家的经济制度、社会政策的相关条文中,明确规定国家实行市场经济、保障市场经济,从而为契约自由的实现奠定了基础;二是在国家政治制度中,明确规定国家立法、行政、司法等权力的行使范围与界限,相应地,国家权力不得介入或干预的领域即为公民自由的范围,这也是契约自由实现的基本要义;三是将公民在经济领域订立契约的自由上升为宪法保障的公民基本权利之一,从而提供根本法的保障。在宪法中规定国家实行的经济体制与社会政策间接地影响到契约自由的实现,这在20世纪以来发展中国家的宪法中较为常见。第二种划定国家权力不得介入的领域与范围,实际上确立了契约自由的自由领地,采取这种消极方式的则较为常见。在公民的基本权利之中肯定对契约自由的保障,不过是晚近一些时期、一些国家的做法。下文主要是从公民基本权利保护的角度,对契约自由在宪法中地位、契约自由的实现与基本权利保障之间的关系[①]等问题进行分析。

3.1.1 宪法明确保护的契约自由

(一)魏玛宪法中的"契约自由"条款

将契约自由作为公民经济自由与行为自由的重要内容在宪法中予以确认和保障,则是从近代宪法向现代宪法这一世界宪法变迁的一个表现。被视为这一变迁标志之一的德国1919年魏玛宪法,其对社会经济生活的关注、对公民社会经济权利的重视也是备受称道的。在魏玛宪法的规定中,首次出现了"契约自由(Vertragsfreiheit)"的相关规定,第152条明确指出:"经济关系,应依照法律所规定,为契约自由所支配。"[②]同时,针对受契约自由支配所形成的经济秩序,第151条第1项规定:"经济生活的秩序,必须符合以保障所有人符合人性之生存为目的的正义原则。在此界限内,个人的经济自由应受保障"。针对在劳动关系领域行使契约自由对公民其他基本权利所带来的潜在威胁,魏玛宪法也给予了应有的关注,"任何劳动或雇佣关系,均不得妨碍德国人民行使此权利(言论自由)";"对于为维持且改善劳动条件与经济条件之自由,任何加以限制或妨碍的合意和措施,皆属违法"。时至今日,魏玛宪法的相关规定仍不乏其先进性与前瞻性,它不仅洞察了契

---

① 这里的"基本权利"并不排除作为表现出基本权利价值的契约自由,因此"契约自由的实现与基本权利的保障之间的关系",在将契约自由视为基本权利之一的前提下,则可分为两种类型:一是表现为一项契约自由实现与另一项契约自由的实现之间的关系;二是契约自由与除契约自由之外的其他基本权利之间的关系。

② 魏玛宪法文本的规定,参见〔德〕卡尔·施密特著:《宪法学说》,刘锋译,世纪出版集团、上海人民出版社2005年版,第177页。

约自由在经济生活秩序中的重大影响,明确了契约自由与公民经济自由的重要意义,而且对行使契约自由与基本权利受侵害之间的紧张关系亦有一定的先见,并进行有效的防范。在当时的政治、经济、文化背景下,魏玛宪法这种颇有先见的规定,却因现实条件的制约而未能有效实施。

(二) 美国宪法中的"契约义务"条款

其实,在德国魏玛宪法之前,在作为成文宪法典范——美国的1787年《宪法》中,我们也可以从其规定窥见其保护契约自由的基本立场。这就是美国《宪法》第1条第10款涉及对州立法机关限制的规定,即州"不得通过褫夺公权的法案、溯及既往的法律或损害契约义务的法律"①。为何要在对州立法权力的限制中明确列举这三项?在《联邦党人文集》中麦迪逊对此做了充分说明。若州通过了这些法律,"就违反了民约的首要原则和每一项健全的立法原则。前两者业已在某些州宪法的前言中明确加以禁止,所有这些均为这些基本宪章的精神和目的所不容。"②而为何要在禁止州制定"褫夺公权的法案"、"溯及既往的法律"两项之外,特别加上对"损害契约义务的法律"的禁止?是因为"我们自己的经验教导我们,必须对这些危险进行进一步的预防","因此,制宪会议非常适当地加上了这个有利于个人安全与私人权力的宪法保障……严肃的美国人民对指导议会的朝三暮四的政策感到担忧,他们遗憾而愤慨地看到,影响私人权利的突然变化和立法上的干涉,成了有势力而大胆妄为的投机家手中的专利事业,和社会上比较勤奋而消息不灵通的那一部分人的圈套。他们也看到,一次立法上的干涉只不过是重复干涉的第一个环节,以后的干涉是由前一次干涉的结果自然造成的。因此,他们非常正确地断定,需要某种彻底的改革,这种改革将会排除在公共设施方面的投机,唤起普遍的慎重和勤奋,使社会事物按照常规进行。"③

---

① 原文为"No State shall…pass any Bill of Attainder, ex post facto Law, or Law impairing the Obligation of Contracts…"

② 〔美〕汉密尔顿、杰伊、麦迪逊著:《联邦党人文集》,程逢如、在汉、舒逊译,商务印书馆1980年版,第229页。

③ 同上书,第229—230页。着重号为笔者所加。

因此，第 1 条第 10 款"任何州不得制定损害契约义务的法律"的规定，则是制宪者对因受瞬息万变政策影响的州立法的担忧，为了保护"个人安全"与"私人权力"而注入宪法之中的条款之一。

而宪法第 1 条第 10 款的"契约条款"，在宪法的制定、批准过程中并没有产生多大的争议。在宪法制定过程中，契约条款并未成为制宪会议争论的主要焦点，相关历史记录表明代表也没有进行多大的争论便接受了该条款。① 在代表们看来，这一条款只是禁止州进行经济管理，如禁止州铸造钱币、发放信用贷款、减少债务偿还、税收以及管理某些投资或国际贸易等诸多禁止条款之一。

通过对当时制宪者组成结构与社会地位的分析就不难发现，制宪者对宪法保护财产的要求的高度关注。当时参加制宪会议的大多数是富人，通过宪法保护其所积累的财产，是其目标之一。对这些有产阶级的制宪者来说，最为危险的则是，没有财产的大多数却控制着州立法机关，从而十分容易利用其便利条件推动进行征收贸易高额税、撤销契约等的立法。② "制宪者的最大目标，就是保证契约的不可侵犯性。"③ 而历史学家查尔斯·比尔德(Charles A. Beard)在他的《宪法的经济分析》一书中，指出："如果把宪法看作是一部没有反映派别差异、没有承认经济矛盾的——一种抽象的法律，则是一种完全错误的观点。它在本质上是一群财产利益直接遭受威胁的人，以十分高明的手段写下的经济文献，而且直接地、正确地诉诸全国的一般性的利益与共的集团"。④ 比尔德按照姓氏顺序逐一考察了 55 个制宪会议代表的经济状况，发现属于公债利益集团的不少于 40 人，与会者没有一个是代表小农和债务人的，面临着邦联政府对他们财产的威胁，废除邦联条

---

① Lee Epstein and Thomas G. Walker, *Constitutional Law for A Changing America: Institutional Power and Constraints*, 4th ed, Congressional Quarterly Inc, 2001, p.522.
② Ibid., p.518.
③ Joseph Story, *Prohibitions on the States-Impairing Contracts*, in Richard A. Epstein(ed.), *Constitutional Protection of Private Property and Freedom of Contract*, Garland Publishing Inc, 2000, p.9.
④ Charles A. Beard, *An Economic Interpretation of the Constitution*, New York: Macmillan, 1935. 该书的中译本见〔美〕查尔斯·奥·比尔德著：《美国宪法的经济观》，何希齐译，商务印书馆 1984 年版。

例，重新制定新宪法来维护他们的财产利益，则是他们的根本目的。在这些自私的、贪婪的制宪者眼中，宪法也不过是保护他们个人财产利益的一个装置而已。① 在制定的新宪法中，他们关于禁止破坏契约义务的要求得到了满足，在第1条第10款的契约条款中得到了充分体现。

事实表明，制宪者的这一担忧并非空穴来风。在独立战争之后、制定联邦宪法之前，美国的经济极其不稳定，而在《邦联条例》下的政府也非常软弱无力，无法有力统一控制全局。为解决所面临的一系列经济问题，特别是针对小农场主无法偿还的高额债务，部分州制定了诸如破产法、消除债务以及延期偿还等法律，为契约义务的履行设置了法律障碍。而这些做法，对富有的有产者——作为有权要求债务人履行契约义务的债权人而言，无疑是致命的打击。正是基于现实中各州通过的立法对契约义务的损害，从而导致作为债权人的制宪者的契约自由及财产权利的损害，也就有了要求在宪法中规定"禁止损害契约义务"的现实动因。在美国建国较长一段时期内，该条款为鼓励经济发展、抵御州权力的不当干预发挥了极为重大的作用。"时至今日看来，这一条款的意义也是十分深远的，通过宪法保护契约可以保证公民在进行活动安排时，不用担心遭到政府干涉。此项权利的缺乏，将会严重阻碍生产力的发展。"②

较有意思的是，该条规定并未出现"契约自由(freedom of contracts)"的字样，而是采用了"契约义务(obligation of contracts)"的表达。之所以采取"契约义务"的表达，这从当时的制宪者组成、立场及理念来看是有其深刻意蕴的。在美国宪法制定之初关注的重点在于对行使国家权力诸机关的限制，而无对公民基本权利的明确保障。造成这一现象的原因，一方面是因为

---

① 我国研究美国历史的学者指出，对美国宪法的考察必须置身于当时所处的18世纪予以考虑，其时代局限是必然的，"而比尔德的经济分析显然是以20世纪初进步主义的观念来衡量18世纪的制宪者"，"比尔德以一种完全缺乏历史感的态度把美国宪法的一切长处都视为理所当然，对它有益于国家民族的影响都避而不论，专门从阴暗的角度去琢磨制宪者的心理"。见钱满素著：《美国自由主义的历史变迁》，三联书店2006年版，第30—31页。

② 〔美〕凯斯·R.孙斯坦著：《自由市场与社会正义》，金朝武、胡爱平、乔聪启译，中国政法大学出版社2002年版，第291页。

在制宪者看来,宪法对行使国家权力的各机关权力的明确列举及其限制,根本目的就在于对公民基本权利的保障;另一方面则在于制宪者受自然权利观念的影响。无论是后来被美国国民推崇备至的表达自由,还是经济自由,都是作为剩余权利(vested rights)而存在的,他们对于公民个人来说是如此的重要,以致于不能被国家权力所侵犯。这些权利和自由,存在于1787年宪法起草者的头脑之中,因此并不需要通过宪法规定列出一个详细的权利清单。在麦迪逊和其他宪法起草者的观念中,产生市民社会的社会契约(social compact)一个根本原因则是对所谓的"剩余权利"的保护。① 契约条款的规定,其作用也在于为防止立法侵犯剩余权利而设置的一个障碍。根据詹姆斯·杰斐逊的观点,制宪者的一个重要目标便是提供"对私人权利更为有效的保障,实现国家司法权力的稳定分离。在制宪会议上介入这些,可能比介入其他事情带来更大的灾难"②。

根据宪法此条"契约义务"的规定,我们也不难发现其对保障契约自由的重大意义。一则,对"契约义务"的保障,要求"约定必须履行",契约义务得到了尊重与实现,相应的,作为相对一方的权利人的契约权利得到了保障,契约自由的意义也因此得到了体现。对制宪者而言,签订契约的权利是与私有财产权紧密联系的一项非常重要的自由。私有财产的所有者行使权利包括购买、出售、占有、出租以及使用等,如果没有与他人签订有法律约束力合意的能力,他不能有效行使这些权利。在经济交易中双方相互依赖于对契约合意的履行。在国家形成时期,这些不能履行契约承诺的人通常会受到非常严厉的对待。③ 因此,从理论与实践来看,"契约义务"与"契约自由"在本质上只是对同一客体从两个不同侧面的表述而已。二则,在美国司法审查实践中,法院根据宪法"契约条款",对州取消或限制涉及契约义务的法律进行审查,对不适当限制的立法予以否定,从而彰显了契约自由不受州

---

① Craig R. Ducat, *Constitutional Interpretation*, 7th ed, West Thomson Learning, 2000, p.425.
② See Lee Epstein and Thomas G. Walker, *Constitutional Law for A Changing America*: *Institutional Power and Constraints*, 4th ed, Congressional Quarterly Inc, 2001, p.518.
③ Ibid., p.522.

立法机关不正当介入的独立地位与价值。尔后,该契约义务条款亦被最高法院弃而不用,转向了第 14 条修正案的正当法律程序条款与第 5 条修正案的征收条款。其中第 14 条修正案"未经正当法律程序不得剥夺任何人的生命、自由和财产"中的"自由",也通过法院的解释,阐明了其中所蕴涵的"契约自由"的意义。①

3.1.2 通过宪法解释的契约自由

较之德国魏玛宪法、美国宪法对"契约自由"直接地肯定与保障,更多国家则是采用了并不在宪法中明确规定"契约自由"的做法。② 但并不能由此否认宪法对契约自由保障的价值与意义。相应的,我们可以通过宪法相关条文解释契约自由。在司法审查实践中,违宪审查机关也在相关案例中通过宪法解释的运用阐明了这一立场。在具体所援用与依据的宪法条文上,又有着不同的做法。

(一) 自由权与契约自由

在宪法学理论体系与基本范畴中,"自由权"具有十分重要的地位。它的基本内涵是,在国家与公民的关系中,国家权力所不能干涉或限制,而为公民所享有或保留的权利。在学理上,"自由权"则要追溯至耶林内克所谓的"四种地位"理论。这一理论对宪法学影响深远,也被用来作为进行基本权利性质、种类划分的理论基础。其中,第二类"消极地位"则主要表现为宪法上所确认与保障的公民的自由权,这是公民免受国家权力侵犯的"自由领域","消极防御"的特点十分突出。③

作为学理概念的"自由权",如何在宪法中得以体现并得到宪法保障,则

---

① Lee Epstein and Thomas G. Walker, *Constitutional Law for A Changing America: Institutional Power and Constraints*, Congressional Quarterly Inc, 2001, pp.517—550.

② 有学者对这一现象进行了分析,认为:"在财产私有和市场经济之下,古典政治宪法形式上的财产权与契约自由的实质是有产者(即雇主)的权利。这也是为什么一些奉行自由经济的国家拒绝将经济权利宪法化的原因。"参见郑贤君:《论宪法上经济权利》,载《中共长春市委党校学报》2004 年第 4 期。

③ See G. Jellinek, System der subjektiven offentlichen Recht, 2, Aufl. 1905. 转引自陈新民著:《宪法基本权利之基本理论》(上),台湾元照出版公司 2002 年版,第 106—108 页。

对宪法文本的权利类型及规范技术提出了具体要求。在近代宪法中,公民的"自由权"主要表现为公民的政治自由,如表达自由(包括言论、出版、集会、结社、游行、示威的自由等)、宗教信仰自由以及选举自由[①]等。而在现代宪法中,"自由权"的范围得到了丰富与发展,从着重于公民政治自由的保障发展为对公民经济自由、社会文化权利等全方位的保障。在公民的经济、社会文化权利上,作为积极性的权利,一般而言都是强调要求国家积极作为、给予支持的属性。实际上,这一权利的实现,首先则蕴含了防范国家不正当干涉——消极权利的本质要求。因此,公民的经济、社会权利在不同的情形下,对国家权力的行为方式也有着不同的要求。一方面,作为自由权,具有防止国家权力侵害的消极性要求(除非为了维护公共利益等正当目的国家才可进行限制,且限制也必须是合理的、适当的);另一方面,作为社会权,国家必须为了公民权利的实现提供制度上的保障。[②]

针对公民的经济自由,防御国家权力的介入与干涉——自由权的要求则是首先的。在经济关系中,特别是在市场经济体制下,公民作为独立、自主的主体,有自主决定、自主交易的自由,国家权力不得干涉。这是经济自由的应有之义。而经济自由与契约自由之间的关系也是如此密不可分。作为以契约交易为主导的市场经济,公民之间自由地签订契约,通过契约明确双方的权利义务关系,从而实现财产的交易与流转。可见,经济自由与契约自由的实现很大程度上是合而为一的。不为国家权力不正当介入、公民之间自由决定的契约交易,则是契约自由所体现的"自由权"本质及其属性。因此,契约自由归根结底可以追溯到宪法所规定的基本自由,这一基本自由

---

① 通常公民在选举上的权利,都是表述为"选举的自由与权利",这是因为在本质上而言,公民行使选举(广义上的,包括选举与被选举)的权利,一方面有着不为国家所干涉消极自由的属性;另一方面则表现为要求国家提供法律上、制度上支持积极权利的属性。

② 笔者的这一论断并非妄言,在李惠宗教授对工作权的性质探讨中得到了论证,其将工作权从"自由权之工作权"、"社会权之工作权"以及"制度保障之工作权"三个方面分别进行了探讨。在对工作权作为社会权的探讨中,针对"国家应予适当工作机会"的规定,其认为仅具有方针条款的效力,只是对国家所承担的政治义务的规定,而非法律义务。参见李惠宗:《宪法工作权保障之系谱》,载刘孔中、李建良主编:《宪法解释之理论与实务》,台湾"中央研究院"中山人文社会科学研究所1998年版,第356—359页。

也是宪法所承认的基本权利,不允许国家侵害这种基本权利。①

(二) 财产权与契约自由

财产权作为公民生存与发展的物质基础,宪法对其进行确认与保障也是世界大多数国家宪法的普遍做法。② 而契约自由与财产权之间的关系,也可从狭义的财产权、广义的财产权的界定中分别予以阐释。如果从狭义上而言,"财产权"指的是国家对公民对其财产的占有状态的一种确认,国家保障的是财产的保值的话,那么契约自由则是对财产权的进一步拓展。因为,社会生活的多样性决定了公民需要不断地通过与他人进行财产交换才能满足其需求,原始社会即已萌芽的物物交换便是如此,现代社会对财产的交换、实现财产的保值与增值的要求更是如此。如果仅仅是对财产权现有的、固定不变的保护,而无法通过契约自由地实现财产的交换和流转,那么对于公民并不需要的财产而言,也无任何意义。因此,从狭义的财产权来看,契约自由则是财产权的拓展与延伸。如果从广义上来看,国家保护财产权不受侵犯,不仅仅是保障其作为"物"的价值不受国家非法剥夺,而且保障其通过交换而实现的"物"的价值。相应的,财产权的保护不仅表现为保护作为静态的财产的占有,而且保护作为动态的财产的转移。③ 因此,"在更广的意义上,财产权包含了经济活动的自由。无论对于个人发展还是社会繁荣,普遍意义上的经济自由都是重要的"④,契约自由则是财产权的应有之义。

契约自由与财产权的紧密关系及其对财产权的意义,也为将契约自由蕴于财产权之中予以保障提供了理论前提。如日本《宪法》中第 29 条中所

---

① 〔日〕山本敬三著:《民法讲义》,解亘译,北京大学出版社 2004 年版,第 181 页。

② 据马尔赛文的对 142 个国家宪法的统计,在宪法中规定了"财产权"的有 118 个国家,占 83.1%;没有规定的仅有 24 个国家,仅占 16.9%(该数据统计的时间截至于 1976 年 3 月 31 日)。参见〔荷〕亨利·范·马尔赛文、格尔·范·德·唐著:《成文宪法的比较研究》,陈云生译,华夏出版社 1987 年版,第 154 页。

③ 我国学者在对财产权的系统研究中也注意到了这一点,指出:"许多学者认为,财产权甚至还应该包括合同的自由,因为财产权的保障不仅意味着财产权不可侵犯,而且还意味着对这种权利的行使不能干涉。"参见焦洪昌著:《公民私人财产权法律保护研究——一个宪法学的视角》,科学出版社 2005 年版,第 2 页。

④ 张千帆著:《宪法学导论——原理与运用》,法律出版社 2004 年版,第 486 页。

保障的财产权,"被认为意味着私有财产制度的制度性保障(institutionelle garantie),由于不存在去除契约自由的私有财产制度,故契约自由当然亦受保障。"①对财产权的保障方式,也相应地影响到对契约自由的保障。在美国,虽然宪法制定之初并无如财产权等基本权利的相关规定,但对制宪者而言,财产是"一个简单而隐晦的表达,即个人所需要自由的扩展,如果扩展到所有,则指经济活动的自由"②,契约自由也当然包括在内。

(三) 人格权与契约自由

从理论上而言,"契约自由,并不是指一方当事人的恣意擅断,它是建立在人性尊严的普世价值上,为个人形成自我、发展自我不可或缺。实现当事人所约定的内容,在价值多元化的社会,更是尊重多元价值的方法。"③将契约自由与宪法所保障的"人格自由发展的权利"联系起来,德国的做法则较为典型。德国联邦宪法法院也在裁判中明确指出,德国《基本法》第 2 条第 1 款关于任何人有自由发展其人格之基本权利的规定,保障公民的一般行为自由(Allgemeine Handlungsfreiheit)。就此而言,经济交易自由(Freiheit im wirtschaftlichen Verkehr)及契约自由(Vertragsfreiheit)除特别的基本权利规定保护之外,亦属于行为自由的范畴。④

德国民法大家梅迪库斯则系统考察了德国基本法中"人格自由发展的权利"所包含的具体基本权利与契约自由之间的紧密关系,《基本法》第 2 条第 1 款"保障任何人均享有发展自己人格(Entfaltuag seiner Personlichkeit)的权利"的规定,对于德国公民而言包括结社自由(《基本法》第 9 条)、自由选择住所(《基本法》第 11 条)、自由选择职业(《基本法》第 12 条)和自由处分具有财产价值的私法权利(《基本法》第 14 条)。在行使这些比较特

---

① 〔日〕阿部照哉等编著:《宪法(下册)——基本人权篇》,周宗宪译,中国政法大学出版社 2006 年版,第 203 页。
② Walter F. Murphy, James E. Fleming, and William Harris Ⅱ, American Constitutional Interpretation, 2d ed, Mineola, N. Y: Foundation Press, 1995, p.1071.
③ 陈自强著:《民法讲义Ⅰ 契约成立与生效》,法律出版社 2002 年版,第 128 页。
④ BVerfG 8, 274, 328; 12, 341, 347. 转引自詹森林:《私法自治原则之理论与实务——台湾法制发展之情形》,载《台大法学论丛》第 22 卷第 2 期。

殊的基本权利时,需要订立债务契约(如合伙契约、雇佣契约、买卖契约和使用租赁契约等)。如果权利主体在订立这些契约时受到妨碍,或者只是这种契约的内容是被强制规定的,就会影响基本权利的实现。在某些具体情形下,从基本权利的界限出发,对契约予以一定的限制(如根据《基本法》第14条第2款在住房使用租赁的终止和附带期限方面进行限制)可能也是合理的,但这只能是例外,而且进行限制需要有正当理由。作为通常情形,《基本法》要求实现契约自由。①

(四) 未列举权利与契约自由

除了上述宪法文本中明确列举予以保护的权利之外,还有部分宪法文本并未列举的权利,也应受到保障。这是"未列举权利"理论的基本主张。"未列举权利"之所以有其合理性,原因在于宪法上所明文列举的权利是有限的,只能对重要的、必要的权利在宪法中规定并提供宪法上的保障,但并不能穷尽所有重要的、需要保护的权利类别。这就为"未列举权利"留下了广泛的空间。诚如美国宪法第九条修正案所规定的"本宪法所列举的权利,不得被解释为否定或者抹杀人民保留的其他权利"。同时,宪法的变迁也论证了"未列举权利"的必然性与合理性。随着社会实践的发展以及公民权利意识的增长,在制宪当时并未上升到基本权利层次予以保护的那部分权利,也会发展为受到宪法明确保障的基本权利。这主要是通过宪法修改或宪法解释的方式。

"未列举权利"的理论与实践,在美国较为盛行。在制宪者的头脑中,除了宪法明确规定的由国家行使的权力之外,其余的都是为公民所保留的权利。这一理念,也影响了首次被批准并呈现在世人面前的——美国1787年联邦宪法中并无关于公民基本权利的明确规定。而从1787年宪法到1791年作为修正案的公民基本权利被批准之前,公民基本权利一直被视为"自然权利"而得以存在与保障。契约自由也是如此。"从1787—1791年间,虽然

---

① 〔德〕迪特尔·梅迪库斯著:《德国债法总论》,杜景林、卢谌译,法律出版社2004年版,第63页。

美国宪法上并未明确规定财产权,但财产权一直被视为一项自然权利。由于财产权包括拥有和增长财产的权利,这项基本权利包括一项同源的权利(a cognate right),即与其他财产所有者签订契约的权利。因此,契约权利带来从其所源的更广泛的权利中一项确立道德身份的尺度:信守契约的义务是来源于作为自然权利的财产的义务。"[1]在此基础上,该学者更是明确指出,我们不能主观地将财产的现代定义等同于制宪者对财产的定义,制宪者所要保护的可能比我们今天所设想的还要多:我们可能认为财产就是一些可见的或有明确金钱价值的东西,但是至少对某些制宪者而言,财产是"一个简单而隐晦的表达,即个人所需要自由的扩展,如果扩展到所有,则指经济活动的自由"[2]。

3.1.3　宪法保障契约自由的内容与形式

从自由权、财产权、人格权以及未列举权利中推导出契约自由,从而明确契约自由的价值与意义,上述只是基于一个横切面上的展示。在本质上,在基本权利体系中由于这些权利对于公民自身发展所具有的重要性以及相互之间的紧密关联性[3],要在其中做出明确界分并不十分容易。"契约自由"到底是经由哪个条文解释、哪种途径更为合理,也并非通过简单的比较便可得出结论。因此,在实践中,更多的则是将其混在一起共同阐释契约自由的意义并予以保护的。如在我国台湾地区,通过大法官会议的解释,一方面指出契约自由在本质上所表现出的自由权的意涵,契约自由"除依契约之具体内容受'宪法'各相关基本权利规定保障外,亦属'宪法'第22条所保障之其他自由权利之一种"[4];另一方面指出契约自由与人格自由发展、财产权的密切联系,"基于个人之人格发展自由,个人得自由决定其生活资源

---

[1] Walter F. Murphy, James E. Fleming, and William Harris Ⅱ, *American Constitutional Interpretation*, 2ed, Foundation Press, 1995, p.1073.

[2] Ibid., p.1071.

[3] 如学理上的"自由权"与经济自由、广义的财产权与狭义的财产权、"自由权"与财产权的关系等。

[4] 参见我国台湾地区大法官释字第580号。

之使用、收益及处分,因而得自由与他人为生活资源之交换,是'宪法'于第15条保障人民财产权,于第22条保障人民之'契约自由'"①,契约自由不仅为"私法自治之基础",在本质意义上"契约自由为个人自主发展与实现自我之重要机制"。② 实际上是将契约自由的保护与经济自由、财产权、人格自由发展等揉和在一起予以保障的。"由此可见,对于契约自由之宪法规范基础虽尚有若干歧见,但契约自由受'宪法'之保障,自无任何疑义。"③

在宪法文本中或通过直接对契约自由的保护,或通过其他条文经解释得出对契约自由的保护,契约自由的宪法价值在一定程度上得到了彰显。同时,我们也必须认识到一个客观事实,即在宪法中并不涉及作为民事关系的相关内容,由专门的民事法予以调整,则是大多数国家的做法。因此,在宪法中明确规定契约自由的也并不多见。这是与对宪法的性质与功能定位紧密相关的。宪法"首先是一种授权法,确立合理地授予国家权力的原则与程序,使国家权力的运行具有合宪性;同时又是一种限权法,规定限制国家权力行使的原则与程序,确定所有公权力活动的界限。……宪法以其特殊功能规定了国家机构的产生程序、职权与职权的具体行使等。从这种意义上,宪法主要调整公权力活动,一般情况下私人活动不受宪法的调整。"④而对于作为典型的"私人活动"——订立契约,宪法亦无直接调整的余地。否则,不分情形、不分程度地强行介入,不仅没有必要,甚至会带来危害。无这个必要,作为私人之间的契约关系,本与调整国家与公民之间关系的宪法毫无瓜葛,且通过民事法律的调整即已足够;带来的危害则是,契约自由作为私法自治的核心,私人之间自由协议不受国家干涉,将其勉强纳入宪法之中,会有妨害或限制私法自治之虞。

---

① 参见我国台湾地区大法官释字第580号。
② 参见我国台湾地区大法官释字第567号。
③ 吴秀明、杨坤樵:《宪法与"我国"经济部门之基本秩序》,载苏永钦主编:《部门宪法》,台湾元照出版公司2006年版,第244页。
④ 胡锦光、韩大元著:《中国宪法》,法律出版社2004年版,第36页。

3.2 民法与宪法的关系

3.2.1 民法与宪法关系的基础理论

"民法与宪法的关系",按照纯粹法学大家凯尔森的理论,这不过是个十分简单的问题。在一国的法律体系中,宪法支撑了整个法律规范的体系,在这一体系中"一个规范(较低的那个规范)的创造为另一个规范(较高的那个规范)所决定,后者的创造又为一个更高的规范所决定,而这一 regressus(回归)以一个最高的规范即基础规范为终点"[①],"由于预定了基础规范,宪法是国内法中的最高一级"[②]。相应的,作为较低层级的规范——民法当然必须以法律体系的终点——宪法为依据。在凯尔森的"法律位阶理论"中民法与宪法的关系也是如此的清晰。对于此点,我国现行《宪法》在序言以及第5条也都十分明确地规定:"宪法是国家的根本法,具有最高的法律效力","一切法律、行政法规和地方性法规都不得同宪法相抵触"。当然,这里的分析仅仅是从制定法的意义上,即作为规范形式的民法与宪法之间关系的一个剖析。

在我国,无论是20世纪90年代初"私法优位主义"[③]等主张的提出,还是在物权法制定过程中对相关宪法问题的讨论,如何看待理解民法与宪法之间的关系都一度成为社会关注的焦点与学者探讨的热点。在这场讨论中,却因思考角度的不同与层次的交叉混乱而使问题变得更为纷繁复杂。要正确认识民法与宪法之间的关系,必须对各个不同角度、层次的问题做归

---

① 〔奥〕凯尔森著:《法与国家的一般原理》,沈宗灵译,中国大百科全书出版社1996年版,第141页。

② 同上书,第142页。

③ 相关主张参见梁慧星:《必须转变公法优位主义观念》,载《法制日报》1993年1月21日;徐国栋:《市民社会与市民法》,载《法学研究》1994年第4期。

纳整理,在同一平台上的对话始为可能。亦有学者将民法与宪法之间的关系这一问题解析为三个方面的问题:"(1)民法与宪法在一般意义上的关系以及形成该种关系的背景与媒介;(2)宪法权利与民法中民事权利之间在类别形态以及规范层面上的关系;(3)宪法对民法在实在规范层面上的切入现象,如国外宪法学中所谓的宪法人权规范的第三者效力问题"①。这一概括总结使得对民法与宪法的关系的探讨从宽泛意义走向了更为实质性的对话,并做了法规范意义、法现象意义两个不同界面的区分。

总的来看,民法与宪法之间的关系,可以从两个方面来分析。一方面,在制定法意义上,宪法作为国家法律体系中的最高法,无论在层级还是效力上,都决定了处于下位的民事法律的制定必须以宪法为依据、不得与宪法相抵触。而宪法的发展也会进一步影响相关民事法律的制定与修改。事实也证明了,大多数国家也都采取通过修订民法或颁布新法(包括民法典和单行法)的方式,使得其规定更加符合宪法的规范要求和价值理念。在根本意义上而言,宪法作为整个社会共同体的价值的集中体现。经由宪法调整所形成的整个社会共同体的价值秩序,不仅影响到单纯的公法秩序,对私法秩序的客观影响也不可否认。另一方面,在法学意义上,宪法学和民法学作为法学的两个分支学科,虽然在研究内容、研究重点上有着差异,但并不存在着所谓的等级问题,二者的地位与层级是相同的。在某种意义上,二者之间学术资源的交流与互动,则是建设市场经济与法治国家的根本需要。因为,市场经济的建立和发展需要健全完善的民事立法的支持,而民事立法的健全完善则有赖于公、私法领域的相对界分,而公、私领域的相对界分则有赖于宪法学对国家权力功能与范围的界定。

在将民法与宪法之间的关系做了法规范意义上、法学研究意义上的界分之后,进一步的问题是,在历史变迁中二者之间存在着怎样的互动,宪法是如何型塑了民法的价值理念与规范模式,而民法的发展又是怎样影响了

---

① 林来梵著:《从宪法规范到规范宪法——规范宪法学的一种前言》,法律出版社2001年版,第297页。

宪法。对于后者,在我国的探讨是与"市民社会"这一基本范畴紧密联系在一起的。在将近代民法作为市民社会所产生、发展的并为维护其内部秩序所需要的一种理性规范的基础上,从实证的意义上而言其为近代宪法的生成提出了必须的前提条件:第一,"市民社会＝民法"曾为近代宪法提供了许多规范价值的源泉;第二,"市民社会＝民法"曾为近代宪法提供了一些重要的制度模式的雏形;第三,市民社会曾为近代宪法造就了立宪主义的缔造者和承担者——近代的市民阶级;第四,市民社会或"个人"的存在,直接决定了政治国家与市民社会两级结构,而这种结构又进而决定了近代宪法的根本精神——"有限政府"原则。① 这四个方面全面体察了在社会现象层面上的民法与宪法之间的关系。笔者也注意到,作者在概括这四个方面的体现、分析民法与宪法之间的关系时,是通过一个重要的概念——"市民社会"将二者关联起来的;而且在阐明为近代宪法提供价值源泉、制度模型、立宪主体以及两级结构的近代"民法"时,或以引号注明,或限定在"市民社会＝民法"的表达。② 可见,其对所言的"民法"做了界定,而这在规范内容、表现形式上都与我们今日所言的"民法"有着一定的区别。

在笔者看来,这四个方面的表现与其说是"民法"对宪法的影响,毋宁说是在社会学意义上的近代"市民社会"的兴起与发展对近代宪法的激励与醇化。一般认为,民法的概念来源于罗马法的"市民法",近现代民法在很大程度上是与"市民社会"、"市民法"相提并论的。我们今天所言的"市民法"则是指私人之间交往的法律。但通过历史的梳理发现,最早使用市民社会概念的是古罗马哲学家亚里士多德,他将其定义为"自由和平等的公民在一个合法界定的法律体系之下结成的伦理——政治共同体"③,"对公元2世纪中期的法学家来说,市民法的概念包括了两层含义,较早的含义是指一个共同体的内部的法律规范的总体,另一个较晚近的含义则是指适用于共同体

---

① 林来梵著:《从宪法规范到规范宪法——规范宪法学的一种前言》,法律出版社2001年版,第311—314页。
② 同上书,第310页。
③ 何增科:《市民社会观念的历史演变》,载《中国社会科学》1994年第5期。

中的私人之间的关系的私法规范的一个组成部分"①,而"关于市民法的概念的真正的转折是由自然法学派(17世纪到18世纪)完成的"②。可见,在罗马法时期的"市民法"是用来指称"共同体"——主要是城邦的法,此时并无公法与私法的区分,甚至当时的"市民法"也包括了许多被我们现在视为公法的内容。

3.2.2 民法与宪法关系的具体论证:"第三人效力说"的主张

宪法调整的是国家和公民之间的关系,而民法调整则是平等民事主体之间的人身、财产关系。二者在调整对象、调整方法上的差异使得二者在法律实践中发生的关联十分有限,这也是认识民法与宪法之间关系的传统观点。而自现代社会以来,各种大型公司、社团的兴起,在"平等主体之间"的基础上却进行着种种"不平等"的民事活动,来自"私人"对公民基本权利的侵害现象日益严重。为此,调整国家与公民之间关系的宪法与调整平等主体之间的民事私法之间,到底存在着何种关系、这种关系以何种方式运作,这也需要进行进一步的探讨。从宪法的规范内容来看,主要表现为两个方面:一方面对国家机关权力及其行使的规定;另一方面对公民基本权利的确认和保障。宪法的调整对象与规范内容,实际上也导致了对宪法与民法关系的探讨,主要集中于宪法中基本权利规范与私法之间关系的讨论,即基本权利是否对民事活动发生效力、通过何种形式发生效力。在对基本权利与私法之间关系的系统研究中,传统的否定基本权利在私人之间适用的主张逐渐被抛弃,更多地是集中于对"第三人效力说"的研究。所谓"第三人效力说"则是主张基本权利对作为民事主体的私人之间也有一定的规范效力,但在具体方式上又有着一定的差异,主要表现为"直接效力说"与"间接效力说"。

---

① 〔意〕阿尔多·贝特鲁齐:《从市民法到民法——关于一个概念的内涵及其历史发展的考察》,薛军译,载《私法研究》(第2卷),中国政法大学出版社2002年版。
② 同上。

（1）直接效力说，主张宪法中的基本权利规范对民事私法活动有直接的约束力。在倡导并实践基本权利规范影响民事私法活动的德国①，尼普代（Nipperdey）被视为是直接第三人效力理论的创立者。他明确指出，基本权利效力的问题，不能概括地基于某种特定的历史观点做出某种判定；相反的，我们思考这一问题的基础应该是个别基本权利的基本内涵、本质以及作用；或更精确地说，必须先由现今的共同生活本质中，探求基本权利条款所导出的个别法意函，再以各基本权利意涵的具体内容、本质以及作用作为思考这一问题的基础。② 他也指出，并非所有的基本权利适用于私法关系，只是一部分重要的基本权利由于作为整个社会生活的秩序原则，因此也适用于公民相互之间的私法交易，特别是基本法所保障的人性尊严（第1条第1项）、人格自由发展（第2条第1项）、平等原则（第3条）、意见自由（第5条）与婚姻家庭的保护（第6条）。③ 这一主张，实际上是在庞大复杂的基本权利理论体系中，明确了某些基本权利对私法关系的拘束力，为具体个案中某项具体基本权利的影响的判断奠定了理论基础。在宪法规范的表现上，直接承认基本权利对私法关系的直接约束，最早的可见德国《魏玛宪法》第118条第1款、第119条"公民的言论自由和以劳工为目的的结社自由，不得以私法关系来予以限制"的规定，开了宪法基本权利介入私法领域之先河。

（2）间接效力说，认为宪法中的基本权利规范并不能直接对民事私法关系发生效力。这一主张，由德国学者杜立希（Dürig）所发展，理由在于基本权利是针对国家权力而存在的，并不直接适用于私人的法律关系，宪法上的基本权利规范只能通过私法规范中的一般条款或概括性的规定才能发挥其效力。对于契约自由而言，当一个契约违反基本权利的价值决定时，可以

---

① 一般认为，对基本权利对私法产生何种影响，在理论上的论证由尼普代（Hans-Carl Nipperdey）引爆，在实务上则由德国联邦宪法法院1958年1月15日的吕特判决（Luth-Urteil）首开序页。参见李惠宗：《宪法基本权与私法的关系——德国联邦宪法法院判决解析》，载《德国联邦宪法法院裁判选辑（六）》，台湾"司法院"1996年版，第2页。

② Christian Starck：《基本权与私法》，林三钦译，载Christian Starck著：《法学、宪法法院审判权与基本权利》，杨子慧等译，台湾元照出版公司2006年版，第367页。

③ 参见许育典著：《宪法》，台湾元照出版公司2006年版，第135页。

根据德国民法的规定认定其无效。这一做法,先通过适用民法上的一般条款进行过滤,有效地避免了基本权利在私人之间法律关系中的僵硬适用。而间接效力说之所以在德国学界成为通说,其理由主要在于两个方面:一是因直接效力在德国基本法并未规定;另一个因重视基本权对整体法秩序的重要性。① 在实践中,也一般通过私法上的一般条款或者概括性规定(如权利不得滥用、诚实信用、公序良俗等),将宪法权利规范的内在价值和精神渗入其中,从而使宪法的权利条款延用于私法关系。

3.2.3 "第三人效力说"的反思与"基本权利扩散理论"的发展

无论是"直接效力说"还是"间接效力说",都在一定程度上肯定了基本权利对民法的影响,建立了民法与宪法之间的有机联系。总的来看,"直接效力说"强化了基本权利对私法的约束作用,但无法妥善解决国家强制与私法自治的关系,而基本权利效力与影响的概括性扩张,也无法有保障私法自治的实现。"间接效力说"避免了"直接效力说"本身所面临的困境,有效地实现了基本权利与私法自治的统一。这种主张也更多地为学者所倚重,并在多数国家的违宪审查实践中有充分的体现。

(一)"第三人效力说"的反思

基于"直接效力说"与"间接效力说"的区分,我们可以清楚地看到:

(1)基本权利对民事私法的影响是客观存在的,民事私法不可能脱离宪法价值之外。尽管在基本权利对私法的影响程度、影响方式上,"直接效力说"与"间接效力说"的主张有一定的差异,但基本权利的确对民事私法发生着影响,这一点亦是不可否认的。因此,无论是"直接效力说"还是"间接效力说",基本权利在第三人间不是单纯的"有无效力"的问题,而是基本权利"如何穿透私法行为"的问题。②

---

① 参见许育典著:《宪法》,台湾元照出版公司 2006 年版,第 135—136 页。
② 参见程明修:《契约自由与国家之保护义务》,载《宪政时代》第 30 卷第 2 期,2004 年 10 月刊。

（2）"直接效力说"与"间接效力说"的主张并非绝对的泾渭分明，在实践中二者之间的界限及区分并不是十分明显。一般都认为在德国，联邦宪法法院采取的是直接效力说，劳工法院则坚持间接效力说。实际上并非如此简单，德国联邦劳工法院虽然在形式上并没有放弃"直接第三人效力"的见解，但在其判决中也承认"基本权利具有一般的价值秩序，这一价值秩序亦适用于私法，并且是经由概括条款来影响私法"①。德国联邦劳工法院的判决，实际上是将"直接效力说"与"间接效力说"兼而用之。根据"间接效力说"的主张，虽然反对宪法权利规范对民事关系的直接调整，但仍然肯定在民事法律难以调整的情况下宪法权利规范的效力。因此，所谓的"直接"或"间接"，也是相对而言的。

（3）即使是看来较为完备的"间接效力说"，随着实践的发展，也面临着尚待解决的理论难题。首先，通过对民事私法中的概括条款的运用实现对基本权利的保护，则有赖于法官在具体个案中的解释。而是否进行以保护基本权利为核心的解释、通过哪个条款进行解释，则在很大程度上受制于该国政治体制、司法制度以及法官素养等多方面的因素。其次，在法官进行概括条款的解释以实现基本权利的保护时，法官有着很大的自由裁量权，如何将法官的自由裁量权拘束在基本权利保护的框架之内，防止裁量权的滥用对基本权利造成的对公民基本权利的更大侵害，在实践中也是一个十分棘手的问题。最后，最为根本的问题则是，如果"没有适当的'概括条款'可供适用时，基本权利将如何在民事法中发生效力？"②Starck 提出的这一问题，一语中的，指出了"间接效力说"的软肋所在。即宪法基本权利保障的价值理念与规范要求，能否通过民法上的概括性条款便可全部实现？在司法实践中，所谓的"间接效力说"的理论也更多地是对相关判例的一种类型化的归纳。因此由于缺乏对民法中的概括性条款全面的审视，"间接适用说"的理论主张并未能对这一问题做出明确的回答。这固然是受归纳方法自身的

---

① Christian Starck:《基本权与私法》，林三钦译，载 Christian Starck 著:《法学、宪法法院审判权与基本权利》，杨子慧等译，台湾元照出版公司 2006 年版，第 366 页。

② 同上。

局限所致,而也许在主张者与适用者看来,这本身即是一个理论预设无需顾及,抑或认为这一问题即不存在,概括条款所体现的内容与要求是完整的、自足的。对这一问题的回答,就有赖于对民法上概括条款内涵及其适用范围的认识与理解,这也是本书第五章"契约自由的司法保护媒介"中探讨的重要问题。在笔者看来,民法作为调整平等主体之间的财产关系与人身关系的法律,其调整对象和调整范围也决定了这些概括条款效用及影响的有限性。概括条款本身并非是自足的、全能的,也有一些不能通过解释实现甚或根本无法触及的基本权利价值领域。

(二)"第三人效力说"的批判:"基本权放射作用"的主张

1. "第三人效力说"的本质及其不足

随着基本权利"第三人效力说"理论与实践的发展,对其主张的理论探讨也在逐渐深入。针对"第三人效力说",亦有学者指出:"基本权之所谓'对第三人效力'用语,并不宜继续援用"。① 之所以提出这一主张,原因在于:

首先,采用"第三人效力"的称谓,容易引起不必要的歧义。所谓"第三人效力"看似是在一定程度上承认宪法基本权利规范对私人之间民事关系的规范效力的,而"从基本权的作用结构来看,基本权的作用其实都一直'直接'发生在作为直接相对人之国家身上,基本权一直都是欠缺所谓的'对第三人指向性'。即使真有所谓'第三人效力',基本权对相对人(基本权主体外之第二人)的拘束或者作用仍然实实在在地存在着。此时果有第三人效力,也不过是对直接相对人(国家)作用的一种外溢或者辐射效果而已"②。所谓"第三者效力"并不是探讨基本权利在私人之间有无拘束力的问题,而是探讨如何将基本权利的拘束力适用到私人之间关系的方式、方法问题。对"第三人效力"理论,应将其理解为"私人间不受基本权利之直接约束",而不是"宪法基本权利在私法中的适用"。学者 Jürgen Schwabe 即指出将"第三者效力理论"指称为"宪法基本权利在私法中适用"是"不确实"的,甚

---

① 程明修:《契约自由与国家之保护义务》,载《宪政时代》第30卷第2期,2004年10月刊。
② 同上书,第210页。

至是"错误"的。①

其次,在本质上而言,无论是"直接效力说"还是"间接效力说",最终都承认了基本权利所形成的秩序结构对私人之间关系的影响,只是在影响的方式上有所不同而已。即使是采取所谓的'间接适用说'者,实际上也是基本权利对国家权力的一种'直接'拘束作用。换言之,基本权利仍然直接作用在立法者或者适用、解释法律之裁判者或行政机关身上,只是解释的结果"间接"地影响到作为基本权利主体的"第三人"。

最后,所谓的"第三人效力说"仅仅是着眼于基本权利在司法领域中对民事关系的影响,而基本权利的效力范围则是囊括立法、行政、司法行为在内的。这就表现为"基本权本身虽无所谓对第三人效力,但是因为国家公权力之作用,亦有可能造成一种事实上的三边影响关系。而形成的这种事实上的三边影响关系,主要表现为立法者在民法中制定的强行法规、法院针对私权纠纷所做的裁判以及行政机关形成或确认私法法律关系的行政行为等三个方面。"②

2. "基本权放射作用"的理论

为解决"第三人效力说"本身的缺陷与不足,"基本权放射作用"的理论由此被提出。所谓"基本权放射作用(Ausstrahlungswirkung)",指的是宪法上基本权利的规定,作为客观价值的决定,不仅是解释、适用民事法律的准则,其作用更是扩散及整个法秩序,对整个法秩序均有其效力,是解释、适用所有普通法律的标准。较之"第三人效力"学说主要集中探讨基本权利规定对民事关系的影响,"扩散作用"则将宪法上基本权利的规定扩散至整个法秩序。③ 由此,虽然基本权利并不直接适用于私法领域,但基本权利的宪法

---

① Jürgen Schwabe, *Die sogennate Drittwirkung der Grundrechte, zur Einwirkung der Grundrechte auf den Privatrechtsverkehr*, 1.971, S.9 FN 2. 转引自陈新民著:《宪法基本权利之基本理论》,台湾元照出版公司 2002 年版,第 67 页脚注第 20。

② 同上书,第 207 页。

③ 陈爱娥:《基本权作为客观法规范——以"组织与程序保障功能"为例,检讨其衍生的问题》,载李建良、简资修主编:《宪法解释之理论与实务》(第 2 辑),台湾"中央研究院"中山人文社会科学研究所 2000 年版,第 245 页。

价值决定仍对私法领域产生影响,这是由宪法的优先地位与法秩序的一致性而决定的。①

这一主张,实际上是与对基本权利的功能与作用的认识紧密相关的,基本权利的功能不仅在于其防御国家侵犯的消极权利,更表现为要求国家介入予以保护的积极权利。相应的,"基本权利的一个重要作用便在于,为要求国家权力的介入以保护权利免受第三方的侵害提供了基础。这些第三方可能是威胁杀死人质的恐怖分子、原子能工厂对邻居住户的潜在威胁、作为债权人的银行执行针对债务人的契约、雇主解雇工人、房主威胁驱赶租户。而要求国家介入的,则可能是立法机关(因为还没有制定适当的保护性的法律)、行政机关(要求采取适当的保护措施)、司法机关(因为没有从适当保护的角度出发解释法律)。"②因而,基本权利的作用不再只是一种"权利",而是一种"价值体系"或"价值标准"。从基本权利中抽象演绎出客观的价值决定,使之"放射"至所有法律领域,进而成为立法者、行政机关以及司法机关行使职权、履行义务的理论基础。

3. "基本权放射作用"与"第三人效力说"

虽然"基本权放射作用"是在批判"第三人效力说"的基础上提出,但二者之间也存在着一定的承继关系。根据"基本权放射作用"理论的主张,对于司法者而言,基本权利对其产生的拘束力就是要求其在解释民法的一般条款时,按照基本权利的价值要求进行解释,从而对民事私法行为的合法性作出判断。因此,"基本权用间接的私法一般条款方式,也可以在私人之间的私法行为发生间接效力,而产生基本权的第三人效力问题。"③在这个意义上,所谓的"间接效力说"则是"基本权放射作用"的一个侧面。④

---

① 许育典著:《宪法》,台湾元照出版公司2006年版,第137页。
② Mattias Kumm, Who is Afraid of the Total Constitution? Constitutional Rights as Principles and the Constitutionalization of Private Law, *German Law Journal*, Vol. 07 No. 04, p.344.
③ 许育典著:《宪法》,台湾元照出版公司2006年版,第137—138页。
④ 陈爱娥教授也指出,"在这个意义上,可以说'基本权之第三人效力'乃是'基本权之扩散作用'的一种(特别重要的)事例"。陈爱娥:《基本权作为客观法规范——以"组织与程序保障功能"为例,检讨其衍生的问题》,载李建良、简资修主编:《宪法解释之理论与实务》(第2辑),台湾"中央研究院"中山人文社会科学研究所2000年版,第245页。

在德国联邦宪法法院的实践中,通过违宪审查制度也将二者有机地联系起来。在根本上而言,"基本权放射作用"理论主张基本权利作为一种客观的"价值体系",主要是对国家的立法、行政与司法权力的行使产生规范效力。落实到司法实践中,最为集中的表现则是基本权利规定并不直接适用于私人之间的民事关系,但是它要求法院在处理民事争议时,特别是选择、适用概括性的条款时,必须符合基本权利所蕴涵的价值。由此衍生的进一步的问题则是,如果法院违反了该要求,那么该如何处理?德国联邦宪法法院则认定,这样法官则违反的"不仅是客观的宪法⋯作为公权力机关,透过裁判,他同时也侵害了基本权,即使对司法机关,人民也有请求其尊重基本权的——宪法上的——请求权"①。换言之,联邦宪法法院也承认,公民有请求法院遵守"基本权第三人效力"的主观权利。②

3.3　契约自由与基本权利的关系

3.3.1　契约自由与基本权利关系的本质

无论是民法与宪法之间关系的一般探讨,还是基本权利在私人之间效力的论争,都为我们洞察契约自由与宪法之间的关系提供了必要的前提与基础。契约自由作为民法的基本原则之一,基本权利作为宪法的重要内容,在这个意义上而言,对民法与宪法关系的探讨,实际上与对宪法与契约自由之间关系的探讨并无二致。日本宪法学家阿部照哉教授在1976年出版的书中所选编的《宪法与契约自由》一文中即已提出,"宪法中契约自由的定

---

① BVerGE 7, 198/206f.
② 然而,对于这种请求的依据在哪里?德国联邦宪法法院并未明确说明。亦有学者指出,法理学上的问题再次浮现出来,"基本权之客观法规范内涵"只课予公权力机关"客观的义务",抑或同时赋予人民"主观的权利"?参见陈爱娥:《基本权作为客观法规范——以"组织与程序保障功能"为例,检讨其衍生的问题》,载李建良、简资修主编:《宪法解释之理论与实务》(第2辑),台湾"中央研究院"中山人文社会科学研究所2000年版,第246页。

位,包括宪法与私法契约是否有关系、有多大程度的关系、以何种方式存在等问题,是基本权利是否适用于私法关系的一个侧面。"①

的确,在一般意义上而言,对契约自由与基本权利关系的认识,实质上源于基本权利对民事私法的效力这一问题。而在另一个方面,契约自由其本身的特点与影响决定了"契约自由与基本权利之间的关系"并非仅仅停留于基本权利是否适用于私法这一层面上。在德国20世纪50年代至70年代,以1958年的"吕特案"为契机联邦宪法法院对基本权利的第三人效力问题做了一定的探究,随后却对第三人效力问题三缄其口。对于此,史瓦伯(Schwabe)便指出:"联邦宪法法院迄今仍未遇到一个案件,就是用契约来限制或(放弃)自己之自由权为标的。倘有这种案子,就应会有更精密的理论出现才可"②。在这场反对基本权利直接适用于民事私法的论争中,尤其值得关注的是德国学者莱斯纳(W. Leisner)的主张。他在1960年出版的《基本权利及私法》一书③中,则将基本权利在私法中的效力,分为"契约内的行为"与"契约外的行为"两个方面来探讨。

所谓"契约内的行为",是指以契约形式涉及对基本权利的处置。契约自由原则是宪法所保障的私法制度,而"契约内的行为"是以"基本权利保障的可放弃性"为前提的,而基本权利的"可放弃性"的程度则必须根据宪法中具体条文的"法律保留"而定。按照Leisner的主张,个人的基本权利能否放弃与基本权利的规定中有无针对立法者的法律保留有着密切关系,具体来说:"法律保留"许可国家经立法侵犯基本权利的部分,也应许可公民以"契约"来放弃其权利;而宪法中绝对不可侵犯的规定,如人类尊严、信仰及宗教自由等以及基本权利的"核心部分",不可以立法方式侵犯的,公民也不

---

① 〔日〕阿部照哉:《宪法与契约自由》,选自阿部照哉著:《基本的人权之法理》,日本有斐阁1976年版,第90页—109页。
这篇20世纪70年代便系统探讨"宪法与契约自由"的日文论文——对于论文而言十分重要的资料,由韩大元教授提供,由西北政法大学王丹红博士帮助翻译,在此致谢!下文脚注中对此文未注明的,均如此。
② J. Schwabe, Bundsverfassungsgericht, S.470. 转引自陈新民著:《宪法基本权利之基本理论》(下),台湾元照出版公司2002年版,第321页。
③ W. Leisner, Grundrechte und Privatrecht, 1960, S.306 ff. 转引自同上书,第118页。

能以自愿方式放弃。之所以将针对国家立法者的"法律保留"原则援用于私人契约中基本权利的可放弃性上,是因为在其看来"基本权利的核心领域"是任何人都不能侵犯的,法律秩序的一致性也要求基本权利在每个法律领域中皆能实现。至于什么是"基本权利的核心领域",则需要法院通过大量的审判实践之后进一步予以类型化。

而"契约外的行为",不以契约为行为进行基本权利的处置,则纯粹是双方"基本权利的冲突"。解决这种冲突,则需要依据各个基本权利具体规定的方式、种类来确定。这就需要以"法律保留强度的层次"为标准,即:仅"部分法律保留"者较"广泛法律保留"者应优先保护;同等保留强度时,则特别权利优于普通权利;若两个同等保留强度或同性质种类之权利并存时,则只有根据法官的判断。针对法官的判断依据,其提出不可援用"利益衡量"原则,因为通过法官权衡双方利益产生一方"较高价值",并非由宪法的规定产生,而是法官的"哲学推演"而出。因此,要完全依据宪法的规定,视"法律保留之层次",为此提出三个方面作为决定基本权利的"内容要件"之用:其一,保护人格价值甚于物质价值;其二,保护基本权利尤其是政治自由,要注重自由的保护,对基本权利的限制看其是否与"民主理念"相冲突;其三,根据核心领域的原则,基本权利保障是对个人"最小程度之保障"。[①]

针对其理论主张,亦有学者提出这一理论也有其缺陷:针对其提出的以"法律保留"作为"私人是否可放弃其权利"的准则,明显混淆了"法律保留"所规范的对象仅限于立法者;针对"契约外领域"发生的"权利冲突",要求从"法律保留的强度层次"来探讨双方的权利保障范围,实际上导致了"法官取代立法者之角色",也不合乎立宪者的立宪本意。[②] 能否将宪法中的"法律保留"原则的拘束效力直接援用于私人之间的行为,的确有待进一步探讨。但在笔者看来,该书的价值与意义,与其是在其提出的(当然也是备

---

① W. Leisner, Grundrechte und Privatrecht, 1960, aaO. S. 378/400. 转引自陈新民著:《宪法基本权利之基本理论》(下),台湾元照出版公司2002年版,第118—121页。

② 同上。

受争议的)解决方法与标准,毋宁是其所进行的"契约内的行为"与"契约外的行为"这一独特分类。实际上,其洞察了契约自由在民事私法体系中的独特地位与意义,特别是涉及对公民基本权利保障的影响。对于这类涉及公民基本权利的契约,在拉伦茨的契约类型体系中的第一类便是,即所谓的"束缚性契约",这类契约极大地限制了契约另一方当事人的人身自由、经济自由、职业自由或过度限制竞争,使得契约一方当事人在事实上或多或少地受制于另一方。① 契约自由,其核心便在于当事人之间达成合意,约定权利的享有与义务的履行。行使契约自由涉及公民人身权、财产权的相关内容,不可避免地产生契约自由与公民基本权利限制或放弃的矛盾。

3.3.2 契约自由与基本权利的双重难题

"在民法中,通行自治的原则,根据该原则,任何人都不能在违背本人意愿或未经本人同意的情况下而负有义务。正如我们所见到的,这是私法与公法的决定性差别。"②私法与公法的这种差别,特别是私法义务的履行必须经过当事人的同意,在契约自由原则上更是发挥到了极致。在契约关系中,设定对方当事人的某项义务是当事人进行合意的结果,这也是契约自由的根本要义。进一步的问题则是,通过契约对一方当事人施加一定的义务是在当事人自愿的前提下,但该义务的履行所带来的结果便是当事人对自己所享有的基本权利的限制或是放弃。这类情形并不鲜见,在雇佣契约中表现得尤为突出,如在契约中规定在工作期间不结婚的"单身契约"、禁止到其他单位工作的"竞业禁止契约"等。当然,当事人对基本权利的自愿限制或放弃,其原因也是多方面的,或许是出于面对强势一方当事人的无奈之举,或许是法律意识的淡薄根本未能意识到其中利害。在此情形下,通过当事人自愿签订的契约,在未发生争议之时,国家权力是否能够主动介入,通

---

① 〔德〕拉伦茨著:《德国民法通论》,王晓晔、邵建东等译,法律出版社2003年版,第604—607页。
② 〔奥〕凯尔森著:《法与国家的一般原理》,沈宗灵译,中国大百科全书出版社1996年版,第161页。

过何种方式介入？而在发生争议之后，行使司法权力的国家机关对于该契约的效力及执行，该做出何种判断？

针对双方当事人之间达成的涉及处置基本权利的契约，是因为违反了宪法基本权利保障的要求予以否定，还是尊重双方当事人的意愿对其效力予以肯定？要做出一个合理的判断，是十分困难的。这也是契约自由与基本权利保护之间所呈现出的双重难题。尤其是在现代立宪主义下，将契约自由视为宪法所保护的基本权利之一的情形下。也许亦有人会认为，以基本权利对民事私法的所谓的"第三人效力说"为理论基础便可解决。其实，问题并非如此简单，因为"就契约而言，在私人与私人之间，二个人的约定可能违背基本权，但不必然违背善良风俗。此时，要由个案加以判断，进行利益衡量。"[①]

在此强调契约自由与基本权利保护的双重难题也正是基于此，因为它与我们一般意义上所讨论的基本权利对民事私法的影响有着一定的差异。其一，基本权利对民事私法作用的讨论，无论是"直接效力说"还是"间接效力说"，是肯定基本权利对民事私法的影响，尽管在影响方式上有一定的差异。当然，这里实际上是有一个价值准则的，即宪法所保护的基本权利较之普通的民事私法权利在价值上具有优先性。这一理论实际上是以传统的公法与私法的二元分离格局为基础，而所谓的基本权利对民事私法的影响只不过是在承认宪法与私法的二元轨道的基础上，讨论其中是否存在交集以及交集在何处的问题。其二，基本权利对民事私法作用的讨论，一般而言都是以对一方当事人享有基本权利的强调为理论前提从而建构其理论的。而在事实上，特别是在民事私法关系中，宪法基本权利的范围与影响日趋普遍化、深远化，绝不仅仅是一方当事人享有基本权利、而另一方却不涉及基本权利的问题。双方当事人都有需要保护的基本权利，问题便集中在如何对相互冲突的基本权利进行保护。这也就是说所谓的基本权利对民事私法作用的理论前提在现实中并非如此，那么以此理论前提为基础的理论主张在

---

① 许育典著：《宪法》，台湾元照出版公司2006年版，第139页。

现实中能否适用,也并非毫无疑问。

着眼于契约自由与基本权利,一概援用基本权利对民事私法作用的理论主张,除了上述所存在的两个原因之外,还有一个更为重要的原因则是对契约自由在宪法中地位与性质的定位不当。诚如第一节所分析的,在现代立宪主义国家,契约自由或为宪法明文规定所保障的基本权利,或为通过其他宪法条文解释予以保障。契约自由在本质上也是宪法所保障的基本权利之一。在这一前提下,契约自由与基本权利之间的关系,也实际上反映的是宪法所保障的基本权利之间的冲突问题。只不过,其中的一项基本权利是契约自由,而这项权利因与民事私法的紧密关联,使得问题在"宪法与民法的关系"的纠缠中变得更为复杂。为了厘清"契约自由与基本权利"这一复杂的问题,下文将从契约自由对契约自由的限制、契约自由对其他基本权利的限制两个层面进行分析。

(一) 能否以契约限制签订另一契约

双方当事人订立契约,目的在于限制另一方当事人与其他方契约的订立,那么违反了这一契约而后来订立的契约,其效力如何?作为行使契约自由的结果——契约是否因先前契约的订立而丧失其效力?美国1948年的 Shelley v. Kraemer 一案①就呈现了这一问题,摆在法院面前的是两份契约:一份契约是住户与邻居之间,限制将房屋转让给白人以外种族的契约;一份契约是住户与黑人之间,房屋买卖的契约。两份契约都是当事人行使契约自由的结果,特殊的是第一份契约的签订即已否认了第二份契约的成立。认定两份契约的效力,法院似乎又陷入了两难境地:对第二份契约效力的肯定,则是对前者住户与邻居之间契约自由的否定;对第一份契约效力的肯定,必然会导致对后者——住户与黑人之间契约自由的限制。而问题不仅仅在于此,对第一份契约效力的肯定,不仅会导致第二份契约无效,而且会使法院陷入种族歧视的漩涡。这为最高法院的判决找到了突破口,最后作

---

① 基本案情是:某住宅区住户共同签约,不得将房屋出租或出售给白人以外的其他种族。其中某住户违反契约,擅自将房屋出售给黑人。其邻居基于此契约,申请法院禁止该买卖行为。

出判决，认为契约并非无效，但没有强制执行的效果，无法强制执行。理由在于，契约内容显然违反了宪法第 14 条修正案平等保护的宗旨，如果法院按照当事人的请求执行了契约，则实施了不符合宪法的歧视行为。但基于契约自由原则，当事人双方缔结的契约仍为有效，只是不得执行而已。①

一方面是奉行"国家行为"理论对基本权利影响私法范围的限制，另一方面是契约自由与平等权保护的要求，最高法院在试图协调契约自由之间及其与平等权保护的冲突上，煞费苦心。对于该判决的意义与影响，我国台湾地区学者也进行了深入分析，认为其积极意义在于首度确认司法救济也是"国家行为"之一，同样需要接受宪法规范的约束，私人履行义务、行使权利活动中所产生的争议，基于民主法治国家排除自力救济、寻求公力救济的要求，任何私人间的争端均有涉及警察或司法机关的可能，从而转化为"国家行为"而受到诸多限制。② 但判决"契约有效但无法强制执行"，无啻于承认当事人有取得某种无法寻求司法救济的权利。仅有权利，而无救济，实无权利可言。③ 另一种意见则认为，最高法院以公权力介入成为"国家行为"而违反宪法平等保护原则为理由，驳回住户申请发令状禁止执行契约的做法，定位不当，把嗣后的司法及执行过程当做前面行为性质的判断基础，逻辑上十分牵强。④ 不难看出，契约自由的行使能否违反宪法平等保护的要求、契约自由能否限制另一契约的订立、国家认定契约的正当性、强制力的依据是什么，也都是需要进一步探讨的。

如果说该案由于掺入了种族歧视因素，而不是纯粹的以契约限制另一

---

① *Shelly v. Kraemer*, 334 U. S. 1(1948).
② 参见法治斌：《私人关系与人权保障》，载法治斌著：《人权保障与释宪法制》宪法专论（一），台湾月旦出版股份有限公司 1993 年版，第 22 页。
③ 同上书，第 22 页。
④ 苏永钦：《宪法权利的民法效力》，选自《当代公法理论——翁岳生教授祝寿论文集》，台湾月旦出版公司 1993 年版，第 189 页。

契约订立的案例。① 那么,以契约限制另一方当事人与它方订立契约,最为典型的则是,雇佣契约②中所涉及的"竞业禁止"契约或条款。所谓"竞业禁止",指的是为了保护行业秘密和商业信息,用人单位与劳动者在契约中约定或专门签订契约,许诺在离职后一段时期内不得从事相似工作。如何认定竞业禁止契约的效力,也是十分棘手的。因为在对竞业禁止简单的肯定或否定,都会导致对用人单位行使契约自由的阻碍与劳动者工作权甚或生存权的威胁。在英国,对竞业禁止契约的效力认定及其司法保护也有其变迁过程:在伊丽莎白时代,基于防止垄断的警觉,所有的行业限制不管是一般限制还是部分限制,均无效;而在 1711 年 Mitchell v. Reyolds 案中,Mcclesified 勋爵抛弃了传统的区分普遍与部分竞业禁止的僵硬做法,认为这不符合现代商业社会的需求,从对价支持的角度探讨该契约的执行力③,也奠定了现代竞业禁止的规制;19 世纪末,普遍性限制无效,部分性限制只要是合理的可先假定为有效;而这一理论在 1894 年的 Nordenfelt v. Maxim Nordenfelt Guns and Ammunition 案中有了重大突破,在 1913 年 Mason v. Provident Clothing and Supply Co Ltd 案中为上议院所肯定,其基本观点则是部分限制不能从表面上假定为有效,而应假定为无效,只有确定其是合理的才能使之有效。④

之所以英国在竞业禁止契约的效力认定上几易其主张,因为简单地肯定或否定竞业禁止契约,都会在很大程度上带来对用人单位或劳动者权益

---

① 在随后的联邦国会 1964 年制定的《民权法案》(The Civil Rights Act)中,困扰最高法院的问题已得到了解决。针对早期的多发生在私人之间房屋租赁、买卖契约中的歧视,民权法案的规定要求私人之间在契约方面平等对待,反对种族歧视。这是通过国家立法权力的介入予以解决的。

而对于该法的意义,我国亦有学者指出:"国会制定民权法案过程最重要的意义还在于它说明,宪法规定的权利并不当然属于普通法律上的权利,在缺乏立法机关的制定法时,它只是防止国家侵犯的宪法权利,不能成为民法上的权利在私人之间实施。只有当立法机关制定法律后,其才成为民事权利,才能被法院执行"。参见郑贤君:《宪法上的 Civil Rights 是公民权利吗?——解读 Constitutional Civil Rights》,载《首都师范大学学报(社会科学版)》2004 年第 4 期。

② 当然,在现代社会,一般都有专门的劳动法予以调整。笔者也注意到了这种法律调整与适用上的差异,但在此处并无这种民事立法与劳动立法的专门区分。

③ [1558—1774]All E. R. Rep. 26. 转引自邢建东著:《合同法(总则)——学说与判例注释》,法律出版社 2006 年版,第 191 页。

④ 参见同上书,第 190—194 页。

的损害。因此,对竞业禁止契约效力的认定,很大程度上有赖于对其正当性、合理性的审查,这一必要正如 Macgnaghten 勋爵的判决中所言:

> 所有对个人行动自由的限制、所有对自身商业活动的限制,若没有其他意义,与公序良俗原则相冲突,因而是无效的,这也是一般的规则。但也有例外,特定案件的特殊情况可能使得行业限制合法有效。如果限制考虑了当事人的利益与公众利益,且该限制的协议与执行能够充分保护所要保护当事人的利益,同时又不会以任何方式损害公共利益,则可以充分证明该限制是合理的,这也是证明限制正确的唯一途径。①

(二) 能否以契约限制其他基本权利

通过劳动者和用人单位之间的合意,订立劳动契约,这是契约自由在劳动关系领域的直接表现。在劳动关系领域中,对以政治信仰、性别、结婚以及生子为由拒绝录用或辞退的,大部分法院则通过"公序良俗"概括性条款的解释和运用否定该类劳动契约的效力,以保护当事人的基本权利。在"三菱树脂案"中,针对私人企业以劳动者的思想、信仰等为由拒绝录用的行为是否合法的问题,日本最高法院于 1973 年 12 月 12 日作出判决,一方面否认了日本宪法上保障信仰自由在私人间适用的可能性,另一方面认可了企业的经济自由,指出:

> 首先,企业有缔结契约的自由,作为经济活动自由的内容之一,可以自由决定在何种条件下雇用何人,故以某人有特定思想、信仰而拒绝录用,亦不违法;其次,企业在决定是否录用时,即使是调查劳动者的思想、信仰或要求劳动者对其思想信仰相关事宜做如实陈述,亦不违法。②

该判决也是备受批判,有学者认为:"有失公正并且欠缺整合性,有重新

---

① [1894] A. C. 724.
② 日本最高法院 1973 年 12 月 12 日大法庭判决,民集 27 卷 11 号 1536 页。转引自〔日〕阿部照哉等编著:《宪法(下册)——基本人权篇》,周宗宪译,中国政法大学出版社 2006 年版,第 62 页。

探讨的余地"①,也有学者认为该判决"单方面拥护企业方面的自由,实际上未就企业的自由与劳工的自由做调整,而且以思想、良心为理由所为的差别,应是最强烈抵触人性尊严原理者"②。在这里,由于未区分"雇用前的拒绝录用"和"雇用后的无理解雇",在对劳动者加强保护的一片呼声中,天平也倾斜到了作为单个、弱势的劳动者一方,忽略了作为契约另一方——用人单位为实现其利益而行使的契约自由。为实现其最大的经济利益,根据生产经营要求选择缔约当事人,符合其要求的便录用③、不符合其要求的拒绝录用或对其行为予以限制后录用,这本是现代市场经济条件下用人单位实现其经济自由的应有之义。诚如阿部照哉教授所言,"这并不是简单的雇用的情形,并不是在正式雇用后而事后解雇,而是处于两者之间,并不是像雇用一项具有完全的自由(无合理事由不能被解雇)",也正是在此意义上,其指出:"该判决一方面被认为是非常常识性的判决,另一方面也被认为是偏向企业的判决。对该判决的宪法意义,可以作为从多角度出发考虑宪法和契约自由关系的素材"④。

随着劳动关系影响范围的扩大以及劳动者权利保护要求的增强,劳动契约也逐渐从契约法中分离出来,成为独立的分支——劳动法的重要内容。但在最初,关于宪法上基本权利在私人之间效力的讨论,则是以劳动契约的相关纠纷为发端并达到其高潮的。在日本从1950—1980年三十年间,关于女子结婚、生子退职制和青年退职制,在最高法院和东京、盛冈、静冈等地方法院都有相关的判决⑤,其主要是通过违反公序良俗而认定其违法,以实

---

① 参见《私人间的人权保障——三菱树脂案(日本)》,载韩大元、莫纪宏主编:《外国宪法判例》,中国人民大学出版社2005年版,第44—46页。

② 〔日〕阿部照哉等编著:《宪法(下册)——基本人权篇》,周宗宪译,中国政法大学出版社2006年版,第62—63页。

③ 当然,用人单位确立其用人的特殊要求是否正当、合理则自然需要一番检视。本书此处所探讨的,假设的是该要求是该用人单位生产经营所必需的、并未对劳动者的基本权利造成过度的侵害。

④ 〔日〕阿部照哉:《宪法与契约自由》,选自阿部照哉著:《基本的人权之法理》,日本有斐阁1976年版,第90页—109页。

⑤ 案件参见〔日〕三浦隆著:《实践宪法学》,李力、白云海译,中国人民公安大学出版社2002年版,第109页。

现保护女子平等就业的权利。但随着"劳动基准法"、"男女雇用机会平等法(1986年)"的颁行,这类判决"已不那么有意义",现在日本在雇佣方面女性差别的争诉焦点,在内容上已转移到女性在晋升、加薪等方面所受的差别;最高法院被期待不单方面仅考虑企业的权利,而是能实际上谋求劳动者的自由、人权与企业的权利之调整。①

3.3.3 契约自由与基本权利的艰难选择:"三阶段说"与利益衡量

双方当事人可以通过契约约定设置相关的权利义务关系,如果涉及对某一方当事人某项基本权利的抛弃或限制行使的约定,是因保障契约自由允许该限制,还是为保障一方当事人基本权利而否定契约自由。那么,行使契约自由涉及对基本权利的侵害,国家该如何处理并予以救济?要作出合理的判断是如此艰难,因为这里实际上涉及的是契约自由与基本权利的冲突问题。如何解决它们之间的冲突,"迄至目前为止尚无法得出一完善之解决之道,甚至司法判决或解释上亦且尚未体认到人民在私法上基本权利主张之地位,抑或有意无意回避此一棘手之问题。对此私人间在权利主张上无可避免的水平冲突,在自我意识高涨的现代社会,日后必然时有发生,亦恐非单纯的直接适用说间接适用说之争所能解决。事实上此种私法上基本权利主张之争点,并非在求何者之是与非,完美之道应是如何取其中庸之道的问题。"②而在寻找"中庸之道"的过程中,各国的理论与实践也采用了不同的方法。

日本民法大家我妻荣教授在其《法学概论》一书中,对以基本权利侵害为内容的契约效力做了分析,提出了著名的"三阶段说":(1)在一定程度上承认契约对基本权利的限制,这属于契约自由的领域;(2)对基本权利侵害超过一定限度,违反公序良俗的契约不具有实际效力,国家不赋予其强制

---

① 〔日〕阿部照哉等编著:《宪法(下册)——基本人权篇》,周宗宪译,中国政法大学出版社2006年版,第64页。
② 陈文贵:《基本权利对民事私法之规范效力》,台湾警察大学法律学研究所2000年硕士学位论文,第3页。

力;(3)契约进行严重性的基本权利侵害时,国家积极介入,或者对强制要求履行义务的当事人进行处罚。这一理论在充分肯定基本权利对契约效力的影响的基础上,分情形地区别了契约的效力,为我们审视涉及侵害基本权利的契约提供了一个全新的视角。但这一理论的缺陷也是很明显的,正如阿部照哉教授所言,在实践中"各阶段的具体标准如何确立十分困难",在理论上,"第一、二阶段的区分是否承认基本权利对契约的积极影响,第三阶段所需要的特别立法、事实上支配关系、当事人是否自由平等,也需要进行讨论"。为此,提出要首先判断是否存在支撑支配关系或契约自由当事人之间自由、平等的事实关系。在缺乏契约自由的前提时需要直接适用基本权利。①

而德国在实践中逐步丰富并发展了利益衡量的方法,这在契约自由与基本权利的保护上亦有充分的利用。所谓利益衡量,指的是在司法实践中对所涉及的相互冲突的各种利益进行比较、权衡,在此基础上作出所要保护的利益的决定。这里的司法实践是从广义上而言的,不仅包括普通法院在审理具体民事案件时进行的利益衡量,而且包括宪法法院进行宪法解释时进行的利益衡量。当然,二者因其地位、性质及功能的差异,决定了二者在进行利益衡量的空间、对象上存在着一定的差异。利益衡量方法在司法上的运用,是与德国法学者赫克(Philipp Heck)创立的利益法学紧密相关的,这也是在19世纪末期欧洲兴起的新法学运动②中应运而生的。

反观德国联邦宪法法院自1958年"吕特案"以来的判决,虽然其一再宣称所采用的是通说——"间接适用说",但我们仔细研究有关判决不难发现,它在事实上也主要采用的是利益衡量的方法。之所以这样说,因为根据"间接适用说"的主张,宪法法院在进行违宪审查时应该是首先就民法中的概括

---

① 〔日〕阿部照哉:《宪法与契约自由》,选自阿部照哉著:《基本的人权之法理》,日本有斐阁1976年版,第90页—109页。

② 这场新法学运动主要是认为其所信奉的法律文本的完美性以及法官的冷漠中立性这两个作为前提性的特征并不存在,法官根据法律文本进行逻辑推理也不能解决所有的纠纷。参见徐振东著:《宪法解释的哲学》,法律出版社2006年版,第277页。

性条款进行解释,然后以三段论式的方法得出结论。然而,在宪法法院的判决中并未采取这一做法,而是先充分肯定了当事人各自享有的基本权利,然后在综合分析、比较的基础上进行"利益衡量",尔后得出其结论。因此,"与其概括的说,德国联邦宪法法院就此问题是采用的间接适用说,不如说是其只是就个案如何进行'利益衡量'。间接适用说只是形式的结论,得出此结论的过程为个案的'利益衡量',亦即透过基本权冲突的利益衡量从决定基本权究竟可穿透私法行为至何种程度,这才是联邦宪法法院自'吕特案'以来的运作模式。"[1]利益衡量方法的运用,全面地体察、肯定了当事人所享有的基本权利,是针对具体案件做出的具体判断,有其客观性与合理性。这一方法也已成德国违宪审查实践之滥觞,并为各国所纷纷效仿。当然,进行利益衡量的理论基础、进行利益衡量的主体及功能分工、进行利益衡量的标准等问题,也是需要进一步探讨的问题。

因此,上述基本权利对民事私法的影响,无论是"直接效力说"与"间接效力说",还是所谓的"基本权利扩散作用"的理论,虽然各自的理论主张存在着诸多差异,但都充分认识到了基本权利对于民法私法的拘束力,只是在拘束方式与程度上存在着差别。而对于研习宪法者而言,对于这些理论主张的认识与理解,关注重点不应停留在基本权利是否影响民事私法无为的争论上,而应关注宪法基本权利对民事立法者、民事司法者的影响。基本权利对民事私法的拘束与影响,也主要是通过两个转介得以实现,"一是合于基本权的私法立法,一是经由合乎基本权利的民事案件裁判"。[2] 因此,宪法对契约自由的意义与约束,更多的则集中于立法机关、司法机关保护契约自由的义务以及在此基础上对保护义务的违宪审查实践,这也是本书第四章、第五章所要重点探讨的内容。

宪法基本权利对私人之间民事关系作用的探讨,为研究契约自由与宪

---

[1] 李惠宗:《宪法基本权与私法的关系——德国联邦宪法法院判决解析》,载《德国联邦宪法法院裁判选辑(六)》,台湾"司法院"1996年版,第4页。

[2] 〔德〕Christian Starck:《基本权与私法》,林三钦译,载 Christian Starck 著:《法学、宪法法院审判权与基本权利》,杨子慧等译,台湾元照出版公司2006年版,第365页。

法之间的关系奠定了理论基础。在理论上与实践中,二者在很大程度上也表现出较高的相似性。的确,宪法作为整个社会共同体的价值体现,以宪法所保障的基本权利为基础形成了整个社会共同体的价值秩序,对整个共同体内的行为发生着作用。当然,在发生作用的方式上存在着"直接"与"间接"的差异。这也是上述对基本权利、对私人之间关系效力的理论探讨的背景。着眼于基本权利与契约自由,我们会发现问题的实质并非仅仅停留于"基本权利是否适用于民事私法关系"这一问题。作为私法自治的基本原则,契约自由的根本要义在于,通过双方当事人之间的自由协商达成关于权利义务关系的协议。这一协议只要不违反法律强制性的规定,法律则予以充分尊重与认可。这是私法自治的集中体现,也是宪法保障或承认的契约自由的基本要求。那么在契约自由与基本权利保护之间,对涉及限制与放弃基本权利的契约如何做出判断,无论是日本学者提出的"三阶段说",还是德国学者与实务界所倡导的"利益衡量"方法,都在试图努力寻找二者之间的平衡与协调。

第4章 契约自由与国家的保护义务(一)

"国家在经济上越是发展,立法和行政方面的干预的必不可少,就处处显得越加清楚。只要同社会利益无所抵触,一般来说,个人自由是好事;同样道理,个人事业只有在与国家福利相一致的这个限度上,才能说在行政上不受限制,但如果个人的企图或活动不能达到这种境地,或者甚至对国家可能有害,私人事业在这个限度上就当然需要国家整个力量的帮助。为了它自己的利益,也应当服从法律的约束。"① 而对经济发展关系重大的契约自由也是如此,契约自由的历史变迁中一个突出表现便是契约自由受到了来自国家权力越来越多的保护与限制。这在本质上则涉及国家权力介入与个人自由之间的关系。对于作为公民个人自由空间而存在的"契约自由",行使国家权力的立法机关、行政机关以及司法机关为何要介入,其介入的必要性、合理性在哪里?对这些问题的解答,不仅是协调契约自由的保护与限制的根本方向,也是宪法学研究的重要课题。为此,本章将结合这个长期以来萦绕在"契约自由论者"头脑之中的问题进行

---

① 〔德〕弗德里希·李斯特:《政治经济学的国民体系》,陈万煦译,商务印书馆1997年版,第150—151页。

分析,此处,主要以在实现契约自由中立法机关与司法机关所相应承担的保护义务[①]为研究重点。

4.1 契约自由与立法机关的保护义务

4.1.1 立法机关义务的理论基础

(一) 宪法委托与立法者的义务

在一国的法律体系中宪法具有最高位阶,而宪法的地位与性质决定了其不可能对所有的内容事无巨细地规定,许多原则性、概括性的规定需要制定法律予以具体化。这就涉及立法机关的立法义务问题。然而,立法机关在本质上作为民意代表的机关,其是否负有义务,不履行义务该承担怎样的责任?对这些问题的解答,也随着"宪法委托"理论的发展逐渐明晰。

早在德国魏玛宪法时期,宪法学界即展开了对宪法功能与效力的讨论,即魏玛宪法中基本权利的条文是直接创设了如同法律规定的公民权利,还是仅仅针对立法者的,需要通过立法者制定法律从而实现其效力?对这一问题的回答则有两种不同的主张。一种主张认为宪法基本权利的条文当然创设了直接适用的效果,而无需通过立法者实现其效力。这以德国古典宪法学家拉班得(Laband)、耶林内克(Jellinek)的学说为代表,主张宪法与普通法律都是反映民意、国会议决的结果,具有实质的同一性,只是有外在的、

[①] 在国家权力体系中,对"契约自由与行政机关的保护义务"略去不谈,并非否定行政机关在契约自由实现与保护中的重要意义。在现代社会中,行政机关对契约自由的影响十分广泛。之所以在此略去,基于两方面的考虑:一方面,行政机关对契约自由的保护义务,在笔者看来,无论其范围还是其限度都有进一步探讨的余地,尤其是在我国这样一个有着悠久计划经济体制传统的国家;另一方面,行政机关对契约的限制与保护,对其合理性、必要性的判断,基本上都可以在是否"合法、合理"的范围内解决,无需上升到违宪审查的层面(而对这一内容的探讨则是本书第五章研究的重点)。当然,对于我国目前而言,在作为上位的相关立法尚不完善的制度背景下,也可能涉及是否"合宪"的问题。因此,为全书的连贯对应,笔者在此略去对行政机关在实现契约自由中的功能与权限的分析。

修改程序的难易等形式上的差别而已。另一种主张则认为并非所有的宪法条文都具有直接赋予公民权利的效力。这种主张被部分学者所赞成,并在此基础上开始了对宪法条文性质分类的积极探索。如安序兹(Anschütz)在其《德国宪法》一书中将宪法条文性质分为具有即时适用性(可直接使先前相抵触的法律无效)的法律规定与仅仅针对立法者的方针条款两类。① 卡尔·施密特(Carl Schmitt)则根据魏玛宪法中基本权利与义务的规定将条文的可适用性区分为五种:(1) 直接可以适用的规定;(2) 直接可以执行的、对立法者的个别指示;(3) 对某个事项的立法方针;(4) 对国家各阶层的一种积极性质的方针指示;(5) 确立的未来的一种目标。立法者处于一种媒介地位,担负着对宪法条文具体化的职责,因此宪法的规定对于立法者都有所拘束。②

而在制定基本法的过程中,魏玛宪法时代所盛行的对立法者立法的"方针条款"的观点随即被抛弃。《基本法》第 1 条第 3 项便明确规定:"下列基本权利规定,视为直接适用之法律,拘束立法、行政权力及司法",立法者不再是作为宪法的媒介者地位,而"要受到合宪秩序之拘束"(《基本法》第 20 条第 3 项)。在此情境下,"宪法委托"的理论应运而生。所谓,宪法委托(Verfassungsauftrag),指的是制宪者在宪法中规定,某些事项、内容由立法者通过立法予以实现。

第一个对宪法委托作系统分析的学者——易甫生(Hans-Peter Ipsen)教授,对宪法委托做了类型划分,包括:(1) 最狭义的、绝对的宪法委托,宪法直接规定一个期限,使得宪法规定在这个期限之内产生明显的法律效果;(2) 未设期限的、绝对的宪法委托,要求立法者必须按照宪法条文内容进行立法;(3) 明白规定,宪法的规定由立法者制定法律的宪法委托;(4) 未定

---

① 参见陈新民著:《德国公法学基础理论》(上册),山东人民出版社 2001 年版,第 141—142 页。
② 对于这种对立法者拘束的效力及其程度,有学者指出,在魏玛时期,所谓的立法者有义务履行宪法中的方针规定,仅仅是一种纯粹的宣示性质,实际上对立法者的法律拘束力却微不足道。参见同上书,第 144—145 页。

期限的宪法委托,但是期待一未定期间内所颁布的法律来达到宪法的理想。温厚兹(Ekkehard Wienholtz)在其1968年发表的《规范性宪法和立法》一文中,将宪法委托区分为两大类型:一类是立法委托(Gesetzbungsaufträge),指的是明显的、专属的由立法者来执行的,这又可分为明显的(explizite)委托与隐含的(inplizite)委托两种,前者是宪法直接指示立法者进行立法,后者则是用间接的方式指示立法者应立法;另一类是宪法指示(Verfassungsdirektive)①,指的是宪法的规定除了由立法者履行外,仍可由行政、司法等其他机关达成,宪法的规定并不仅仅系于立法者的立法之上。属于这类指示的条款,主要是宪法指导原则,如法治国原则、福利国原则、比例原则等。

宪法中要求立法者制定法律的宪法委托的相关规定,到底具有怎样的效力与约束力?按照学者曼兹(T. Maunz)的分析,从宪法委托的强度来分,首先具最强效果的是,经过某一时间,立法者不履行其立法义务,则和宪法相抵触的法律就自动地失效;其次是授权立法的条文,凡是宪法规定由法律规定细节者,则此种宪法委托是对立法者一个为细节、限制、排除适用规定的授权或期待,但并不是赋予立法者积极作为之义务;再次弱的效果,是宪法委托视为将立法者的一种指示或指导原则,是立法者在立法时所必须遵从的原则。

综合上述对"宪法委托"理论从不同角度的主张与言说,为我们认识宪法条文对于立法者所负有的立法义务奠定了理论基础。在笔者看来,还是比较认同温厚兹(Wienholtz)对宪法委托所做的两类划分,一方面宪法条文的具体实施很大程度上有赖于立法行为进一步细化,立法机关在表达与践行宪法价值上具有某种优先性的地位,当然根据宪法条文的规定,又有着明示的委托与隐含的委托之分;另一方面宪法价值的实现及其规范效力的实施,除了立法机关之外,行政机关、司法机关也承担着不可推卸的责任,这不仅是宪法作为共同体价值在整个领域内发挥其拘束力的充分表现,而且在

---

① 在陈新民教授《德国公法学基础理论》(上册)(山东人民出版社2001年版)一书中将其译为"宪法训令"(第154页),在此笔者认为译为"宪法指示"更为恰当。

某种意义上行政机关、司法机关在某些立法机关不能作为的领域发挥着重要功能。

(二) 基本权利的制度保障与立法者的义务

对基本权利属性与功能的认识的发展,也使得立法者的义务进一步凸现。在传统观念中,公民的基本权利主要是公民针对国家权力侵犯的权利,"防御权"的功能十分突出。而从近代向现代的发展中,基本权利的内涵并不仅仅局限于防御国家的消极权利,也表现为要求国家介入并予以保护的积极权利。基本权利则表现为防御权、受益权以及客观价值秩序等多方面的功能与要求。

从对基本权利的概念界定来看,这些公民而言最为重要的、必不可少的权利,相应的义务承担主体则是国家。这一点也是毫无疑问的。那么,国家承担义务的内容包括哪些方面?对于涉及公民自由的基本权利,一方面国家不予侵犯,另一方面国家也有保障其行使的义务,因为除了国家自身不予侵犯之外,还要防止来自国家之外的其他主体的侵犯,这里当然包括私人、社会组织等(见图表4-1)。这也是国家立法、行政、司法权力行使的基础。

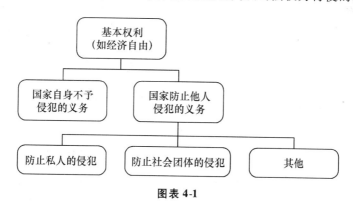

图表 4-1

这一框架图,主要是着眼于基本权利实现的内容要求,对于国家消极不予侵犯、防止他人免受侵犯,对基本权利的实现来说,只不过是一体两面而已。在这个程度上而言,无论是国家对基本权利的侵犯,还是他人对基本权利的侵犯,都会导致基本权利无法完满实现。根据基本权利拘束对象的差别,可将基本权利的效力区分为"个人保障效力"与"制度性保障效力"两类。① 所谓"个人保障效力",是指宪法中基本权利规定直接创设了公民对抗国家的权利,公民在基本权利受到侵犯后可以直接寻求法律救济。所谓"制度保障效力",则是指宪法的基本权利规定产生国家的一个客观的秩序与制度,与"个人保障"不同的是,这类宪法规范的目的不在于保障公民基本权利免受国家侵犯,而是专门针对立法者的。由此,从基本权利的效力到基本权利的"制度保障"直至立法者的立法义务,这里实际上通过基本权利效力的探讨奠定了立法者立法义务的理论基础。

(三) 保护义务与民事立法

基本权利的保护及其实现需要国家提供制度上的保障,而制度上保障的重要一环便是通过立法者制定法律实现。而立法者制定的法律,不仅包括直接影响公民基本权利的公法,也包括影响公民日常生活的民事私法。因此,宪法上基本权利的规定,对民事立法也发挥着十分重要的作用。

一方面,某些关系公民生存与发展的基本权利,如生命权、人身权以及财产权等,也对民事立法发挥着作用。对于这一主张的论证,"基本权利的核心"、"基本权利限制之限制"等理论为其提供了基础。某些涉及关系公民生存与发展的基本权利,不仅国家不能侵犯,而且作为平等主体的私人也不能侵犯。在德国,基本权利对民事立法的拘束,则通过"人类生活图像"这一概念得到了完美的诠释。"在平等主体的交往间,生命、健康、自由、名誉以及财产权必须被尊重,这并不是因为法律具体规定所有人民均受到基本权利的直接约束,而是源自于人类共同生活的传统规范,基本权即是建构在此一规范的基础之上。基本法所传达的这一'人类生活图像(Menschenbild)',并不只是在人民与国家关系中作为基本权利规范的基础,也是民事法建构的根基。"② 而

---

① 在陈新民教授的《宪法导论》(台湾新学林出版公司2005年版,第57—58页)一书中,是从人权的拘束效力所做的划分。在笔者看来,这里所谓的"人权"反映在宪法规范中,实际上相当于我们通常所理解的"基本权利"。
② Christian Starck:《基本权与私法》,林三钦译,载 Christian Starck 著:《法学、宪法法院审判权与基本权利》,杨子慧等译,台湾元照出版公司2006年版,第371页。

这一主张的提出,则是通过对《基本法》第 1 条第 1 项保障人性尊严的规定解释而来。这一规定固然赋予了国家保障人性尊严的义务,而对于公民之间的关系而言也应尊重并维护人性尊严。基本权利对于民事法律的效力,也表现为民事法律应该尊重基本权利规范中所传达的"人类生活图像"。对于这一所谓的"人类生活图像",在德国联邦宪法法院的判决中,更多的是通过"基本权利客观法作用"(objektiv-rechtlichen Wirkung der Grandrechte verankert)予以阐释的。

另一方面,特别的保障委托与平等对待委托,也对民事立法产生了重要影响。Starck 即指出:"自由与平等的问题不只存在于人民与国家间的关系上,也存在于人民相互之间的关系上,特别是在性别差异与各种社会实力阶层方面的问题。这一问题,在德国魏玛时期已经被讨论,德国基本法对这一问题并未表明立场,而是将之委托于承袭而来的民事法以及未来的民事法立法者,仅有的例外是基本法第 3 条第 2 项第 1 句以及第 9 条第 3 项。"[①]实现自由、平等则是近现代以来人类社会的价值目标,这一价值目标不仅要求在国家与公民之间的关系上实现,也渗透至民事立法之中公民之间的关系上。而在公民之间实现自由、平等,与宪法中明确规定不同的是,更多地将其委托给立法者。这就需要借助国家权力,特别是国家立法行为,通过制定相关的法律予以确认,这才会对普通公民产生拘束力。着眼于平等而言,公民要求国家平等对待的要求,对于民事立法者而言也是如此,这是形式意义上的平等对民事立法的影响;同时,基于社会经济发展中所出现的各种性别歧视、经济不均衡等问题,民事立法者也需在充分论证的基础上在立法中进行纠正或均衡,这则是实质意义上的平等对民事立法的要求。

4.1.2 契约自由立法的形成空间

(一)立法机关广泛的形成空间

当然,关于基本权利对于立法者的拘束及其效力问题,长期以来可能的

---

① Christian Starck:《基本权与私法》,林三钦译,载 Christian Starck 著:《法学、宪法法院审判权与基本权利》,杨子慧等译,台湾元照出版公司 2006 年版,第 371 页。

认识便是其对公法性质的法律的拘束与对具私法性质的民事法的约束存在差异。这是一种片面的认识,诚如程明修学者所言,"立法者制定的一个强行性规范,立法者此时受到基本权之拘束,对于自治性质的私法形成自由的限制也构成一种(古典的)基本权干预。即使这个限制的法律属于私法,亦不影响此一判断。基本权的形成作用,不会认为私法在结构上为异于公法之形塑与规制而应差别对待"。①

虽然基于宪法委托、基本权利保护义务的理论,立法机关负有立法的义务。但立法机关在履行这一义务时,也享有广泛的形成空间,享有一定的裁量权。当然,必须明确的是,这里所谓的裁量空间,并非指立法机关有是否进行立法的裁量空间②,而是指立法机关进行立法的方法、形式以及内容上的空间。从立法机关的构成及其工作方式来看,进行立法也并非单纯的法律决定,而是经由公民参与、讨论而形成的政治判断。其中需要酌情考量立法的动机、立法当时的政治、经济及社会发展等情形后才可决定。而至于具体的立法时间、立法细节等问题则是委托给立法者来决定的。在德国,如果立法者并不履行立法义务,可能通过宪法诉愿、法规审查、总统督促以及直接适用等途径予以解决。③ 但在根本上而言,立法者立法义务的履行涉及三权分立原则、对民意机关的尊重等问题,在实际上无法强制执行,在很大程度上则有赖于立法者的自觉。

对于立法者进行民事立法的义务而言,其负有这一义务的同时所享有的形成空间更大。因为在民事关系领域中,其所表现的是平等民事主体之间的人身关系、财产关系,这一调整对象与调整内容,决定了对当事人意思及其意思后果的充分尊重则是根本原则,这也是民事法在很大程度上与私法自治、契约自由画上等号的根本原因。"可以承认的是,私法立法者有较

---

① 程明修:《契约自由与国家之保护义务》,载《宪政时代》第 30 卷第 2 期,2004 年 10 月刊。
② 因为宪法作为国家法律体系内的最高法,其规范的效力是不可否认的,其中规定立法者进行立法也是必须的。
③ 参见陈新民著:《德国公法学基础理论》(上册),山东人民出版社年 2001 年版,第 141—142 页。

宽泛的立法形成空间,这就是为何私法规定在适用基本权比公法规定更为限缩的理由……又因为私法立法者可以获得较宽泛的空间,这就是为何私法法律对基本权限制强于公法规定的缘由"①。Starck 的这一论述,实际上考察了私法立法者的广泛的立法形成空间与基本权利之间的关系。这主要表现在两个方面,一方面在立法上考量受到哪些基本权利的影响,民事立法的空间要比公法相关法律的空间大;另一方面,针对某项基本权利对民事法律的影响程度,民事立法的空间要比公法相关法律的空间大。而这一立法空间对于契约自由立法而言,更是如此,因为契约自由的根本要义便是对当事人之间通过合意确定权利与义务,其中某些基本权利(如财产权利、人身权利)的放弃和限制便是行使契约自由的结果。对此,若立法者进行民事立法时僵硬套用基本权利的拘束,不仅契约自由无法充分实现,而且也有违民事立法的目的与宗旨。

（二）立法机关形成空间的限度

虽然立法者在进行民事立法时享有广泛的形成空间,但这绝非意味着其享有的形成空间是不受限制的。一方面,从国家机构体系来看,其形成空间是以其享有的立法权力为基础和限度的;另一方面,从基本权利的影响来看,立法者的形成空间也是以基本权利的拘束与保障为限度的。"立法者在作成立法决定的'意志'时,仍应受基本权利以及其他宪法位阶之法原则的拘束,如国民主权原则、法治国原则、社会国原则、平等原则、比例原则等。易言之,如果立法者在形成此类私法领域的法规范时,抵触上述基本权利条款或者宪法位阶之法律原则,则其本身亦构成基本权利之违反"。② 因为立法者进行民事立法,也会涉及对基本权利的保护或限制,作为国家立法权力的行使,这一国家行为本身就决定了其也必须受制于法律保留原则、比例原则等的拘束。

---

① Christian Starck:《基本权与私法》,林三钦译,载 Christian Starck 著:《法学、宪法法院审判权与基本权利》,杨子慧等译,台湾元照出版公司2006年版,第378页。
② 陈文贵:《基本权利对民事私法之规范效力》,台湾警察大学法律学研究所2000年硕士学位论文,第191—192页。

对于国家权力介入私人之间契约关系的界限问题,在"商业代理人案"①中,联邦宪法法院的判决中,强调了在私法自治下,订立契约是人格自由发展的表现,该自由受基本法中人格自由的保障。本着国家与社会分离的原则,国家应对私人之间事务保持一定的距离,使公民能充分实现其自由基本权。只有在私法契约不是在双方当事人力量均衡的情境下缔结的,或者是该自由行使导致滥用而有害于个人尊严或基本权的圆满实现时,而须由国家介入。宪法法院再次申明,基本权并非价值中立的秩序,而是一种该客观的基本决定。私法上的交易不得抵触该原则。如果基本权所保障的地位受到处分时,国家法规应做补偿性的介入。对于该判决的意义,亦有学者指出:"该裁判的意旨并非在于明示国家介入私人关系时应有何种界限。然从其意旨反面可以推导出:若私法契约的约定不至于使另一方完全出于他方之下,而在'他主决定'时,国家即应尊重私法自治原则。"②而这一界限,无论是作为抽象类型化的立法者,还是作为个案判断的法院,都是在行使其权力时必须恪守的。

4.1.3 契约自由立法的现实意义

(一) 契约自由立法的正当性

契约自由立法,作为民事立法中重要内容的立法,不仅由上述宪法委托、基本权利保护等学说为其正当性提供理论基础,而且具体到契约自由本身而言,也可通过对契约自由理论前提的检视,发现契约自由立法的正当性所在。在理论上而言,契约自由的实现需要满足三个前提条件③,然而这些前提反映到社会现实中,二者之间会有一定的距离。正是因为契约自由本

---

① 该案主要是当事人主张"职业选择自由"受到企业主竞业禁止条款的侵害。
② 李惠宗:《宪法基本权与私法的关系——德国联邦宪法法院判决解析》,载《德国联邦宪法法院裁判选辑(六)》,台湾"司法院"1996年版,第27页。
③ 在第一章"契约自由的基本范畴"中,指出契约自由的实现则包含了三个前提预设:第一,行使契约自由的双方当事人是具有独立的、主动的个体,双方当事人处于"结构性平等"的地位;第二,契约双方当事人能够自由地表达其意志,而且该意志一般而言是真实、可信的;第三,契约双方当事人确信双方作出的契约合意能够切实地得到执行,而未能履行契约义务的一方当事人也因此承担相应责任。

身所要求的前提条件无法达到,而为了弥补前提与现实之间的距离,必须通过立法来进行一定的矫正或补充。

1. "自主主体"并无法达致"结构性平等"

梅因的"进步社会的运动,到此处为止,是一个'从身份到契约'的运动"①的著名论断,一方面阐明了进步社会运动的本质,另一方面也在侧面揭示了"身份"与"契约"之间的紧密关联。的确,契约自由的实现首先需要消除身份等无关契约交易的外在因素,双方进行合意需要是本质上无差别、具有自我处分权的个人。没有自主权的奴隶,是无法行使契约自由的。随着社会的变革,个人的独立性、自主性得到了张扬与发挥,契约自由所要求的双方当事人的独立自主,这一点已经实现,也无再继续讨论的必要。然而,随着社会发展,契约自由所要求的独立性得到了满足,而"平等"的问题却逐渐突出。

这里所谓的"平等"指的是契约当事人在"结构上"的平等,即双方在影响契约交易实现的能力、条件等方面是相当的。也只有在"结构性平等"的基础上,进行契约交易的双方当事人才能自由表达其意志,从而真正行使契约自由。在契约自由实现的理论预设中,每个主体都是抽象的、自由的、无差别的。然而,"在现实中的情势中,人不受强制、干预或限制几无可能,强制是不可避免的。其中,来自自然环境、财富、家庭、民族、性别、智商等方面的强制(恰当地讲应该是'制约')不仅是无法避免的,而且在事实上和法律上都是无法克服的。"②当契约自由预设的"结构性平等"在现实中是如此不堪一击时,特别是"如果契约当事人中,有一方可以利用其经济实力将不公平的单方面条款强加给对方,特别是有关违约的条款,那么一般交易条款本身在所赖以存在的基础,即契约自由,就需要某种补充性的保护了。"③由于

---

① 〔英〕梅因著:《古代法》,沈景一译,商务印书馆1959年版,第97页。
② 孙学致:《由自由达致责任——关于契约自由内在规定性理论》,载《吉林大学社会科学学报》2003年第1期。
③ 〔德〕罗伯特·霍恩、海因·科茨、汉斯·G.莱塞著:《德国民商法导论》,楚建译,中国大百科全书出版社1996年版,第95页。

主体地位上的不平等使得处于弱势地位的一方在契约的名义下沦为另一方主宰的对象,也就不足为怪了。

因此,一方面为防止这种现实中的结构上不平等而对契约自由导致的不利后果,另一方面对当事人地位或权利予以一定的调整使其在形式上符合契约自由所要求的"结构性平等",则是国家制定相关立法的根本原因所在。防止契约自由的滥用,在双方当事人在经济、谈判力量不对等时如何保护典型的经济上的弱者,亦成为现代契约法首要面对的课题之一。① 而国家劳动法体系的建立、经济法领域的形成、消费者权益保护法律体系的完善等,也都是基于劳动者与雇主、消费者与商家等结构上的不平等而进行的立法。

2. "自我决定"受制于"信息资源的不对称"

契约自由的核心是当事人进行契约交易时的意志自由,是否达成契约、达成何种内容的契约、采取何种形式的契约,都是当事人自我决定的表现与结果。如果说当事人之间的"结构性平等"是行使契约自由的理论前提,那么当事人的"自我决定"的要求不仅是契约自由实现的理论前提,也一直贯穿契约交易及其执行的始终。因为契约关系的终止也是当事人行使自我意志的结果。而要保障"自我决定"的决定,除了当事人在地位上是独立、自主的之外,还有赖于促成其作出决定的充分的、真实的信息资源的获得。如果没有充足的信息,甚或获得的信息是有误的,那么在此基础上作出"自我决定"的效能和影响便可想而知。而对获得信息资源的要求,在现代社会,特别是在信息时代的今天,其意义尤为重大。

在实质意义上,所谓的"结构性平等"与"资讯不对称"也是紧密相连的,无法充分掌握完整资讯之人通常是处于结构性平等中弱势的那一方当事人。② 在现代社会,为了解决这种"信息资源的不对称"问题,则需要国家权力的介入,以消除实现契约自由的障碍。消除信息资源不对称的障碍,一般而言都会对一方施加特殊的信息披露义务。而完成信息披露义务的,也

---

① 陈自强著:《民法讲义Ⅰ:契约之成立与生效》,法律出版社2002年版,第126页。
② 蔡昌宪:《公司契约理论于我国之具体实践——市场契约理论与国家法律干预间之权衡》,载《法令月刊》第56卷第6期,2005年6月刊,脚注第32。

主要分为两种情形:一方面表现为在契约关系内部,基于契约关系双方当事人的地位悬殊、信息强弱等,在法律规定上对一方占有信息资源优势的(可能的)契约当事人的信息披露义务,如劳动契约中的雇主、消费契约中的厂家等;另一方面表现为,在契约关系之外,国家,一般而言都是某个具体相关的职能部门,基于市场交易的要求,主动进行信息披露,以弥补契约交易中的信息资源不对称的问题。"有时候,市场失灵是因为人们被欺骗或者缺少信息。职能部门对此通常所做的反映就是要求准确、完整地披露全部信息。国会和各机构在许多的确实行了各种有关披露信息的法规,其范围涉及职业安全、环境危险以及潜在的虚假广告等"①,而后者显然已经超出了单独的契约自由的范围,更多地表现为公法方面的权力行使,本书将在下文专门予以讨论。

3. "自己责任"湮灭于"契约的外部性"

通过契约进行交易,从而实现利益的最大化,这则是行使契约自由的根本目的所在。何谓"利益的最大化",则需要根据契约的具体类型来说明。对于长期合作的契约交易而言,实现利益的最大化则可能是所有契约交易所获得利益的总和;对于短期的、偶然为之的契约交易来说,如何能在一次性交易中实现利益的最大化,则是其关注的重点。虽然长期的契约交易关系关注的是长远的、持续的利益,然而这也无法妥善解决契约交易与自然资源的利用、公共利益的维护等问题。二者之间紧张关系的根源,在休谟的人性论中有着经典描述,"人类因为天性是自私的,或者说只赋有一种有限的慷慨,所以人们不容易被诱导了去为陌生人的利益做出任何行为,除非他们要想得到某种交互的利益,而且这种利益只有通过自己做出有利于别人的行为才有希望可以得到的。但是由于这些交互行为往往不能在同时完成,

---

① 孙斯坦教授也指出信息披露措施的确在许多情况下很有价值,但有时候也可能事与愿违,一方面由于得到某种信息后人们并未把信息处理好,常常依赖于可能导致系统错误的直观判断,而且信息过量也会使得消费者对大量的信息熟视无睹或者是信息混乱;另一方面,对所披露信息完全精确的要求,有时也会导致生产商和其他被调整单位不提供任何信息。〔美〕凯斯·R.孙斯坦著:《自由市场与社会正义》,金朝武、胡爱平、乔聪启译,中国政法大学出版社2002年版,第380—381页。

所以其中一方就只好处于一种不确定的状态,依靠对方的感恩来答报他的好意。"①

对自然资源最大程度地利用,实现自己利益的最大化,无疑是当事人行使契约自由的根本目的。由此便产生了契约自由的"外部性"问题,如何科学、合理地规划行使契约自由所带来的自然资源、自然环境的保护,不仅是现代人类社会所面临的一大课题,也是立法对契约自由进行一定的规制的客观需要。经济发展与环境、资源保护之间的协调,无论国内还是国外都不乏这类经验教训。保障契约自由,实现资源的自由分配与流动,固然是市场经济发展的客观需要,而协调人与自然的关系,对契约自由进行一定的规制与引导,实现人类社会的可持续发展,国家则有着不可推卸的责任。立法机关行使立法权力,防止行使契约自由所带来的"外部性"问题,特别是由此导致的环境恶化、资源减少等问题,则是履行该责任的重要原因。

在这个意义上,契约的"相对性"——仅仅是双方当事人之间的关系的传统观点也受到了质疑。这种"相对性"的突破,不仅表现在某个具体契约中对第三者利益的影响,而且还在某个意义上涉及了社会公共利益的保护。"国家对社会整体利益之资源,开始以社会利益为着眼点,取代私人所有权,因之,私人处理此类资财之活动及权力日渐减弱"②,也正是在此意义上,"管制法令摇身一变成为民事规范,私法自治的空间,包括法律行为和事实行为,实际上随着国家管制强度的增减而上下调整"。③ 国家立法机关基于维护社会公共利益的需要,对契约的形式、契约的内容等都做了相关规定,在契约法中还有许多强制性规范。

(二)契约自由立法的必要性

不难看出,为补充或纠正契约自由所要求的理论预设与实践之间的偏差,国家通过行使立法权力介入其中进行规制,这是其对契约自由进行立法

---

① 〔英〕休谟著:《人性论》(下册),关文运译,商务印书馆1997年版,第559页。
② 杨桢著:《英美契约法论》,北京大学出版社2000年修订版,第26页。
③ 苏永钦:《私法自治中的国家强制——从功能法的角度看民事规范的类型与立法释法方向》,载苏永钦著:《走入新世纪的私法自治》,中国政法大学出版社2002年版,第7页。

规制的正当性基础。美国学者范伯格论证强制的正当理由颇为经典,"如果说社会强制和政治强制是一种产生损害的罪恶的话,那么唯一能证明强制是一种正当的方法就在于表明,强制是为了防止更大的罪恶所必需的。这是从'损害他人原则'所引伸出来的见解,它允许社会限制某些人的自由权以防止他人受到损害。对这一原则有两种提法:第一种说法主张限制某个人的自由权,以防止损害其他特定的个人,因此可以叫做'个人损害原则'。第二种说法认为强制是正当的。因为,为了公众的利益,必须防止对社会制度和社会调节系统的危害。"①着眼于契约自由,国家通过立法介入的必要性又主要表现为以下三个方面:

(1) 着眼于契约关系的内部性,对契约当事人的保护。

国家通过制定立法规定契约的成立、生效、解除以及执行的规则等,在根本上是为了保护契约当事人的利益。这种保护,特别是对那些立法中处于弱势一方契约当事人的保护性规定,在很大程度上都是为了弥补契约关系中由于主体地位不平等、信息资源不均等所带来的不利后果。在德国,"长期以来,法院认为,只要一般交易条款不违反法律、不违反善良风俗,那么它们虽显失公平,但仍然是有效的。然而20世纪50年代以后,这一领域的审判实践发生了重大的变化,而法学理论则在此以前对这种变化做了准备。联邦最高法院越来越频繁地从合同的均衡与公平这一指导性原则出发,对一般交易条款的内容进行监督……如果合同条款'排斥了任意法中对合同当事人之间互相对立的利益进行平衡的规则,而没有以其他方式给顾客以适当的保护',那么这些条款就不具备法律效力"②。因此,在契约自由的相关立法中,即使在表面上看来是对契约一方当事人某些权利的限制或额外负担的施加,但在根本上而言是为了保障契约自由的行使。因为,较之当事人对某一次契约交易所得利益的维护,法律更为注重长远利益的保护,甚至包括利益的合理预期。

---

① 〔美〕J. 范伯格:《自由、权利和社会正义——现代社会哲学》,王守昌、戴栩译,贵州人民出版社1998年版,第33页。
② 〔德〕卡尔·拉伦茨著:《德国民法通论》,邵建东等译,法律出版社2003年版,第81页。

(2) 着眼于契约关系的外部性,对第三方合法权益的保护。

一般而言,契约双方当事人通过行使契约自由达成了相关权利与义务的约定,这种约定是仅仅相对于契约双方当事人而言的,通常不会涉及第三人的利益。"然而,事实上,这种对第三人的利益没有影响是相对的。某人通过契约形式贷款,他所增加的责任影响到每一个债权人的利益。某块土地的出售会影响邻人的利益,比如通过改变土地的利用,新的土地所有者可能或不可能经济地利用该土地。这是法律上通常予以承认和保障的可能影响。法律制度从来没有忽视这种影响之存在。我们可以举出一例说明,如后期的罗马法禁止将权利要求转让给'更有权势的债权人'。"①

在现代社会,随着契约自由交易范围的扩大、影响的延伸,契约自由的"相对性"得到了一定的突破。特别是在这类涉及环境、自然资源的契约交易中,如果不认识到契约自由可能导致的后果并对其加以防范,其后果则无法想象。不仅单个的契约交易无法再继续交易,而且还会危及到整个人类共同体的生存与发展。这也是为何美国在20世纪80年代便对州要求煤矿开采业主为了提供地表支持在地表层中留存50%煤的立法②表示支持的根本原因。

(3) 着眼于契约关系的整体性,对公共利益的维护。

立法为保护公共利益而对民事主体之间的"契约自由"予以一定的调整,则是国家立法介入契约自由的最强有力的原因。"在强调以主体自主为机制的调整方式时,并不意味着否定国家强制方式的必要性,……再公正和最宽容的法律,也不可能全面地无以遗漏地涵括人们所有的价值追求。既然在社会上存在着与法律相异的价值追求,那么,必然会产生体现该价值追求,并与法律相冲突的行为。更何况法律并不能消除人们的实践过失,甚至法律自身亦不时有过失。法律既是一种正面的宣告,也是一种反面的预防。

---

① 谈及契约自由的行使对第三人利益的影响,该学者还以出卖为奴、妇女通过婚姻契约依附丈夫权力之下为例说明,显然这已超出我们今天所言的私法上"契约自由"的范围。参见〔德〕马克斯·韦伯著:《论经济与社会中的法律》,张乃根译,中国大百科全书出版社1998年版,第116页。

② *Keystone Bituminous Coal Association v. DeBenedictis*, 480 U. S. 470 (1987).

没有社会冲突,没有与法律相对抗的行为,那么,设立法律的必要性便大可怀疑。这些,正是法律须借助国家强制调整的原因所在。"① 对于契约自由而言,最大的博弈莫过于私人利益与公共利益,必须借助国家强制力制定法律予以调整。

这是因为从根本上而言,人是社会中的人,契约自由只有得到社会的认同与支持才可真正实现。契约自由作为经济交易的重要手段,这种"追求个人利益最大化"的倾向使得其很难兼顾到公共利益,甚至有时会与社会所维护的公共利益背道而驰。因此,如何调整个人利益与公共利益,实现公共利益与个人利益的协调,则是现代契约自由立法首先必须解决的问题。契约法的历史变迁中,也经历了这种从个人本位到社会本位的转变,"西方自由主义哲学观认为,社会的逻辑和价值元点是个人,这种观念折射到民法上,形成以权利为中心的个人本位思想。然而市场制度的种种弊端迫使人们在法律观念上,转而乞灵于古代日耳曼社会的团体主义和社会连带思想。认为社会的元点不是个人而是团体。个人只有处于社会共同体之中,才有其存在,也才谈得上人的价值。因此,个人参与法律生活,应当形成法律上的协同关系,而不是权利对抗关系。这种观念,在权利问题,强调权利与义务的有机统一和权利与责任的互相对应"。② 如何在"社会共同体"的背景下,实现个人利益与社会利益的协调,立法机关责无旁贷,也只有立法机关才能担此重任。

4.1.4 契约自由立法的规范体系

由此可见,无论是对契约自由三个理论前提的检讨,还是对契约自由立法的功能与意义的审视,都可看出国家对契约自由进行立法,不单是对契约自由的限制,在根本意义上则是对契约自由的肯定与保护。对于契约自由而言,在契约双方当事人关系之中,限制与保护从来都是相对的,对一方当

---

① 谢晖:《社会有序:法律调整的正当目的》,载《比较法研究》2000 年第 4 期。
② 张俊浩主编:《民法学原理》(第 3 版),中国政法大学出版社 2000 年版,第 36 页。

事人契约自由的限制则是对相对方契约自由的保护。而且,契约自由作为私法自治的重要体现,从根本上而言,"自调整客体看,私法自治原则在必要时仍需借助于国家的强制力。对其予以保障因此也构成了立法者的义务。即给当事人提供法律行为方式的法律关系形成手段,且该手段是有约束力的,在争议时亦可付诸强制执行。"①

现代代议制民主国家中,立法者的组成及其特点,也决定了在实现基本权利的保护义务上,立法者具有优先性的地位。那么对于来自私人之间权利侵害的现象,要求立法者一方面在民事立法中予以充分考虑,如针对格式契约对契约自由的侵害;另一方面鉴于私人间权利侵害的普遍性与严重性,将部分契约自由的行为从民事立法中独立出来,通过制定特别法予以规范,如劳动法、消费者权益保护法等专门法律的制定。

对契约自由的相关法律规定,不仅在民法体系内有大量的表现,而且在民法体系外亦有所涉及。这里所谓的"民法体系内"、"民法体系外"主要是从相对意义上而言,前者指的是专门的民法典及其分支——契约法,后者则是在民法典体系之外的规范。对于契约自由的法律规制,在早期奉行成文法传统的大陆国家,都是通过民法典中的相应规定来调整的。当然,通过何种途径予以调整,各国因其法律理念与制度的差异而存在一定的差别。如在法国民法典中是直接通过对"契约"的成立、效力等相关规定予以调整的,而在德国民法典中则是通过对抽象概念"法律行为"的规定予以调整的。②

(一) 民法体系内的契约自由立法

1. 民法体系内的具体规定

在我国,民法体系内的契约自由立法表现为两个方面:一方面是我国

---

① 《德国宪法法院判例集》第 89 卷,第 214 页、第 231 页以下。转引自〔德〕Canaris:《债务合同法的变化——即债务合同法的"具体化"趋势》,张双根译,载《中外法学》2001 年第 1 期,脚注 8。

② 2002 通过的德国《债法现代化法》对德国民法典的总则部分做了相当大的修正,主旨之一便是基于契约正义而对契约自由作出一定限制。

《民法通则》①中相关条款对契约自由的影响,主要表现在对民事行为的成立与生效、契约的成立等相关内容的规定上;一方面则是我国 1999 年制定的《合同法》②对契约自由的保护与限制。

针对不同类型的利益冲突,设计相应的法律规范并进行调整,则是合同法最重要的使命。识别合同法的规范类型也应以识别合同法上调整利益冲突的类型为前提,为此有学者对合同法所调整的利益冲突类型做了划分,主要包括:(1) 合同当事人之间利益冲突,这是合同法最为重要、也是最为常见的一种利益冲突类型;(2) 合同关系当事人的利益与合同关系以外特定第三人利益之间的冲突,主要是考虑到市场交易实践中,当事人利益的外部性可能影响到合同关系以外特定第三人的利益;(3) 合同关系当事人的利益与国家利益之间的冲突,也是合同关系当事人之间的利益安排具有外部性的体现③;(4) 合同关系当事人的利益与社会公共利益之间的冲突,自然也是属于合同关系当事人之间的利益安排可能具有外部性的表现。④ 这种划分有利于我们全面认识合同法中对契约自由的规范在本质上所涉及的利益冲突,而且以合同的相对性为基础对合同法的规范种类做了类型化的划分。

但在笔者看来,后面两种所谓的当事人与"国家利益"、当事人与"社会公共利益"的划分,固然是以我国《合同法》第 52 条的规定为其规范基础,但在本质上而言为何做出所谓的"国家利益"与"社会公共利益"的区分,二者之间存在着怎样的区别与联系,则需要进行具体论证。对这一本不属于民法体系之内的基本范畴,对其内涵与外延的界定无疑需要借助其他作为

---

① 虽然该法在很大程度上并不能与真正意义上的"民法典"相提并论,但该法所起到的调整我国民事法律关系所起到的"通则性"的作用亦是不可否认的。

② 第一章已经对"契约"与"合同"概念做了辨析,此处的"合同"是与民事意义上的"契约"等同的。为尊重原文起见,仍然沿用原文"合同"的表述。

③ 最典型的就是我国《合同法》第 52 条的规定,第 1 项规定:"一方以欺诈、胁迫的手段订立合同,损害国家利益的"合同无效;第 2 项规定:"恶意串通,损害国家、集体或者第三人利益的"合同无效。

④ 王轶:《合同法的规范类型及其法律适用》,载最高人民检察院民事行政检察厅编:《民事行政检察指导与研究》(总第 2 集),法律出版社 2005 年版,第 116—122 页。

本源性法律的规定。这一本源性的法律则是宪法,而宪法的本质与属性也决定了其对这两个概念的界定则具有优先性。因此,厘清这两个概念的内涵及其相互之间的关系,首先必须以宪法对相关概念的规定为依据。在我国现行《宪法》文本中,纵观全文并无一处"国家利益"概念的完整表达,也无一处"社会公共利益"的表达。作为规范国家与公民之间关系的宪法,全文涉及"国家的"表达共计18处,其中以"国家……的利益"出现则只有《宪法》第51条①一处,而以"祖国的"表述则有3处②,而明确提出"公共利益"的概念则有两处③。在这个意义上而言,这两个概念实际上都可统一归结为宪法上的"公共利益",对二者做出界分在理论上并无这个必要,而且也会带来司法实践判断的难题。

由此可见,一方面在《民法通则》中通过一般性的规定对契约的成立与效力进行规定,另一方面在专门的合同法中通过解决利益冲突的规范实现了对合同的调整,而在我国起草统一民法典的过程中,对契约进行规制的民法体系也在日臻完善。其中,契约的成立必须符合哪些要件、违反哪些规定契约不能生效、契约当事人享有哪些权利与义务等,这些与实现契约自由紧密相关的内容,在我国的民事立法体系中都有相关的规定。我国的民事法学者对此也进行了大量的探讨,并取得了丰硕的成果。那么,对于这些涉及契约自由的法律条文的具体规定该如何认识并予以解释,这也并非此处探讨民事立法体系内的契约自由的关键所在,也远非以笔者的专业能力所能驾驭。

2. 民法体系内的概括性条款

在民事立法中,除了对民事行为的具体规定之外,一般都还有相应的一

---

① 我国《宪法》第51条规定:"中华人民共和国公民在行使自由和权利的时候,不得损害国家的、社会的、集体的利益和其他公民的合法的自由和权利。"

② 分别是序言中规定的"完成统一祖国的大业是包括台湾同胞在内的全中国人民的神圣职责"以及第54条规定公民基本义务两处出现的"祖国的安全、荣誉和利益"。

③ 这两处则在我国《宪法》第10条、第13条的规定中,前者规定的是"国家为了公共利益的需要,依照法律规定对土地实行征收或者征用并给予补偿";后者是"国家为了公共利益的需要,可以依照法律法规定对公民的私有财产实行征收或者征用并给予补偿。"

般性、概括性条款的规定,这也是民事行为必须遵循的基本要求。除专门的合同法之外的其他规范形式,对契约自由的规范主要是寓于民法总则中的民事法律行为、一般性的概括条款中予以实现的。由于民法调整领域的广泛以及基本原则界定标准的差异,究竟民法中包括哪些基本原则,也是见仁见智。① 但总的来说,民法的基本原则主要包括平等自愿原则、公平原则、诚实信用原则、权利不得滥用原则以及公序良俗原则等。

其中,诚实信用原则与公序良俗原则,由于其在本质上不仅作为民事法的基本原则,更是承载了宪法价值的某些内涵而备受关注。对于在民事法中设置这些条款的意义,如苏永钦教授所言,"民法典和若干附属法规确实'内建'可以使民法和源源不断的公法规范在价值和政策上接轨的概括条款。其功能正在于减轻(广义)立法者的负担,分散的由民事法官从审判实务中逐一权衡而适当接轨。"② 这些概括性条款对于协调立法机关与司法机关、法与正义的关系更是功不可没,"我们曾经指出在许多场合,为了找到某种情景应有的公正解决办法,立法者有时会以一定的方式放弃权力而明白要求法学家的合作。在这些情境中,立法者会有意使用一些笼统的词句或给予法官以衡平权,或要他们参照习惯或自然法处理,或使法律规范的实施从属于善良风俗或公共秩序的需要,从而明确了法律的界限。没有一个立法机关不利用这种矫正积剂或解脱术,否则在法与正义之间就可能产生不能允许的脱节。"③

为了弥补民法规范过于严苛与相对滞后的不足,在民法中加入"公共秩

---

① 有学者认为所有权绝对、契约自由和过错责任是西方民法中的基本原则(参见王忠主编:《民法学复习题解析》,吉林大学出版社1985年版,第5页);有学者对此进行批判,认为上述三原则分别是适用于物权法、合同法和侵权行为法领域的,诚实信用原则和公序良俗原则才是贯穿于大陆法系国家民法始终的基本原则,诚实信用原则从法律关系内部进行调整,公序良俗从法律关系外部矫正其内容,二者各有分工,共同维持社会秩序的良性运转(徐国栋著:《民法基本原则解释——以诚实信用原则的法律分析为中心》,中国政法大学出版社2004年版增删本,第37—38页)。

② 苏永钦:《从动态法规范体系的角度看公私法的调和——以民法的转介条款和宪法的整合机制为中心》,载《民法与行政法交错》,台湾"最高法院"学术研讨会发行2003年版,第146页。

③ 〔法〕勒内·达维德著:《当代主要法律体系》,漆竹生译,上海译文出版社1984年版,第141—142页。

序"、"善良风俗"或"公序良俗"等概念作为一般性、原则性的规定,则是近代大多数国家的做法。实践也证明了,这一条款在调整民事法律行为以及适应社会秩序和道德观念的变迁,起到了积极作用。在司法实践中,法官一般是以公序良俗的本质要求为标准,通过对民事法律行为效力的判断,从而实现其对民事法律行为的有力渗透。

(二) 民法体系外的契约自由立法

除了在民法典、专门的契约法中对契约自由予以一定的规制以外,契约自由的法律保护及其规制还在民法体系之外有其表现形式,这主要表现为专门的立法。最为突出的则是我国《劳动法》、《消费者权益保护法》等专门法律的制定。在本质上而言,劳动法的制定主要是基于现实中劳动者与用人单位在订立雇佣契约上的地位不均衡所做的专门立法,消费者权益保护法主要是基于消费者与商家在买卖契约上力量的不均衡所做的专门立法。因为它们在现实中无法基本满足契约自由所需要的三个理论前提,如果放任其发展则会造成不必要的危害,为此通过制定专门立法对其进行规制,则是十分必要的。对于此种现象,亦有学者指出:"这样,契约自由陷入了两种危机之中,一是在民法领域自身所受到的来自于社会本位的冲击,使其自由受到限制;二是来自于外部的劳动法领域的对契约自由的限制与弘扬。"[①] 这里所谓的契约自由的"危机"有些言过其实了,对契约自由的"自由"的理解有些片面化,但其注意到了契约自由在现代社会中的发展及其规范形式的变化。

制定专门的劳动法,对其中涉及劳动报酬、工作时间、工作条件、解约事由等做出最低限度的规定,则是近代以来大多数国家通行的做法。一方面这是对传统雇佣契约中劳资双方地位不均等的补正,另一方面这也是发展"社会国家"、"福利国家"的必然要求。经典大家恩格斯早就洞察到这一点,"劳动契约仿佛是由双方自愿缔结的。但是,这种契约的缔结之所以被

---

① 杨彬、黄海洋:《劳动契约自由的定位》,载《辽宁工程技术大学学报(社会科学版)》2006年第1期。

认为出于自愿,只是法律在纸面上规定双方处于平等地位而已。至于不同阶级地位给予一方的权力,以及这一权力加于另一方的压迫,那双方实际的经济地位,——这是与法律毫不相干的。"①制定专门的劳动法,对用人单位行使契约自由的方式、内容予以一定的限制,正是为了平衡用人单位与劳动者之间的失衡,在根本上实现契约自由。当然,劳动法主要是通过对劳动关系中当事人权利、义务的明确以实现其调整劳动关系的目的,由于涉及内容的庞杂性使得其对劳动契约的调整只是其中的一个方面。为此,为了解决劳动契约中所产生的一些问题,许多国家也在《劳动法》之外制定了专门的《劳动基准法》、《劳动契约法》等。我国也已经颁布实施了《劳动合同法》。

制定专门的《消费者权益保护法》,也是基于现实中个体消费者较之提供产品或服务的商家的相对弱势以保护消费者合法权益的客观需要。据中国消费者协会1996年所做的一项调查结果显示,"利用不公平、不合理格式合同等方式损害消费者利益的现象,在经营服务领域仍大量存在,公用性企业和具有独占地位的企业问题尤为突出。主要表现为:(1)借助垄断地位,利用格式合同等方式强迫消费者购买商品或接受服务;(2)置相关法规不顾,利用格式合同等方式公然损害消费者合法权益;(3)格式合同等只规定消费者义务及罚责,对经营者的义务只字不提或只提义务不谈罚责;(4)利用格式合同等方式进行促销,促销目的的达到后,再利用垄断地位拒不兑现事先承诺的优惠条件;(5)利用格式合同等方式巧立名目,标新立异,收取不合理费用。"②而为了解决这种因为力量的不均衡所导致的对消费者权益的侵害,制定专门的消费者权益保护法意义重大。从对契约自由的限制与保护来看,消费者权益保护法的规定主要表现为两个方面:一是规定了强制性缔约,对是否订立契约、与谁订立契约的自由进行一定的限制。为了消除垄断、保障公民的正常生活,电力、邮政、煤气、铁路运输等公用服务单

---

① 《马克思恩格斯选集》第4卷,人民出版社1995年版,第69页。
② 《不公平格式合同大量存在》,载《法制日报》1996年10月29日第1版。

位对消费者提出的缔结契约的要约负有无正当事由不得拒绝的强制缔约义务。二是对格式契约或条款的限制,这是对契约内容自我决定自由的限制。为了防止商家利用格式契约或条款损害消费者的合法权益,立法一方面增加了格式契约制定方的说明义务,另一方面直接规定某些条款无效,而在当事人对格式契约条款的理解有争议时,则以不利于格式契约制定方的解释为原则。

4.1.5 小结

由此可见,作为民事私法的基本原则之一——契约自由,在规范体系上,不仅表现为民事法体系之内的保障与限制,还包括民事法体系之外专门立法的保护与限制。"对于契约自由之公法上的限制,在现行国法上已成为私法公法化的最显著的现象"①,在规范形式上,这种相对界分的民法体系内、民法体系外的立法共同构成了对契约自由保护与限制的规范体系。在规范内容上,对契约自由的保护与对契约自由的限制常常是合为一体的。从其宗旨与目标来看,"当代契约法的根本价值不是在于否定了契约自由和形式正义,而在于它符合了时下人们的追求和理念,对于人们关注的契约内容的公正性给予了规定,立法者也正是迎合了多数人的价值观,认为'实质正义'成为契约正义的最高要求,从而制定相应的强制性规范来调整契约关系"②。

对于契约自由的立法,我们也必须清楚地认识到,"通常人们认为,体现立法的干预的规范就是强制性规范。实际上,问题没有那么简单。可以说,合同立法本身就是干预,合同法规范就是国家的干预,不管那些规范被认为是强制性的还是授权性的,都体现了这种干预,只是干预的程度有强有弱,干预的时间有早有晚,我们需要观察国家的干预载多大程度上决定一个财

---

① 〔日〕美浓部达吉著:《公法与私法》,黄冯明译,商务印书馆(台湾)1974年版,第247页。
② 赵云德:《论现代契约法中强制性规范的理念基础》,中国政法大学2004年民商法学硕士学位论文,第27页。

产权益的分配"①。的确,仅将合同法中强制性规范视为是国家的干预,这是对国家干预与契约自由的片面认识,也不利于整个契约自由立法体系的完善。作为国家立法权力的有效行使,国家制定合同法以及其他的专门法律,这一行为本身便是国家权力行使的表现。若说国家干预,此时国家便以行使立法权的形式对契约自由进行一定的干预,无论是保护还是限制。在此意义上,契约自由的行使及其实现,自一开始便无法摆脱国家的"干预"。

具体的法律规范对契约自由的影响固然不可忽视,而民法中的一般性、概括性条款也不可偏废。通过对公序良俗等概括性条款的检视,发现近年来随着基本权利在宪法中效力讨论的展开,特别是随着第三人效力学说的深入研讨,公序良俗等原则在很大程度上作为基本权利适用于私法之间关系的"媒介"或"切入口",对其内涵的阐释及其意义的发挥,起着十分重要的作用。当然,对民法基本原则的讨论也造成了一种假象,似乎只要法官在民事争议中运用对概括条款的解释便可全部实现宪法价值对民事私法的统摄作用。对这个误解的澄清,首先有赖于对概括条款的内涵、性质及其功能的全面认识。

在公序良俗条款实现基本权利价值的功能上,我们欣喜地看到,通过对公序良俗原则适用的具体化与类型化,宪法所保护的基本权利价值已经作为其考量的重要因素之一,基本权利对公序良俗原则的价值影响得以实现。这表现最为明显的便是,对于承诺工作期间不结婚或怀孕的雇佣契约,因为限制了其婚姻自由、人身自由等宪法所保障的基本权利,故违反了公序良俗而无效。但同时,我们也不能将基本权利的要求与公序良俗原则的要求简单地等同,毕竟作为民事私法原则的公序良俗与作为宪法所保障的基本权利之间,无论在所处的规范体系上还是其内涵要求上都有着一定的差异。因此,"法律行为纵使与'宪法'禁令相抵触,是否能适用公序良俗条款,仍应作整体之判断。将公序良俗具体化,固应考虑基本权利之评价,然亦不可

---

① 赵廉慧著:《财产权的概念——从契约的视角分析》,知识产权出版社2005年版,第192页。

或忘,基本权利中之人格权的自由形成,给予法律行为之形成自由,也被'宪法'所承认。"①我国民法学者近来在对公序良俗的考量中也体察到了这一点,指出:"私法自治、契约自由归根结底可以追溯到宪法所规定的基本自由,这一基本自由也是宪法所承认的基本权利,不允许国家侵害这种基本权利。对公序良俗内容的解释,不得构成对私法自治、契约自由的不当干预。否则,将公序良俗所包含的基本权利无限扩大以此限制法律行为的效力,必将极大地危害私法自治尤其是契约自由的存在。因此,法律行为纵然与宪法基本权利相抵触,是否适用公序良俗条款,仍应对被侵害的基本权利及其价值与私法自治尤其是契约自由这一基本权利之间进行考量和分析,以此做整体的判断。"②

4.2 契约自由与司法机关的保护义务

4.2.1 司法机关保护契约自由的理论基础

较之立法机关,司法机关③对契约自由的保护及其实现,机构本身的性质、工作特点决定其实现契约自由保护的方式及影响有着很大的不同。诚如英国法学家阿蒂亚(P.S. Atiyah)所言,"法律不应为了司法利益而限制人们缔结契约的权利,或在缔结契约的双方当事人之间进行干预,而只是在其中的一方当事人违反了缔约规则或不履行契约义务时帮助其中另一方"④,司法机关的被动性地位也决定了其在处理契约自由的相关案件上的消极性。这也是充分尊重契约当事人自主性、自由性的基本要求,英国杰塞尔

---

① 黄立:《民法总则》,中国政法大学出版社 2002 年版,第 337 页。
② 余延满、冉克平:《论公序良俗对宪法权利的保护——以宪法实施的私法化为视角》,载《时代法学》2006 年第 2 期。
③ 这里所谓的"司法机关"主要指的是行使民事审判权的普通法院。
④ 〔英〕P.S. 阿蒂亚著:《合同法概论》,程正康等译,法律出版社 1982 年版,第 4 页。该书翻译中采用的是"合同"一词。

(Jessel)爵士早在1875年的印刷公司诉桑普森一案判决中便指出:"公众利益究竟最需要些什么,最需要的是成年的、有理解能力的人能得到成立契约的绝对自由,而他们自由地、自愿地成立的契约是被奉为神圣的,由法庭强制执行。"① 只有在当事人因契约产生纠纷诉之法院时,法院才可对其作出判断。解决当事人因缔结契约或在执行契约过程中所产生的争议,也是法院民事审判权的重要内容。

值得关注的是,基本权利理论发展对于普通法院法官的拘束与影响。在"基本权利的第三人效力"学说中,基本权利不仅影响公民与国家之间的关系,也对民事领域私人之间的关系产生影响。这一影响是间接的,不直接针对私人之间的关系,却是通过法官对民法相关条款的运用与解释得以实现的。虽然是基本权利对于民事私人之间关系是"间接的",但对于解决民事争议的法官而言却是"直接"的,其必须在相关条款的解释与运用中符合、体现宪法基本权利的意旨。在"基本权利的扩散作用"学说中,基本权利的效力遍及整个法领域,国家立法、行政、司法机关都负有相应的保护公民基本权利的义务。②

对于契约自由而言,它不仅是民事法的基本原则,而且也是宪法所保障的基本权利之一。契约自由与基本权利之间,不再仅仅是单纯的基本权利对于民事私法的效力问题,毋宁是如何在当事人的契约自由与对方当事人的某项基本权利③之间取得平衡。司法机关保障契约自由的义务,也在基本权利对民事私法的拘束、基本权利与基本权利冲突的纷繁错乱中变得更为复杂。当然,司法机关在实现契约自由上承担着怎样的义务、有着怎样的权限,则又因各国宪政体制与司法制度的差别而有所差异。对司法机关保护契约自由的功能与权限,也必须结合各国具体的宪政体制与司法制度进行

---

① 何美欢著:《香港合同法》(上册),北京大学出版社1995年版,第40页。
② 具体主张及其内容参见第三章第二节的相关论述。
③ 其中,对方当事人的某项基本权利也可能是其契约自由的行使。因为契约自由在本质上作为当事人的基本权利之一,亦无法将其排除。也正是基于此,才会在本书第三章进行能否契约限制另一契约、能否以契约限制其他基本权利的相对划分。

分析。

无论各国宪政体制和司法制度存在着怎样的差异,司法机关在处理涉及契约自由的争议时也承担着合宪性解释义务。对于基本权利的实现而言,虽然立法者具有优先者的地位,但是作为行使司法权力的机关也有着不可推卸的责任。对立法者制定针对防范私人之间侵害的法律,在具体个案的司法实践中,法院根据该法进行判决时,首先肩负着朝着符合宪法方向解释的义务。而在解释民事法律的具体规定时,基本权利的价值则是重要的依据与标准。这在具体个案的具体规范与一般原则的选择与解释上表现得极为突出。如果对于私人之间严重侵害权利的现象,具体规范并无相应规定,或者是即使有规定但适用该规定将会放任侵害权利的行为,那么法官首先需要在具体规范与一般原则上进行选择,接着在一般概括原则(公序良俗、诚实信用)的解释上,也要符合基本权利的价值与意旨。

4.2.2 司法机关保护契约自由的制度空间

契约自由的实现,首先是在契约双方当事人地位对等的前提下进行的,而针对现实中契约关系当事人关系的不对等,首先是由立法者在立法活动中予以纠正和补充的。但立法者的活动并非能够穷尽所有的契约自由实现过程中所面临的问题,就需要司法者在契约自由案件中针对具体个案进行裁决,以保障契约自由。因此,普通法院在保护契约自由的实现中也是大有作为的,其原因主要在于以下几个方面:

一是立法滞后性与社会变迁之间的矛盾,需要普通法院针对具体个案予以解决。具有相对的稳定性是法律的基本要求,朝令夕改是无效力和威信而言的。而社会实践总是在不断发展变化的,稳定的法律总是难以及时反映并调整已经变化了的社会现实。在制定法律之初可能契约当事人地位是均等的,随着实践发展,契约对等关系已发生了实质变化,而所援用的法律仍然是基于当初契约当事人结构模式的规定。是否适用该法律规定、如何判断才能最大程度地保障契约自由的实现,则需要司法机关对此作出甄别。

二是法律规定的抽象性与契约争议的现实性之间的距离,需要通过法官的解释予以弥补。维亚克尔通过对近代私法史的梳理发现,"更具特色的是,透过将包括契约特殊目的与契约衡平以外的社会事实的诸多变更(贫穷化、危机生存、战争的负担)考虑在内,德国联邦最高法院(特别是在战后初期)的司法裁判明白自承,法官应承担社会学调整的功能。"[①]将债的关系从相对的双方当事人之间扩及到第三人,特别是在第三人的损害的问题上,最高法院从古老的建构方式解脱出来,并承认契约对第三人的保护作用。如再将受害之债权人对其负抚养义务之人纳入,在连续性买卖的情况将某一环节排除于外时,审慎地划分出受保护的第三人的利益,其对(由严格的当事人之间的性质的[相对性]转向于客观的秩序领域这样的)当代契约关系的结构演变,特别具有启发性。[②]

三是法律规定的不完备性与争议的个案性之间的差距,需要通过法官的判决予以解答。前述所谓"法律规定的抽象性",是有法律规范可以援用,只是涉及对该规范的援用、解释问题。而法律规定的不完备性,根本问题在于法律对此情形并未作出规定,也无相应规范可以援用。当然,随着法律体系的日臻完善,无法律可援用的情形十分少见,而且在没有具体规范援用的情况下,法官可以通过诚实信用、公序良俗等概括性条款的解释予以解决。因此,可以说法官的"漏洞补充"很大程度上是在概括性条款的适用与解释中得以完成的,这也赋予了法官在规范的选择与规范的适用上的广泛空间。

4.3 违宪审查机关保护契约自由的基本理论

立法机关通过制定相应的法律规范、司法机关通过具体契约自由争议

---

① 〔德〕弗朗茨·维亚克尔著:《近代私法史——以德意志的发展为观察重点》(下),陈爱娥、黄建辉译,上海三联书店2006年版,第506页。
② 同上书,第506页脚注25。

案件的解决,都在一定程度上对契约自由的行使产生了直接影响,彰显了契约自由的价值与意义。而立法机关、司法机关对契约自由的介入及限制是否正当,是否合理,则需要相应机关作出最终判断。这在现代立宪主义国家,主要是通过违宪审查实践得以实现的,契约自由的宪法价值也由此得到了彰显与保障。特别是在宪法文本并未明确规定契约自由的前提下,契约自由的宪法价值一般都是通过违宪审查机关在宪法解释中得以确立的。违宪审查机关的功能与权限,决定了其在保护契约自由的实现上有着独特的方式与特点。违宪审查机关的功能与权限,必须置身于整个国家机构体系中予以考量。

4.3.1 审查契约自由立法的理论基础

(一) 契约自由立法的空间及其限度

无论是源于宪法特性的"宪法委托"学说,还是在德国大行其道的"基本权利的保护义务"的理论,虽然在理论主张上存在着差异,但都为立法者进行立法履行宪法义务提供了理论基础。在民事法领域中,立法者也同在公法领域中一样受制于基本权利的拘束与影响。在国家尊重和保障人权、重视公民基本权利保护的今天,立法者首先必须尊重基本权利的价值功能,并且负有实现基本权利的义务。这一点是毫无疑问的。不同的是,在公法领域中立法者直接面对的是公民基本权利与国家权力之间的关系,而在私法领域中立法者面对的是作为平等主体双方之间的关系。而常人所看到的民事立法与宪法基本权利在形式上的距离,只是因二者在立法形成空间上的差异所致,这将在下文予以论述。这种基本权利对立法者在民事法上的拘束义务,德国最为有力的例证便是,"联邦宪法法院根据基本法第12条第1项①的规定,导出立法者负有在民事立法中创设若干预防性规定之义务,藉以保护职业自由免受契约限制的侵害。(法院强调)于缺乏实力均等的情

---

① 《基本法》第12条第1项规定:"所有人均有自由选择其职业、工作地点及训练地点之权利,职业之执行得依法律管理之"。

况下,国家规范应有所介入,发挥其调和作用,以落实基本权之保护。"①

立足于契约自由,其本身的要求及其特性也使得相关立法表现出了基本权利所具有的防御作用与保护作用的双重面向。在防御作用面上,契约自由作为当事人订立契约的自由,表现出防御国家介入的要求,就要求国家无正当理由不得限制契约自由。如长期以来争论颇多的最长劳动时间立法、限制夜间工作立法以及延期偿付的立法等。在保护作用面向上,由于契约当事人在结构上的平等——契约自由的这一前提不能满足,若不立法对其进行一定的限制则会导致契约自由的滥用,侵害相对方的基本权利,这就需要国家进行立法积极介入。当然,这里所谓的防御作用与保护作用并不能完全截然地分开,在很多情形下立法所规制的契约自由,对一方当事人表现为防御作用的要求,对另一方当事人则为保护作用的实践。② 以针对限制劳动时间的立法为例,一方面对于企业主而言基于防御作用要求国家尽量减少对其的介入与规制,另一方面为了劳动者的健康权则需要国家保护作用的发挥通过立法加以规范。

通过制定法律对契约自由进行一定保护或者限制,其目的也正如约翰·洛克所言,"法律的目的并不是废除或限制自由,而是保护和扩大自由"③。立法虽然在形式上表现为对一方当事人契约自由的限制,却是为了保护对方当事人契约自由的行使;虽然在表面上表现为对双方当事人契约自由的限制,却是着眼于更大范围内、更长远情形下契约自由的正常行使。因此,国家通过行使立法权力对契约自由加以一定的规制,必须是基于某一正当目的,即为了防止契约自由的滥用或所带来的种种弊端,以最终实现契约自由。这也奠定了违宪审查机关对契约自由相关立法进行违宪审查的基础。

---

① 李建良著:《宪法理论与实践》(一),台湾学林文化事业有限公司2003年版,第121页。
② 〔德〕Hans D. Jarass:《基本权作为防御权及客观原则规范》,陈慈阳译,载《月旦法学杂志》第98期,2003年7月刊。
③ 〔美〕E.博登海默著:《法理学:法律哲学与法律方法》,邓正来译,中国政法大学出版社1999年版,第279页。

(二) 基于目的二分论的审查

由上所述,立法者基于宪法委托、基本权利保护义务的理论负有立法义务,而在行使立法义务的过程中享有充分的形成空间,当然这一形成空间是有其限度的。对于立法者行使民事立法时是否逾越了这一限度,作出最终判断则是通过违宪审查的有效行使。契约自由作为经济自由的重要内容与表现,对契约自由立法违宪审查的探讨,则是寓于对经济自由[①]立法的违宪审查之中的。"经济自由是受宪法保障的权利,并不是依法律可以进行随意限制的,对经济自由的限制必须有一定的界限"[②],同理,立法对契约自由的限制也必须遵循其应有的界限。

在日本,最高法院的判例根据法律限制的目的将其分为积极目的和消极目的,在此基础上分别采取不同的审查标准,此即"目的二分论"。积极目的的限制的审查称为"明白性原则"或"合理性标准",消极目的限制的审查称为"严格地合理性标准":(1) 法律[③]为了达到积极目的对职业自由的限制,只要在必要的、合理的范围内即可。法院要充分尊重立法机关的裁量,只有当立法机关超越裁量权制定的法律明显不合理时,法院才可判决其违宪。(2) 而基于消极目的对职业自由的限制,先由立法机关合理裁量,但必须是为了重要的公共利益所必要的、合理的措施,如果有更缓和的限制手段能够达到同样的目的,则该限制违宪。[④]

对于进行这种划分的理论依据,一般则认为在于日本《宪法》第12条、第13条以及第22条的规定:《宪法》第12条、第13条规定的公共福利是承认对人权进行相互调整的可能性的内在限制依据,第22条规定的公共福利是为实行社会权而对经济自由加以限制的政策性限制依据。消极目的的

---

① 在理论上,"契约自由"包含在广义的经济自由之中,对契约自由立法的违宪审查也必须在对经济自由立法的违宪审查中进行考量。鉴于各国对经济自由违宪审查的理论化、体系化,在此也主要着眼于对经济自由的违宪审查,以期从中辨出契约自由立法违宪审查的主导思想及基本立场。
② 〔日〕工藤达朗:《经济自由的违宪审查基准》,童牧之译,载《中外法学》1994年第3期。
③ 该文原文为"在宪法中"的限制。以宪法为依据进行"宪法"是否违反宪法的判断,似乎逻辑不通。笔者认为"法律"的限制则更为合理。
④ 〔日〕工藤达朗:《经济自由的违宪审查标准》,童牧之译,载《中外法学》1994年第3期。

限制是关于人权的内在限制,因此应在必要的最小限度内;积极目的的限制是对经济自由进行的政策性限制,为了实现社会权因此限制的幅度较大。还有一种主张则从提高裁判的可预测性来作为支持目的二分论的理由,认为其有利于审判标准的"客观化"。① 在笔者看来,这种对经济自由的立法限制从目的角度的划分及采取的违宪审查的不同要求,其理论依据的寻找必须从宪法文本的相应规定着手。而后一种主张与其说是从实务角度对该种划分的理论依据,毋宁是对该划分所产生的影响的客观描述。

在德国,也从限制目的的角度将对经济自由的限制分为两类:第一类,为达成社会政策或经济政策等积极目的,如对从事职业之限制有公营、专卖等"公的独占"之保护,为保护盲人而禁止非盲人从事按摩业以及许可、特许制度等;而对职业活动的限制,则多来自公平交易法的规定。第二类,为避免经济自由所可能带来的社会危害这一消极目的,对从事职业的限制有:对关系他人生命、健康时要求具有专门知识或受专业训练之人才可从事,如医师、药师;对某些职业则采取许可、备案等制度。对活动之限制则有强制检查(如饮食业)、禁止广告(如香烟)、不得违背公序良俗(如禁止青少年入内)等限制。相应的,判断对经济自由的限制是否合宪,应根据其限制目的与必要性、限制内容与手段合理性,以及被限制活动性质等,从比例原则、平等原则等予以具体考量。而且,根据上述限制目的的分类,将积极限制委诸于立法政策判断,以"严格之合理性"审查消极限制之违宪性。②

可见,运用这种"目的二分论"对限制经济自由的立法进行是否符合宪法的判断时,首先必须认定该立法对经济自由进行的限制的目的是积极的还是消极,其次根据不同的目的认定其是否符合宪法的规定,对于基于积极目的(如为了保障特定群体的利益)的立法,要充分尊重立法机关的判断,只

---

① 亦有学者指出,照此理论,应该是审查标准更加细分、具体。简单、笼统的目的二分论是难以满足其要求的。参见〔日〕工藤达朗:《经济自由的违宪审查标准》,童牧之译,载《中外法学》1994年第3期。
② 许志雄、陈铭祥、蔡茂寅、周志宏、蔡宗珍著:《现代宪法论》,台湾元照出版公司2005年版,第176页。

要其理由是正当的、合理的即可;对于基于消极目的(如为了防止当事人权利的滥用、防止社会秩序的破坏等)的限制,审查则较为严格,除了满足正当、合理的要求之外,还要符合必要的、最小的危害等比例原则的要求。之所以采取这种区分,在笔者看来,有其深刻的法理,积极目的的立法很多情形下是"社会国"、"福利国家"的必然要求,更多地是与国家理念、社会政策结合在一起,对此立法政策的判断,违宪审查机关当然给予了最大程度的尊重;消极目的的立法,除了表现出与经济自由消极抵御不相一致的一面外,还会表现为对公民基本权利的限制。而对公民基本权利的立法限制,当然也必须遵循基本权利限制的限制理论,即关系公民生存某些本质的、核心的基本权利不能限制,如人格尊严、作为其维持其生活唯一来源的——劳动权等,这也是违宪审查中要求没有更为缓和的、可替代性手段存在的根本缘由。

当然,"目的二分论"到底适用于哪些类型的案件、在何时适用,并不十分清楚明确。这在日本的法院判例中,也是存在疑问的。在 1987 年的"森林法事件"判决中,既有消极目的的论述,也有积极目的的肯定,而最终作出了违宪的判决,而最高法院是从消极目的还是积极目的角度作出裁判则不清楚。针对"目的二分论"的实践及其所存在的问题,日本的工藤达朗在其《经济自由的违宪审查标准》一文中,对目的二分论本身所存在的问题进行了系统思考,提出了其中存在的五个方面的问题。[①]

在笔者看来,"目的二分论"在违宪审查实践中适用可能存在的问题主要在于以下两个方面:首先,对立法目的进行"积极的"还是"消极的"区分,并不十分容易。在理论上,本来所谓的"积极"、"消极"是相对而言的。即以"社会秩序"这一目的为例,从"保护社会秩序的健康、有序"是基于积极目的,从"防止社会秩序被破坏"则是消极目的。而且,"积极"、"消极"的认识也可能随着社会的发展、观念的变化而导致截然不同的结论。其次,在对立法目的进行"积极"、"消极"的划分,也可能在深层次上带来违宪审查机

---

① 〔日〕工藤达朗:《经济自由的违宪审查标准》,童牧之译,载《中外法学》1994 年第 3 期。

关与立法机关之间的紧张关系。根据限制目的适用不同的审查标准,立法者通过细微的立法技巧,从文字、语言表达上即可明确限制目的是"消极的"还是"积极的",实际上可能带来对违宪审查的规避。如果违宪审查机关并不采纳立法者对限制目的的明确表达,自行认定其限制的目的是积极的还是消极的,尔后在此基础上认定其是否违宪。由此,违宪审查机关自行认定限制目的,这一"越俎代庖"的做法与其地位、功能不相符,也会在深层次上导致二者之间的紧张关系。

在一定意义上而言,这种"目的二分论"的理论与实践,对契约自由立法有一定的借鉴意义。相应地,对于契约自由基于积极目的的限制,则要充分尊重立法机关的立法政策判断,只要其属于正当的、合理的即可;对于契约自由基于消极目的的限制,必须是基于正当的、必要的,而且还要满足比例原则的要求——没有其他的可替代手段,才能判断其未违宪。

(三)契约自由立法违宪审查的基本要求

当然,对于契约自由的立法而言,诚如上文所言,所谓的保护与限制也是一体两面的。对于一方当事人契约自由的限制,则是基于消极目的的立法,相应地对另一方当事人契约自由的保护,则是基于积极目的的立法。故对契约自由立法而言,要对其做出是基于积极目的还是消极目的的区分,并在此基础上确立相应的审查标准,是十分棘手的。一般而言,对于契约自由的立法,着眼于其具体规定,则会产生"保护不足"或"过度侵害"的问题。[①]更多地情形下,是要结合立法时的具体背景、具体情形予以综合考量。

首先,立法限制契约自由,必须基于正当的理由。上述所讨论的契约自由实现所需要的三个理论前提,即已为契约自由立法的正当性奠定了基础。对其是否违反宪法的审查中,也必须从这三个理论前提的要求中寻找其正当性基础。"从市场经济观点而言,当市场失灵发生时,法律必须积极介入市场并匡正契约自由的失控。国家并通过制定法律介入契约自由的,除了

---

① 程明修:《契约自由与国家之保护义务》,载《宪政时代》第30卷第2期,2004年10月刊。

'资讯不对称'、'第三者效应'两种情形外,还有'结构性平等'"。①

其次,立法限制契约自由,也必须符合法律保留、比例原则的要求。关于契约自由与法律保留原则之间的紧密关联,在第三章中已经介绍了德国学者莱斯纳(W. Leisner)在对"契约内的行为"能否放弃某些基本权利的探讨中,提出根据宪法中具体条文的"法律保留"决定基本权利的"可放弃性"的程度。② 当然,能否以针对国家立法者的"法律保留"原则直接援用到私人契约中基本权利的可放弃性上,尚有进一步探讨的余地。但对于立法者而言,其制定契约自由的相关法律——这一行使国家立法权力的行为,决定了其行为必须受法律保留原则的拘束。提及比例原则,一般都将其视为拘束行政行为的基本原则。但比例原则并非仅仅局限于这一领域,早在二战之前德国帝国法院便在对诚实信用、善良风俗的解释时,援引比例原则作为其依据。在契约自由原则上能够有效运作,即当事人能够通过缔约实现其最佳利益的情形下,并不适用比例原则;但在双方缔约实力差距过于悬殊或实际上仅由当事人一方决定时,则有透过比例原则加以控制审查的必要。如就劳动契约法而言,特别是当雇主可以单方地决定劳动关系的内容时,例如:惩戒权之行使、升迁调职、工作规则之制定以至于解雇权之行使,都有透过私法上的比例原则加以审查之余地。③

最后,在审查立法限制契约自由的合理性时,也必须基于社会的、现实的、动态的观念进行考量。社会环境与经济在不断发展,契约当事人的能力与结构也在不断的发展变化,立法所要求实现的"契约正义"也是动态的正义,并非一成不变的。在我国台湾地区针对"耕地三七五减租条例"对耕地出租人契约自由的限制,在条例制定之时是必要的,但在今日看来是否合理,则需要动态地考察。廖义男大法官、许宗力大法官也在不同意见书进行

---

① 蔡昌宪:《公司契约理论于"我国"之具体实践——市场契约理论与国家法律干预间之权衡》,载《法令月刊》第 56 卷第 6 期,2005 年 6 月刊,脚注第 32。
② W. Leisner, Grundrechte und Privatrecht, 1960, S. 306 ff. 转引自陈新民著:《宪法基本权利之基本理论》(下),台湾元照出版公司 2002 年版,第 118 页。
③ 林更盛:《论广义比例原则在解雇法上之适用》,载《中原财经法学》第 5 期,2000 年 7 月刊。

了质疑。① 过去因经济上的弱势而陷入缔约地位不对等之人,在国家大力的扶持、资助并对缔约之他方加以限制的"不对称保护"下,极可能转变成为经济上的等强者甚至优势者,国家原先对缔约他方的限制也应相应地调整,始为公允。②

违宪审查机关与立法机关在功能与权限上的界分,是一个十分棘手的问题。对此,德沃金做了著名的"原则"(principle)与"政策"(police)的区分:凡涉及原则问题的事务,均属法院的管辖范围;至于涉及政策问题的事务,便是立法者的权限所在,从而司法与立法各司其职。③ 那么,由谁作出决定该案是属于"原则"还是"政策"的决定? 在美国普通法的背景下,特别是对法官地位的强调下,我们可以看到,所谓的对"原则"抑或"政策"的判断,最终的决定者还是法官。立足在宪法解释上,与其说关键点在于宪法规范概念内涵的澄清,毋宁说首先在于该案是否应该纳入宪法规范的保障范围之中。"在普通法传统下,'普通法'乃至'法'内容的来源,即使在宪法领域,仍一直是法官法。"④ 而从这个角度看来,"即使走向'功能区分'的发展,决定功能区分标准的终究仍是法官,从而法官在判决先例之遵循与个案衡量间享有的裁量选择权,其实无法透过(藉由一客观具体标准进行)功能区分的方式,被局限在某一特定范围。"⑤

4.3.2 审查契约自由司法的理论基础

(一)违宪审查制度与对法院判决的审查

对普通法院所作出的涉及契约自由案件的判决的违宪审查,对这一问题的回答首先要根据各国的司法制度与宪政体制作出回答。

---

① 参见我国台湾地区大法官释字第 579 号。
② 吴秀明、杨坤樵:《宪法与"我国"经济部门之基本秩序》,载苏永钦主编:《部门宪法》,台湾元照出版公司 2006 年版,第 244—245 页。
③ 〔美〕德沃金著:《法律帝国》,李常青译,中国大百科全书出版社 1996 年版,第 217—218 页。
④ 黄舒芃:《从普通法背景检讨美国司法违宪审查正当性的问题》,载《台大法学论丛》第 34 卷第 2 期,2004 年 9 月刊。
⑤ 同上书,第 99 页。

在法院作为违宪审查主体的制度下,一方面这一机关设置就排除了对自己判决的合宪性进行审查的前提,另一方面在理念上"基于司法独立的原则和司法机关作为人权保障者的角色定位,司法机关一般不可以成为违宪主体"①。

在设立宪法法院的专门违宪审查制度中,对于普通法院的判决是否可以作为违宪审查的对象,在各国亦有不同的做法。在德国的宪法诉愿制度中,公民基本权利受到侵犯时在穷尽一切法律救济途径之后,可以"公权力"为对象向宪法法院提起宪法诉愿。普通法院的司法判决亦包括在内。当然,在对普通法院的司法判决是否侵害到公民的基本权利、是否超过了必要限度的判断,也导致了宪法法院与普通法院之间的紧张关系。这在下文第三节将专门探讨。在韩国的违宪审查制度中,较有意思的是,在宪法与宪法法院法中并未明确规定宪法诉愿的对象包括普通法院的判决,但在宪法法院1997年的一个判决中则指出在普通法院继续使用已被宪法法院确认为违宪的法律而形成的判决是违反宪法的。②

(二) 法官的合宪性解释义务

在违宪审查制度中不以法院判决为审查对象的国家中,违宪审查机关一般不发生与普通司法机关之间的直接联系。而宪法作为一国国内具有最高法律效力的法律,其效力当然影响国家的立法、行政、司法机关及其权力的行使。那么,由此产生的问题便是,在不以法院判决作为违宪审查对象的国家,甚或没有有效建立违宪审查制度的国家,宪法对司法机关的拘束力是如何实现的?如果仅此就得出在这些国家宪法并无对司法机关的直接拘束力的结论,那便错了。无论各国的司法制度存在着怎样的差异,法官在司法实践中都肩负着合宪性解释的义务。法官的合宪性解释义务的实现,则在处理法律纠纷时相关法律规范的选择及其适用上得以充分体现。

早在一个半世纪以前,托克维尔在对美国的考察中,便发现"宪法不仅

---

① 姚国建著:《违宪责任论》,知识产权出版社2006年版,第224页。
② 韩大元、莫纪宏主编:《外国宪法判例》,中国人民大学出版社2005年版,第482—487页。

是最高法,而且是法官最终作出判决的依据"①。瑞士联邦法院在1908年一件判决中指出"法律解释应使其不逾越宪法范围,始为解释之正鹄",这也可能是实务上出现合宪法律解释观念的首例。但比较明确而且频繁地适用这个概念,还是在20世纪60年代,而且多用于违宪审查程序。②

近年来,随着对基本权利价值认识的深入,特别是基本权作为客观价值秩序理论的发展,基本权利对整个共同体产生的拘束及影响日益突出。但针对普通法院而言,在笔者看来,更多的是承担着合宪性解释的义务。法官在适用法律中的"合宪性解释",指的是根据宪法的价值理念与规范意旨解释法律,由此确保法律解释的结果不至于溢出宪法所宣示的基本价值范围之外。法院的裁判也有可能附加在契约相对人自主性或者自治性的形成作用之上,甚至会加以改变。作为国家权力之一环的司法裁判无疑地也受到基本权之拘束。③ 我国台湾地区1995年1月20日公布的司法院释字第371号解释,允许各级法院在审判时,确认对所适用的法律有违宪之虞时,可停止审判而提请司法院解释,使各级法院法官成为人权的具体保护者。因此,"在现代立宪主义下,法官应该坚持何种伦理观念,应该取决于宪法下法官应该扮演的角色而定。因此,探讨法官的职业伦理,决不能不先探讨法官从事审判的具体要求。"④

法官在处理契约案件时,应做符合宪法的解释。之所以强调这一点,这是宪法发挥其对于民法的拘束与影响的重要体现。不管采取什么样的宪法解释制度,即使法院并不享有违宪审查权,也需要做符合宪法的解释,贯彻宪法的基本原则及规范意旨。当然,对于这一主张的运用及其实践,在大陆法系国家与英美国家也会因宪法体制、司法制度的不同,而在衔接民法与宪法的方式上又有着差异。在我国人民代表大会制度为根本制度的体制下,

---

① 〔法〕托克维尔著:《论美国的民主》,董果良译,商务印书馆1988年版,第78页。
② 苏永钦:《合宪法律解释原则——从功能法上考量其运用界限与效力问题》,载《宪政时代》第19卷第3期。
③ 程明修:《契约自由与国家之保护义务》,载《宪政时代》第30卷第2期,2004年10月刊。
④ 吕太郎:《司法改革与伦理》,载台湾地区《月旦法学杂志》第7期,1995年11月刊。

宪法规定由全国人大及其常委会行使宪法监督之责,作为司法机关的法院并不享有进行宪法解释的权限。但法官在处理司法案件时,也必须接受宪法的拘束,所作的判决及其对判决结果所依据理由的陈述也不得有违背宪法基本精神之处。

在我国的司法体制中,由于司法解释的运用及其对司法审判实践的影响,也使得"宪法对法院司法解释的影响与拘束"这一问题更为突出。在司法审判实践中,针对司法审判实践中所遇到的疑难案件,最高人民法院都会应下级法院请求或自行决定作出司法解释。与法院所作出的某一具体案件判决不同的是,这类司法解释通常并不仅仅是针对某一个具体案件,更多地就某一类型案件或某几种类型案件所作出的指导性意见。这类指导性意见,在奉行大陆法系的我国,却也产生了类似判例法国家"先例拘束"原则的效果,通常成为地方法院在处理以后类似案件的主要指针。也正是在此意义上,司法解释更多地被视为一种"抽象行司法行为",是一种具有准立法性质的司法行为。因此,在我国,"宪法在司法层面的指导意义,尤其应该表现在对司法解释的制定进行合宪性控制"①。全国人大常委会于 2005 年出台的《司法解释备案审查工作程序》中明确规定,最高人民法院及检察院制定的司法解释,应当自公布之日起 30 日内报送全国人大常委会备案;国家机关与公民认为司法解释同宪法或法律相抵触的,可以提出审查要求或审查建议。而于 2006 年通过的《监督法》第 31 条、第 32 条分别对上述的备案、审查要求或建议的提出做了规定,还专列第 33 条规定了处理办法。② 通过

---

① 熊谓龙:《民法的体系整合与规范整理——宪政视野下的民法典创制》,中国人民大学 2006 年民商法专业博士学位论文,第 36 页。

② 我国《监督法》第 33 条规定:"全国人民代表大会法律委员会和有关专门委员会经审查认为最高人民法院或者最高人民检察院作出的具体应用法律的解释同法律规定相抵触,而最高人民法院或者最高人民检察院不予修改或者废止的,可以提出要求最高人民法院或者最高人民检察院予以修改、废止的议案,或者提出由全国人民代表大会常务委员会作出法律解释的议案,由委员长会议决定提请常务委员会审议。"

当然,"同法律规定相抵触"此处的"法律",在笔者看来,是一个十分宽泛的概念,亦无法将宪法排除在外,包括宪法与法律在内。因为以宪法和法律为依据所制定的司法解释,当然不得与宪法与法律相抵触。

制度上的建构与相关法律的颁行,逐渐疏通了作为权力机关的全国人大常委会对司法机关的司法解释进行监督的渠道,实现宪法价值对司法解释的拘束与影响。

4.3.3　审查基准:政治自由优于经济自由?

(一) 政治自由、经济自由分别审查的基本理论

在进行违宪审查的过程中,违宪审查机关所作出的符合宪法或者不符合宪法的决定,都会涉及其所采用的违宪审查基准的问题。所选择的违宪审查基准,不仅对其作出是否符合宪法的决定有着直接影响,而且也会影响到相应被审查机关相应行为的规范与调整。无论在国家权力的限制上,还是在公民基本权利的保障上,都涉及违宪审查基准的选择与运用的问题。所谓"违宪审查基准",英文即为"standard of review"[1],它实际上反映的是违宪审查机关在审查限制公民基本权利的各种国家行为(特别是立法)时,决定其是否符合宪法采用的标准与尺度。

提及违宪审查基准,首推违宪审查历史悠久的美国所积累的丰富理论与经验。以公民基本权利的性质与类别,作为确立违宪审查基准的依据。其中,将公民的政治自由[2]与经济自由分别保护,并以此为基础确立不同的保护程度,相应的国家机关行为是否违宪的标准也有所不同。"两重基准"与"三重基准"由此所谓。不同的是,"三重基准"在"两重基准"——严格审查标准与合理审查标准之间发展出了中度审查标准。这是实务界与理论界通过对大量积累的案件进行整理并加以类型化的结果。在美国建国初期较长一段时期内对立法行为的审查基准是不明确的,即所谓是模糊的、宽松的。而随着社会经济发展需要,针对社会经济立法则逐渐发展并确立了合

---

[1]　亦有学者译为"审查标准",指出"在实质意涵上,绝大多数国内文献所称之审查标准与审查基准的意涵完全相同,亦可交互使用。"见黄昭元:《宪法权利限制的司法审查标准:美国类型化多元标准模式的比较分析》,载《台大法学论丛》第33卷第3期,2004年5月刊。

[2]　这里所谓"政治自由"范围十分广泛,是与"经济自由"相对而言的,指称非经济性的权利与自由。

理审查基准。在这一合理审查基准的基础上,针对社会经济立法之外的其他关涉公民民主与政治权利的立法,则逐渐提高审查基准,并最终确立了严格审查基准。而所谓的中度审查基准,则是介于严格审查基准与合理审查基准之间,是为避免双重基准的过度简化与僵硬而发展出来的。①

无论是三重审查基准,还是双重审查基准,都反映了一个客观事实,在美国的司法审查实践中,是将经济自由与政治自由分开并分别进行不同程度的保护的。对涉及政治自由与涉及经济自由的国家行为,分别采取不同的审查基准。对涉及政治自由的立法,采取较为严格的审查标准,以保障公民的政治自由;而对涉及经济自由的立法,采取较为宽松的审查,对立法机关的自由裁量权予以充分的尊重。这种做法,也实际影响了当今世界大多数国家的违宪审查实践。

(二) 分别审查基准的确立历程

我们今天所知悉美国的"双重审查基准"与"三重审查基准",都是在20世纪30年代之后逐渐确立并发展的。为了对美国违宪审查基准有个全面认识,必须根据其判决历史,结合代表性案例,对不同历史时期的理论与实践进行分析。②

---

① 在黄昭元的《宪法权利限制的司法审查标准:美国类型化多元标准模式的比较分析》一文中以图表的方式,对美国司法审查实践中的"三重审查基准"做了十分详尽的比较。参见黄昭元:《宪法权利限制的司法审查标准:美国类型化多元标准模式的比较分析》,载《台大法学论丛》第33卷第3期,2004年5月刊。

其中,在该图表中,除了我们一般所了解的严格审查标准、中度审查标准以及宽松审查标准在审查对象、目的、适用结果上的差别之外,还有两个方面值得注意。首先,在举证责任上的差别。严格、中度审查标准都要求行使权力的机关证明其合宪性,而宽松审查标准则是由认为其权利受到侵犯的公民证明其违宪性。在对权力机关施加合宪性证明责任重担的同时,也为防止国家权力机关行使其权力限制公民基本权利先行设置了一道自我防范的屏障。权力机关在行使涉及限制公民基本权利的权力时,先要进行自我检查与反思,考量其行为是否可能违宪。其次,在审查标准的采用与合宪性推定原则应用的关系上。提及合宪性推定原则,一般都是认为这一原则是协调违宪审查机关与立法机关之间关系的重要原则之一,也是违宪审查机关对作为立法机关自由裁量权的充分尊重,是违宪审查机关自我谦抑的表现。然而,合宪性推定原则并非在所有审查中都适用。在严格审查标准与中度审查标准中,便否定了合宪性推定原则的适用。因为,这是涉及对公民"重大迫切利益"、"重大利益"的立法限制,适用合宪性推定原则,无疑会造成对侵害公民基本权利立法的容忍与放任。

② 此处对违宪审查基准历史时期的划分,主要参照了黄昭元《宪法权利限制的司法审查标准:美国类型化多元标准模式的比较分析》(参见上注)一文的分析。

第一个时期(美国建国初期至1897年)。在此期间,美国最高法院对国会立法予以高度尊重,采用的基准相当宽松,只有国会立法出现"明显错误"(clear mistake)或者不合理(unreasonable)时,才宣告其违宪。相应地,在此期间最高法院宣告国会立法违宪的仅有两件,第一件是确立美国法院有权进行违宪审查的里程碑式案件——1803年的马伯里诉麦迪逊一案,另一件则是时隔53年之后的Dred Scott一案。这种在违宪审查基准上所采用的模糊的、宽松的做法,可以说是后来合理审查基准的起源,只是其内容是不清楚的。①

第二个时期(1897—1920年"Lochner era")。大约自1897年起,最高法院开始积极审查国会及各州议会所制定的各项社会经济立法,并以这些法律侵害公民契约自由、违反宪法第14修正案的"实质正当程序"(substantive due process)为由,多次宣告立法违宪。据统计,在1899—1937年间,共有197件判决宣告国会或州法律违宪。② 当然,这一时期的判决在更深层次上则反映的是社会、经济管制立法与联邦主义等实体价值上的争议,绝非简单的违宪审查基准的形式之争。较之1897年以前的宽松、模糊的违宪审查基准,该时期法院也在提高其审查基准,采用了较严格的审查,只是尚未发展出来后来所谓的"严格审查基准"的固定称谓与内容。

第三个时期(1920—1937年罗斯福新政"New Deal era")。1920年席卷全球的经济危及爆发,1932年当选的罗斯福大力推行新政,通过制定大量的社会经济立法来缓解经济困境。而自1935年1月7日—1936年5月25日,短短17个月期间,最高法院就作出了宣告新政立法违宪的12项判决,这12项判决所涉及的国会立法,除了 Stewart v. Keyes 一案③之外,其余的都是新政计划的重要内容。④ 这也被视为最高法院奉行自由放任经济思想、司

---

① 此处对违宪审查基准历史时期的划分,主要参照了黄昭元《宪法权利限制的司法审查标准:美国类型化多元标准模式的比较分析》(载《台大法学论丛》第33卷第3期)一文的分析。
② 数据来源于同上书,脚注第44。
③ 295, U.S.403(1935).
④ 这个数字是十分惊人的,从1925—1935年十年期间,最高法院也不过才作出12件类似的违宪判决。

法积极主义立场的顶峰。由此引起了罗斯福总统的强烈不满,在其1936年底连任总统成功之后,就果断地制定了法院改革计划的立法草案。虽然这项立法草案因破坏司法独立而遭到参议院的反对,最高法院固定的九人结构及传统的任命方式最终仍得以保持。但历史却出现了有趣的一幕,在1937年的西海岸旅馆一案①中,原本反对新政立法的Roberts法官却戏剧性地改变其立场转而支持新政立法。Roberts法官立场的改变,也带来了最高法院法官立场结构的变化,支持新政的法官由少数变为多数。② 这也由此拉开了最高法院转向支持新政立法、明显放松社会经济立法审查的序幕。

第四个时期(1937—1944年)。这一时期双重基准渐露端倪。虽然新政时期的社会经济的客观情势要求最高法院组成的新多数放松对社会经济立法的审查基准,但也面临着新的挑战。一方面防止最高法院沦为立法机关的附属品,重建法院的正当性;另一方面在社会经济立法之外(如言论自由、宗教自由等)的案件中,采取宽松审查基准是否合适,则需要最高法院做出相应的调整。在1938年的 United States v. Carolene Products 一案中,即涉及经济管制的"调味奶法(filled milk act)",虽然由Stone大法官主笔的多数意见书也坚持一贯的宽松审查基准判决其合宪,但Stone大法官在多数意见书中加入的"脚注四(footnote 4)"颇具寻味。在"脚注四"分为三段的注解中,层次分明地阐述了其主要见解:首先,美国宪法前十条修正案所明确的基本权利应该受到特别的重视,法院不仅应加强审查,更应通过对第14修正案的解释将这些原本是针对联邦政府的基本权利适用到各州;其次,强调政治程序的重要性,法院应以第14条修正案为依据加强保护涉及政治程序运作的基本权利(如选举权、言论自由、政治性结社自由与和平集会自由等);最后,针对平等权案件,法院应该要加强保护所谓"分散且被隔离的少数",避免立法者的偏见。其主张实际上是基于实体权利与民主程序的理

---

① *West Coast Hotel Co. v. parrish*, 300 U. S. 379(1937).
② 支持罗斯福新政的少数大法官为备受尊重的Brandeis,Stone,Cardozo三位,有时还加上首席大法官Hughes。

念,要求法院对上述三类案件加强审查,不能仅仅适用宽松的合理审查基准。Stone 法官所提出的"脚注四"也被认为是为后来的严格审查基准奠定了理论基础,影响了其后"双重基准(double standard)"的确立及其实践。①

第五个时期(第二次世界大战以后—现在)。虽然 Stone 法官的"脚注四"为双重基准理论奠定了基础,要求对某些类型的权利或案件提高审查基准,但到底该如何严格审查并不明确。严格审查基准的真正确立及完善,则是实务界与理论界通过对大量积累的案件进行整理并加以类型化的结果。以实际运用而言,首次加强对涉嫌歧视"分散且被隔离的少数"的立法审查,则是在 1944 年 Korematsu v. United States 案②中。而以运用与结果而言,以严格审查基准判决违宪的,则是在 1954 年 Brown v. Board of Education 案③中,最高法院明确宣布"隔离但平等"措施违宪。而包括所谓的宽松、严格以及中度审查基准在内的三重审查基准格局,则是在 20 世纪 70 年代由最高法院在性别平等案件中发展出"中度审查基准"后,才得以逐渐形成并确立。

由此可见,在美国最高法院的司法审查实践中,通过对案件不同属性特别是各个不同的权利类型的划分采取宽严不同的审查基准,则始于 1938 年 Stone 大法官在多数意见书中"脚注四"的表达。对此,亦有学者指出:"这种发展趋势所立基的出发点,无非是一种功能或任务区分取向的考量:有鉴于 Lochner 时期司法违宪审查过度积极干预社会经济立法自由的教训"④。通过对案件所涉及的基本权利属性、领域的划分,明确了在哪些领域法院积极介入,在哪些领域法院不予干涉,实际上标志着"当代美国联邦最高法院司

---

① 有意思的是,"脚注四"在判决公布之后,并未立即得到当时宪法学界的重视,甚至在 1938—1940 年间也没有任何学者专门撰文讨论"脚注四"。最高法院第一次正式引用"脚注四",却是在两年以后的 Thornhill v. Alabbama 一案中对言论自由的保护。
② 323 U.S.214,215(1944). 但该案运用严格审查基准,判决结果却是合宪。
③ 347 U.S.483 (1954).
④ 黄舒芃:《从普通法背景检讨美国司法违宪审查正当性的问题》,载《台大法学论丛》第 34 卷第 2 期,2004 年 9 月刊。

法违宪审查技术开展上的一项重要特征"①。在根本上而言,最高法院违宪审查基准的变化,"说明了宪法判断理论的变化……是法官们在违宪审查活动中为了在司法抑制与司法积极主义之间寻求平衡的产物。"②

(三)双重审查基准的合理性

在司法审查实践中,之所以对政治自由与经济自由分别审查,并对涉及经济自由的立法采取较为宽松的审查基准,这是由经济立法内容的特殊性以及三权分立体制所决定的。

首先,较之政治自由的纯粹性,经济自由则更为复杂,在根本上涉及自由市场与国家介入的关系。经济学理论中的自由放任主义、有限政府主义等理论纷争,也深深影响了国家在发展市场经济中的定位及权力运行。而坚持何种经济理念,则直接影响了对国家在经济发展中的定位。美国历史上几次经济理论的争论及轮回,也表明了这一点,要对国家机关在市场中的地位及其权力限度作出准确的定位十分困难。作为违宪审查机关的最高法院自然也不愿卷入这场纷争之中,只要经济立法未超过必要的限度都对其合宪性予以肯定。"美国最高法院之所以在经济问题上更多地采取自我约束的立场,根本的原因在于,其已经意识到自己在处理多数经济问题时的知识成本过高,因此将自己用在了最能发挥作用的人权领域,形成最高法院自己的司法知识传统。而且,最高法院大法官关于'公共利益'的信念对美国经济发展也有很大关系。"③

其次,社会经济立法很多情形下都是国家经济政策调整的结果,而这在秉持司法谦抑主义的违宪审查机关看来,是将其作为"政治问题"予以回避的,即使是作为法律问题审查,也是将其视为立法自由裁量权的运用而肯定其合理性的。在 1965 年 *El Paso v. Simmons* 案④中,对于德克萨斯州一项规

---

① 黄舒芃:《从普通法背景检讨美国司法违宪审查正当性的问题》,载《台大法学论丛》第 34 卷第 2 期,2004 年 9 月刊,第 96 页。
② 韩大元:《论合宪性推定原则》,载《山西大学学报(哲学社会科学版)》2004 年第 3 期。
③ 侯猛:《美国最高法院对经济的影响力:一个述评》,载《法律适用》2006 年第 8 期。
④ *EL Paso v. Simmons*, 379 U.S. 497 (1965).

制不履行土地买卖契约的立法,法官最终也支持了备受争议的立法。很明显的是,法院不愿意卷入立法机关为了保护公共利益而进行管理的权力之中去,更乐意在经济事件中给立法机关为决定合适的经济政策进行立法留下广泛的空间。在多数情况下,这类立法只涉及立法机关政策偏好的选择,而未必涉及是非对错的价值判断。

最后,对于经济自由的立法,更多的是立法者对于公民基本权利之间冲突的调整与协调,并非国家对公民基本权利的直接限制。在社会经济立法大行其道的今天,对经济自由的立法更大程度上涉及国家经济资源的分配与运用,在此立法机关较之司法机关当然具有优先决定的权力。因此,正是因为在经济自由限制与保护的法律中,涉及自由与市场的关系、违宪审查机关对立法机关调整社会经济所拥有的立法自由裁量权的尊重等问题,违宪审查机关才会在危险审查基准中对涉及经济的立法采取较为宽松的审查基准。

(四) 双重审查基准的反思

这种对政治自由与经济自由分别审查的做法,也一度被用来作为阐述政治自由较之经济自由更为重要、根本的有力论据。其实,这种从现象到结论的推断过于简单,必须考虑这一做法背后深刻的政治、经济、社会文化背景。从基本权利的发展历史来看,无论是肇始于北美十三州因拒绝向英国缴纳茶叶税导致与殖民国的割裂遂而建立美利坚合众国,还是法国大革命中对财产重新分配的重视;无论是法国《人权宣言》第 17 条"所有权神圣不可侵犯"的宣示,还是美国独立前后各州宪法以及独立宣言对财产权的重视,都从历史事实与历史文献两个角度有力地论证了经济自由(尤其是财产权)的保障具有原初的无比重要性。

再以经济自由案件在美国历史上的影响、比例及其违宪审查实践来看,经济自由的重要地位与影响也是不可低估的。在美国建国初期,经济问题——贸易、税收以及消费,也是导致联邦政府与州之间摩擦不断的主要原因。① 再以统计数据为例(见图表 5-1),在 19 世纪初,最高法院所处理的 1/3 案件都涉及经济问题,而在 20 世纪初,法院所处理的涉及经济问题的案件在其总日程中占约 1/5。然而,自 1900 年以来,在沃伦和博格法院时代(Warren and Burger Court),法院所处理的涉及经济问题的案件在数量上又有增多趋势。这个数字同 20 世纪 30 年代相比是苍白的,在这个时期法院所接受的大部分案件都有着经济上的面相。② 这种经济案件比例的增加,是代表着一种真正的趋势,抑或仅是一个小的历史时刻的暂停? 这个问题值得学者好好研究,因为法院所处理案件的类型是其在美国社会中的地位的一个指针。③ 当法官在处理大量的经济案件时,如同他们在法院历史上的前 150 年所做的一样,他们在该领域发生如此大的影响,而不是在公民自由、权利或者是形式正义上,也并不令人感到奇怪。

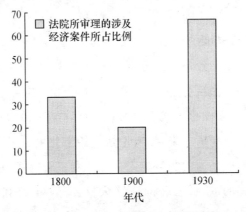

图表 5-1 美国最高法院所审理的经济案件的比例图

再从美国对经济自由保障的司法审查实践来看,无论是 19 世纪初期至

---

① Lee Epstein and Thomas G. Walker, *Constitutional Law for A Changing America: Institutional Power and Constraints*, 4th ed, Congressional Quarterly Inc, 2001, p.517.

② Ibid., p.519. 当然,20 世纪 30 年代经济自由案件如此突出,与其当时所面临的经济危机以及所进行的新政密切相关。

③ See Richard Pacelle Jr., *The Transformation of the Supreme Court's Agenda*, Westview Press, 1991.

19世纪末期运用《宪法》第1条第10款"契约义务"条款对契约自由的保障①,还是自1897年起以第14条修正案"正当法律程序"条款为依据对联邦或州的社会经济立法的积极审查,对涉及公民经济自由立法的审查一直是其重要内容。② 虽然自1937年以后,最高法院理念与做法有了很大的转向,不再以"实体正当程序"为依据来否定社会经济立法,而是采取相当放任的审查标准。③ 这种最高法院处理经济问题方向上的转变,绝非意味着经济自由在美国社会中的重要性的降低,只是最高法院根据社会经济的变化相应地调整了其介入的方式与手段而已。实际上我们也可以看到,最高法院也并未完全从社会经济领域撤退,而是改以平等权为依据来介入社会经济事务。特别是在后来对各种优惠性待遇的案件,不论是教育领域的入学机会、经济领域政府公共工程承揽,最高法院还是会积极介入,甚至采取严格审查标准。④

在国家与公民的关系中,经济问题、经济自由永远是一个无法抛弃的主题。从财产权与经济自由的意义来看,它是人类生存与发展的物质前提与保障,因此"经济自由之保障即使在时移势易的今天,仍然为基本人权之重要课题"⑤。契约自由对于公民个人也是如此,"契约自由是个人自由的一个方面,正如言论自由、选择婚姻伴侣或者宗教信仰方面的自由。剥夺这些自由毫无疑问是不公正的,故剥夺个人的经济自由也是不公正的。"⑥虽然我们时至今日仍将这一区分作为公民基本权利类型划分的重要种类之一,

---

① 对于美国宪法"契约义务"条款的司法审查实践,将在下文专门论述。
② 美国最高法院积极审查社会经济立法并多次宣告其违宪,在20世纪初期表现得极为明显,也被称为美国最高法院历史上的"Lochner era(洛切尔时期)"。
③ 对于美国最高法院处理经济问题的理念与方法发生了很大变化,亦有学者指出:"主要涉及三个方面:一是它在作出判决(不仅仅是经济案件)时也注重经济分析;二是这些经济问题在许多方面涉及国家规制,三是它的判决也运用了经济分析模型的方法。"See Joel B. Grossman, Richard S. Wells, *Constitutional law and Judicial Policy Making*, New York: Longman Inc., 1988, p.213.
④ 黄昭元:《宪法权利限制的司法审查标准:美国类型化多元标准模式的比较分析》,载《台大法学论丛》第33卷第3期,2004年5月刊。
⑤ 许志雄、陈铭祥、蔡茂寅、周志宏、蔡宗珍:《现代宪法论》,台湾元照出版公司2005年版,第168页。当然,在该书中其将"经济自由"仅仅界定为职业选择自由与营业自由两种。笔者认为,这是对"经济自由"的狭义理解。
⑥ Richard A. Epstein, *In Defense of the Contract at Will*, 51 U. CHI. L. REV. 947, 953(1984).

但在美国的制宪者看来,"这些都是剩余权利(vested rights),他们对于个人来讲是如此的重要,以致于不能被国家权力所侵犯,这些自由在1787年宪法起草者的头脑之中。……在制宪会议上介入这些,可能比介入其他事情带来更大的灾难"。①可见,在美国制宪者的心目中,政治自由与经济自由并无孰轻孰重之分,都是如此重要以致于不能在宪法中规定,二者都是作为"剩余权利"而存在的。在基本权利体系中并不存在所谓的价值序列,"如果说各种宪法权利之间真的有其序列,对司法违宪审查而言,这个序列应该主要是个法院功能取向的序列,而非权利实体价值的序列"②。

美国最高法院近年来的司法审查实践也明确地表明了这一点,即使是在案件中具体适用严格审查基准或合理审查基准,仍然需要根据个案情形进行斟酌,切不可过于绝对和僵化。实际上,最高法院已经软化了严格与合理审查基准的"规则"性格,而允许"基准"式的衡量认定。美国已故大法官Thurgood Marshall就针对平等权案件所适用的三重审查基准,明确指出这只是一种标准,都是基于个案的利益衡量。这三种基准之间形成一个光谱般的"滑动尺度(sliding scale)",它们之间并非泾渭分明的类型差异,只有着程度的差别。③

分析至此,应该是对经济自由与政治自由的分别审查基准的具体内容、客观原因做了比较全面的描述,似乎仍有意犹未尽之感,尤其是在我国这样一个公法权利与私法权利严格界分的国度下。而重读纯粹法学大家凯尔森的一段论述却有"拨雾见云"之感。凯尔森在其《法与国家的一般原理》一书中,指出如果从将权利视为是参与法律创造的能力的这一动态的观点来看,那么所谓的"私法"权利(也称"私权利(private right)")与和公权利(所谓"政治权利")之间的区分,就不像通常所推定的那样重要了。从这个角

---

① Lee Epstein and Thomas G. Walker, *Constitutional Law for A Changing America: Institutional Power and Constraints*, 4th ed, Congressional Quarterly Inc, 2001, p.517.
② 黄昭元:《宪法权利限制的司法审查标准:美国类型化多元标准模式的比较分析》,载《台大法学论丛》第33卷第3期,2004年5月,第106—107页。
③ See *Massachusetts Board of Retirement v. Murgia*, 427 U.S. 307, 318(1976)(Marshall, J., dissenting).

度来看,私权利与政治权利之间并没有实质上的差别,两者都允许权利主体参加法律秩序、"国家意志"的创造。为此,凯尔森更是明确提出:"私权利最终也是政治权利。一旦人们理解到以私权利授予个人是民法的特种法律技术,而民法是私人资本主义(同时也是政治制度)的特种法律技术时,那么,私权利的政治性质就越发显著了"①。当然其所谓"私权利最终也是政治权利"的论断颇为费解,但其试图将"政治"权利与"私"权利综合在"权利"这一术语中并从法律创造活动中的功能的角度寻找公权利与私权利之间的内在统一性的努力,不可小觑。这也为我们客观认识经济自由与政治自由之间的内在统一性提供了思路。

---

① 〔奥〕凯尔森著:《法与国家的一般原理》,沈宗灵译,中国大百科全书出版社1996年版,第98、100页。

第 5 章　契约自由与国家的保护义务(二)

5.1　契约自由立法的违宪审查实践:以美国"契约义务"条款为例

在美国《宪法》第 1 条对立法机关权力的限制中,第 10 款明确规定州"不得通过损害契约义务的法律"。如何正确认识与理解制宪者为保护私有财产而注入宪法之中的"契约义务条款"? 首先必须对"禁止制定损害契约义务的法律"这一条款进行文本分析。

5.1.1　"契约义务"条款的宪法文本分析

(一) "契约义务"条款的语辞分析

要明确《宪法》第 1 条第 10 款的含义,首要要理解其中所包含的"契约"、"契约义务"以及"损害契约义务"三个概念。

(1) 什么是"契约"? 要弄清宪法契约条款中"契约"的涵义,必须从几个方面入手:一是制宪者在制定该条款时对"契约"涵义的认识可能是什么;二是"契约"概念的真正结构,最高法院说过什么;三是在决定与此问题有密切关系的案件中最高法院的判决是怎样的。① 根据制宪会议中的争论以及《联邦党人文集》中文献的相关记载,都未能揭示出制宪者在宪法中注入契约义务条款时他们对"契约"的认识。但不容忽视的历史事实是,制宪者是十分务实的,他们中的大部分人都是债权者阶层,他们的目的之一便在于保障商业交易的稳定,从而制定了防止立法侵入的契约条款。因此,他们所谈及的"契约",则指的是这些他们将面临的通过当事人意愿与合意所达成的私人之间的商业协议。换言之,他们所指的"契约"是一般法律意义上的概念。② 从类型上来看,"契约"包括待履行的契约(executory contract,指的是约束某人做或不做某项事情的契约)与已履行的契约(executed contract,指的是契约目标已经完成的契约)。由于宪法使用的是"契约"这个一般性的概念,也并没有在已履行的契约与待履行的契约之间作出区分,所以被认为是两者都包含其中的。③ 私人之间的契约,应该是宪法中契约条款首要的、最明显的适用,然而针对私人之间的契约并没有产生太多的案例,这与其被认为是建立了适用的宽泛准则,倒不如说是一般原则的范例。④ 在美国司法审查实践中,对"契约"概念界定的争议更多的是表现在对私人公司的特许状(charters of private corporations)、市立公司的特许(municipal corporations)、对排他性权利的许可(grants of exclusive privileges)、免于征税(exemption from taxation)、征收(eminent domain)、州与私人签订的契约(contracts of state with individuals)、公共补偿的有效期(tenure of public office and compensation)、州无偿付能力法(state insolvent laws)、义务与补救之间的区别(distinction between obligation and remedy)等方面。⑤

(2) 什么是"契约义务"? 在契约中,所谓的"权利"与"义务"是紧密相

---

① Paul G. Kauper, What Is a "Contract" under the Contracts Clause of the Federal Constitution?, *Michigan Law Review*, Vol. 31, No. 2. (Dec.,1932), pp. 193.

② Ibid., p. 193.

③ Joseph Story, *Prohibitions on the States—Impairing Contracts*, in Richard A. Epstein(ed.), *Constitutional Protection of Private Property and Freedom of Contract*, Garland Publishing Inc, 2000, p. 2.

④ H. Campbell Black, Legislation Impairing the Obligation of Contracts, *The American Law Register* (1852—1891), Vol. 34, No. 2, New Series Volume 25. (Feb., 1886), p. 89.

⑤ Ibid., pp. 81—95.

关的两个概念。通过签订契约,明确了一方当事人要求对方的权利,相应的,对方便对该当事人负有遵从的义务。宪法中的"契约条款"区分了"契约"与"契约义务",因为"契约义务"就是规则,具有拘束力,即要求当事人按照契约的规定执行他们的合意。而且,一旦阐明了"契约义务",那么它就不仅具有道德上的意义,而且具有法律上的约束力。只有在一项契约根据法律规定不合法或者无效的情形下,当事人才没有相应的民事义务,因为在这种情形下法律排除了其当然的拘束力。①

(3)什么是"对契约义务的损害"?要界定"对契约义务的损害",需要全面考察立法的目的、意图以及对契约所造成的实际影响。精确地说,任何法律所产生的对契约约定的扩大、减少或者通过任何方式改变了当事人的意图,都是对契约义务的损害。② 当然,立法在事实上所构成的"对契约义务的损害"并不必然违反契约义务条款,一方面州治安权的行使、维护公共利益也可以作为州立法损害契约义务的正当化理由;另一方面在较小程度与范围内州立法对契约义务的损害,也对其采取了容忍的态度。这可以美国最高法院在涉及契约条款所作出的案例判决为证。

在这些由界定"契约"概念所引发争议的具体案件中,无论案件情形是多么复杂,无论法院在同类案件中所做判决的差异是多么大,但总的来说,在建国初期较长一段时期内,美国最高法院都对"契约"都进行了广义的解释,从而防范州立法机关对契约的不正当干涉,从而最大程度地保护了契约自由。诚如学者所言,在18世纪对"契约"(contract)的理解,与我们今天所理解的有所不同。一份契约是两方或更多方自愿签订的协议,通过作出承诺从而一些有价值的东西被让予或被保证。契约合意几乎发生在所有的商业交易中,如一个煤矿公司承诺为一家钢铁厂送铁而钢铁厂支付一定费用,或者一个律师在一项赔偿案件中承诺担任代理人。在18世纪有产阶级的

---

① Joseph Story, *Prohibitions on the States-Impairing Contracts*, in Richard A. Epstein(ed.), *Constitutional Protection of Private Property and Freedom of Contract*, Garland Publishing Inc, 2000, p.5.
② Ibid., p.6.

头脑中,这就是应该这样,政府不能被允许介入这类私人合意。①

(二)"契约义务"条款的效力分析

根据第 1 条第 10 款字面意义的分析,该条款的适用对象及适用范围在于:

(1) 该条规定不适用于联邦政府:契约条款仅仅适用于州,并不适用于联邦政府。禁止对"契约义务的侵害"的拘束对象为州,而非联邦,这一点不仅在宪法条文中有明确的表达,即"州(State)不得……",而且美国联邦最高法院自 1810 年"弗来彻尔诉佩克"(Fletcher v. Peck)一案以来对契约自由保护的两百多年的司法审查实践,也主要是围绕各州涉及契约自由立法的审查。

(2) 该条规定主要防止的是对契约有法律溯及力的影响:契约条款所适用的"契约",指的是在法律通过之时就已经存在的契约。而法院对立法是否损害契约义务的审查,也主要是集中于以先前存在的债权者—债务者之间的契约关系来抵制来自州的侵害。

(3) 该条规定拘束的仅仅是立法行为:契约条款仅仅适用于立法,而不适用于法院判决。法官拥有宣布契约无效的权力,而不违反契约条款。② 而从立法机关的组织特点及其运作方式来看,立法机关的选举、轮流更换,较之稳定的司法机关而言,对契约的影响有着更大的潜在危险。立法介入私人之间契约仅仅是为了打破或是改变合意,这是极不正常的。即使是立法机关成员变换,也都应该保持对私人之间契约的不介入。③

时至今日看来,造成这一现象的原因主要有两个:一个原因是从制宪者的制宪原意来看,该条拘束州的规定,也主要是基于对州侵犯契约潜在威胁的担心。"正如麦迪逊的评价所暗示的,制宪者头脑中对自由的概念以及什

---

① Lee Epstein and Thomas G. Walker, *Constitutional Law for A Changing America: Institutional Power and Constraints*, 4th ed, Congressional Quarterly Inc, 2001, p.522.

② See *Tidal Oil* v. *Flanagan*, 263 U.S. 444 (1924).

③ Lee Epstein and Thomas G. Walker, *Constitutional Law for A Changing America: Institutional Power and Constraints*, 4th ed, Congressional Quarterly Inc, 2001, p.523.

么妨碍了它的行使,在某种程度上和我们今天所认为的不同。他们将自由等同于私有财产的保护,而且在他们的观念中,并不是新成立的联邦政府存在着更大的威胁。以邦联条例(Article of Confederation)规定中关于经济的争吵,我们很容易理解制宪者当时所关注的。他们认为州已经损害了政府和经济,而且他们希望建立一个更强有力的国家政府以保护经济自由避免州政府的侵害"。① 另一个原因则是,尽管《宪法》第 1 条第 10 款中对侵犯契约义务的禁止并不涉及对联邦的限制,但包括联邦在内的国家权力对契约的公然侵犯,是被第 14 条修正案"正当法律程序"条款所禁止的。

5.1.2 "契约义务"条款的司法审查历程

在美国的司法审查实践中,通过对《宪法》第 1 条第 10 款"契约义务条款"的阐释,从而实现对契约自由的保护,也经历了一个发展的历程。以契约条款对保护契约自由的影响及法院所秉持的立场为依据,可以将美国对契约条款的司法审查实践划分为三个时期,即契约义务条款的兴起(约翰·马歇尔时代)、契约义务条款的衰落(从塔尼法院——罗斯福新政时期)以及契约义务条款的新生。②

(一)"契约义务"条款的兴起(约翰·马歇尔时代)

作为美国最高法院的第四任首席大法官(1801—1835 年),约翰·马歇尔(John Marshall)因其作出的里程碑式的判决——1803 年的马伯里诉麦迪逊一案判决备受瞩目。同时,其在司法审查实践中运用契约条款明确、保护契约自由,也是功不可没的。

最高法院根据契约条款作出的第一个重要案件是 1810 年的 *Fletcher v. Peck* 一案③。这即是源自美国建国初期大量的臭名昭著的腐败、贿赂案中

---

① Lee Epstein and Thomas G. Walker, *Constitutional Law for A Changing America: Institutional Power and Constraints*, 4th ed, Congressional Quarterly Inc, 2001, p.518.
② 对这三个阶段的划分,参见 Lee Epstein and Thomas G. Walker, *Constitutional Law for A Changing America: Institutional Power and Constraints*, 4th ed, Congressional Quarterly Inc, 2001, pp.523—553.
③ 10 U.S.87(1810).

的一个案件,即 Yazoo River 土地欺骗案。该争议的核心在于,州议会能否取消先前签订的契约使其归于无效？该案也使得首席大法官马歇尔陷入了法律与道德的两难境地之中:肯定契约的效力,将会使这些从政府腐败中受益的人获利;而反对这场为人不齿的欺骗性交易,将会有损宪法中的契约条款。诚如马歇尔代表法庭发表的意见,首先便指出"由这些要求所提出的问题的重要性与难度,法院也深深地感受到了",而佐治亚州与土地公司之间基于贿赂腐败所进行的初始土地交易,这一事件本身超出了法院的管辖范围。为此,州取消先前订立有约束力的契约的行为是否合法这一问题,则是法院的关注焦点,特别是这些土地公司与不知情的第三人之间的契约交易。而"如果原初交易因为欺骗而受影响,而这些买者并没有参与也没有注意到这一点。他们是无辜的,他们的权利不能不被考虑",因此,"法院一致认为,土地已经经过相应对价转移到没有足够注意的买者手中,无论是根据自由的一般原则,还是根据美国宪法的规定,佐治亚州颁布的企图使土地买卖无效的法律是受到限制的。"① 虽然该判决未能从根本上解决争议②,但这是联邦最高法院在历史上第一次根据《宪法》第 1 条第 10 款的契约条款使得州立法归于无效,马歇尔的解释也为契约条款带来了生机。③ 当然,也不乏对这一判决的批判,其中最强烈的主张便是法院不能支持建立在一系列腐败基础上的契约。托马斯·杰斐逊更是以此判决来攻击马歇尔,认为马歇尔的观点充满了"扭曲"(twistifications)、"狡诈"(cunning)与"诡辩"(sophistry)。④

在 1819 年的 *Sturges v. Crowninshield* 案⑤中,针对州制定的破产法是否

---

① 10 U.S. 87(1810).

② 该案中的土地争议是在四年之后议会耗费五百万对该土地交易的所有权者进行补偿才得以完全解决。

③ 我国有学者就明确指出:"该案判决的结果在美国确立了契约自由和契约神圣的原则"。参见何勤华主编:《美国法律发达史》,上海人民出版社 1998 年版,第 156 页。

④ See Lee Epstein and Thomas G. Walker, *Constitutional Law for A Changing America: Institutional Power and Constraints*, 4th ed, Congressional Quarterly Inc, 2001, p.527.

⑤ 17 U.S. 122 (1819). 案由则是:Richard Crowninshield 的生意遭遇了困难,向 Josiah Sturges 分两次共计 1500 美元的贷款。这项贷款以承诺偿还字据为证。而当 Crowninshield 无偿还能力时,他通过援引纽约州刚通过的破产法,要求免于偿还贷款。Sturges 坚决反对,认为纽约州的破产法违反了宪法的"契约义务"条款。

损害先前存在的契约义务的问题,法院将其分为两个问题予以阐释:第一个问题,州是否有权颁布破产法;第二个问题,纽约州的破产法是否违反了契约条款而无效。针对第一个问题,根据美国《宪法》第1条第8款的规定,赋予了联邦制定相关法律的权力。法院亦认为,在联邦未行使相关权力的情况下,州有权制定破产法。而对第二个问题,由马歇尔主笔的法院判决认为纽约州新颁布的破产法无效,因为该法律企图减轻债务者先前存在的契约义务,而且适用于制定后已经实施的契约。而时隔八年之后,在1827年的 Odgen v. Saunders 案①中,法院则以契约的签订与破产法的颁布时间先后为标准,认为州破产法适用于将来的契约,如果契约是在该法颁布之后签订,破产法并未侵犯契约义务,没有违反契约条款。契约义务所约束的当事人不仅包括这些明确表示同意的当事人,而且也包括州破产法中所规定的在契约签订时受影响的,而且如果符合州法律的相关规定也允许债务者免除其义务。②

在马歇尔法官时代契约条款最为著名、影响也最为深远的判决,则属1819年的 Trustees of Dartmouth College v. Woodward 一案③。该案的争议则是,乔治三世于1769年授予达特矛斯学院的特许状能否因新罕布什尔州立法所改变的问题。要解决这个问题,首先要回答的则是:授予法人的特许状(chart)是否时宪法"契约条款"所保护的免于州侵犯的契约。虽然该案涉及到共和党与联邦党之间纷争这一新的麻烦④,马歇尔再次代表法院发表其意见,特许状也是受保护的契约,不得被侵犯。通过这些决定,契约条款在保护剩余权利上的功效也达到了其顶峰。⑤ 值得注意的是,针对达特矛斯学院本身的性质,新罕布什尔州高级法院与联邦最高法院的判决中,存在着分

---

① Odgen v. Saunders, 12, Wheat. 213, 237(1827).
② 首席大法官马歇尔则对此判决持反对意见,认为在契约义务的拘束对象上,仅仅是这些同意并签订契约的当事人。
③ 17 U.S. 518(1819).
④ Lee Epstein and Thomas G. Walker, *Constitutional Law for A Changing America: Institutional Power and Constraints*, 4th ed, Congressional Quarterly Inc, 2001, p.532.
⑤ Craig R. Ducat, *Constitutional Interpretation*, 7th ed, West Thomson Learning, 2000, p.427.

歧。新罕布什尔州高级法院沿用了"公共公司"与"私人公司"的划分[①],认为达特茅斯学院是公共公司,应受州的控制;而马歇尔大法官则在最高法院的判决中认为达特茅斯学院是私人公司,公司的特许状就是应受联邦宪法保护的契约。而这种对"公共公司"与"私人公司"的划分,私人公司逐渐脱离特权公司的属性,不受州立法机关任意控制的地位,也意味着公司的平民化与人格化的开端。[②]

可以说,在马歇尔大法官时代,法院通过在相关案例判决中对契约义务、契约神圣性的阐释,使得《宪法》第1条第10款的契约条款从文本走向了现实。在马歇尔法官时代的最高法院的努力下,契约条款的重要性达到了其顶峰。宪法在保障契约权利与私人财产、促进经济发展的意义也得到了最大程度的发挥。法院通过第1条第10款阻止州行为对财产权的侵犯,促进经济发展。对马歇尔时代的法院而言,契约条款是一项加强联邦管理、促进经济增长的有效工具,对美国建国初期经济发展的意义是不可低估的。如果说契约条款是制宪者为了保护财产利益防止国家介入的"罪恶"的一种方式,那么它的确发挥作用了,至少在起初是如此。[③] 在这一做法的背后,可以看到马歇尔大法官本人所秉持的自然权利的观念与联邦主义观念。正是将包括契约义务在内的私人财产提升到自然权利的高度,州没有太多的权力限制空间,才会对涉及契约义务的州立法对契约的干涉保持高度的警惕;正是认为制定经济政策的首要代理人是联邦而非州,从而否定损害契约义务的州立法也不会影响国家利益的维护。可以说,马歇尔对财产权的重视、对联邦主义的青睐,促成了契约条款在美国建国初期的极大影响。当然,我们也必须对此进行客观全面地分析,"这些早期的保护契约的判决,极大地

---

① 一般认为,这种关于"公共公司"与"私人公司"的划分,始于美国最高法院大法官约瑟夫·斯托里(Joseph Story, 1811—1845)在 Terrett v. Taylor 案中的区分。See Terrett v. Taylor, 13. U. S. 43 (1815).

② 胡晓进、任东来:《联邦最高法院与现代美国公司的成长》,载《南京大学学报(哲学·人文科学·社会科学)》2005年第4期。

③ Lee Epstein and Thomas G. Walker, *Constitutional Law for A Changing America: Institutional Power and Constraints*, 4th ed, Congressional Quarterly Inc, 2001, p.518.

促进了经济发展与扩张。但同时不可避免的问题就是,(如何妥善解决)宪法对契约的保护与州为了公共利益进行立法这二者之间的矛盾"①。

(二)"契约义务"条款的衰落(从塔尼法院——罗斯福新政时期)

随着马歇尔大法官于 1835 年 7 月 6 日去世(享年 79 岁),盛极一时的马歇尔时代结束了。随后继任的塔尼法官,较之马歇尔在契约条款上促进经济发展但备受争议的决定,开始重新考虑契约条款,并寻找其与公共利益保护的紧密关联。而从 1837 年到 1934 年这期间将近一个世纪的历史,美国也经历了诸多的变化,尤其是 20 世纪 30 年代美国所发生的严重经济危机。相应地,涉及契约条款的判决较多,时间跨度较大,对该段时期契约条款的判决做一个全面的梳理并非易事。在此,只是尝试通过对代表性案例的介绍与分析,对美国宪法契约条款的影响及其在联邦最高法院的司法审查实践,做一个大致的勾画。

1. 塔尼法院时代(1836—1864 年)

塔尼(Taney)担任首席大法官的法院的首次机遇,便是 1837 年的 *Proprietors of Charles River Bridge* v. *Proprietors of Warren Bridge* 一案②。这一发生在查尔斯河的经营者与沃伦河的经营者之间的纠纷,实际上涉及的是马萨诸塞州立法机关对建立第二座桥沃伦桥的许可是否影响了其先前授予的查尔斯河桥梁公司第一份许可(在波士顿与查尔斯镇之间建桥的排他性权利),违反了宪法契约条款。法院将该案争议分为两个问题,首先州授予公司建桥的许可是否为排他性的问题,其次州授予公司的许可是否构成由州作为一方当事人的契约的问题。首席大法官塔尼代表法院发表了意见,首先"原告错误地认为……马萨诸塞州……授予他们建桥的行为暗示着议会不再授权建立第二座桥",该许可仅仅是授予公司建立大桥并收取一定的费用,并没有给予其在查尔斯河上排他性的权利,无论在大桥之上还是在大桥之下;其次,"原告错误地认为授予大桥所有权的许可是州所订立的契约",

---

① Lee Epstein and Thomas G. Walker, *Constitutional Law for A Changing America: Institutional Power and Constraints*, 4th ed, Congressional Quarterly Inc, 2001, p.533.
② *Charles River Bridge* v. *Warren Bridge*, 11 Pet. 420(1837).

实质上在这个许可中,并没有什么从公共取得的权利,也没有给予公司什么权利……并没有任何文字表达出像原告所主张的作为契约的表达,而且也没有一个人能够推导出来。① 较之马歇尔时代所倡导的对契约义务的宽泛解释、通过契约条款对打击州立法的侵犯,塔尼法官则对契约的范围采取了更为严格的解释,而且也努力在契约的不可侵犯性与州为了公共利益立法之间做权衡。其根本缘由,正如塔尼在该案判决中所说的一样,"当个人财产神圣不可侵犯时,我们也必须不能忘记,国家同样拥有权利,而且每个公民的幸福、生活都建立在他们忠诚的保护基础上"②。

其实,在州立法机关的授权许可是否违反宪法契约条款的案例中,查尔斯桥梁案件并非第一件。早在 1828 年的 *Enfield Toll Bridge v. Connecticut River Co.* 一案③中,便涉及州立法机关是否可以授权第二个公司在同一个瀑布上建立水闸的问题。法院认为,许可是排他性的,许可一个公司在该瀑布上流附近的地方建水闸,实际上耗尽了立法机关许可在瀑布上建水闸的权力。在同一个瀑布上又许可另外一公司建立水闸,明显是对第一个许可的侵害。④ 但在同一时期,针对立法机关进行的收费公路、渡口建设以及设立银行的许可,法院却认为其并非是排他性的。在 1848 年的 *West River Company v. Dix* 案中⑤,针对州为修建免费高速公路而取消了先前对桥梁公司的建桥并收费的许可,桥梁公司提出该行为违反宪法的主张,法院判决并未认可,认为这是州征用权的行使,即使是与先前的契约相矛盾。其理由在于,"契约条款并没有限制州在征用权之下为了公共利益进行管理的

---

① 法官斯托里(Story)表达了不同意见:"我坚持认为,根据一般原理及法律解释的原则,当前的许可所表达的一个必须的意函就是,议会不能作出任何破坏或实际上损害许可的行为。而且,在这里存在着一个隐含的协议便是,州不得授予在波士顿与查尔斯镇之间建造第二座桥。"

② *Charles River Bridge v. Warren Bridge*, 11 Pet. 420(1837).

③ *Enfield Toll Bridge v. Connecticut River Co.* 7 Conn. 28(1828).

④ 当然,对该判决的意义,亦有学者指出:"法院完全没有宣告任何重大的宪法原则,而似乎将第一个公司的排他性许可特许建立在这一基础上:从物理角度说,不可能存在建造同一水闸的两个许可"。参见〔美〕莫顿·J. 霍维茨著:《美国法的变迁:1780—1860》,谢鸿飞译,中国政法大学出版社 2004 年版,第 195 页。

⑤ *West River Bridge Co. v. Dix*,6 How. 507(1848).

权力。"①

通过上述法院在契约条款相关案例的判决可以看出,较之马歇尔时代法院通过契约条款否定州立法的限制、大力促进商业的做法,塔尼大法官时代的最高法院的做法则缓和一些。但这并非意味着在塔尼担任首席大法官期间的最高法院,放任州立法对契约义务的限制或影响。实际上,法院更多的是秉持平衡的立场,在契约条款规定非常明确的案件中,塔尼法院也采取了根据契约条款打击州立法规制的做法。在 1843 年的 Bronson v. Kinzie 案②中,伊利诺伊州立法在借贷债务上施加了一定的限制,包括保护所有者回购财产的权利。法院认为根据这些法律通过之前实践中即已存在的契约,这些法律是不合宪的,因此这些拓展债务人权利的法律无效。在 1854 年的 Piqua Branch of the State Bank of Ohio v. Knoop 案③中,法官宣布对银行进行政府税收的估算无效,因为俄亥俄州在计算税收上使用了一个不同于先前创立银行时的特许状所强调的标准。

2. 大法官为怀特时期(1874—1888 年)④

自塔尼法官 1864 年退出最高法院后,由 Salmon Chase(1864—1873 年)继任大法官,接着是莫里森·怀特(Morrison Waiter,1874—1888 年)担任首席大法官。

关于州改变先前的州立法机关的许可是否违反宪法契约条款的问题,1878 年的 Fertilizing Company v. Hyde Park 案⑤提供了一个很好的诠释。根据伊利诺伊州授权许可所成立的西北肥料公司,有权生产、运输动物尸体及其产品。而这一行为因为州地方治安权,特别是"限定或减少危害或可能会危害公共健康的事物"的权力而受到了处罚。该公司以先前的特许状是一

---

① 皮特·V. 丹尼尔(Peter V. Daniel)法官的观点。
② Bronson v. Kinzie. 42 U. S. 311 (1843).
③ Piqua Branch of the State Bank of Ohio v. Knoop(1854).
④ 这一时期,在 Lee Epstein and Thomas G. Walker 所著"Constitutional Law for A Changing America: Institutional Power and Constraints"一书中并未明确提出,是笔者根据代表性案例判决所做的总结。
⑤ Fertilizing Co. v. Hyde Park, 97 U. S. 659 (1878).

个"契约"不受州侵犯为由上诉至州法院,未能胜诉。而上诉至最高法院后,最高法院也并不认同其所提出的"损害契约义务"的主张,而是强调了州治安权(police power)①的行使。Swayne 法官的观点非常清楚地表明了这一点,"运送垃圾是一件令公众非常讨厌的事情。没有疑问的是,州对这类冒犯行为行使治安权,这一权力属于联邦宪法制定之时州即拥有的权力。它有赖于一个基本原则,即每个人行使自己的(权利)也不得妨害他人。"即使是州,也不能远离公民的健康、安全和福利的保护而签订契约。

在 1880 年的 *Stone v. Missippi* 案②中,密西西比州通过了社团抽奖的许可,而此后州的新宪法明确规定了该行为的违法性并随后通过了相关立法,社团为此提出州否认先前许可的行为违反了联邦宪法中的契约条款。大法官怀特代表法院表达了意见,在 60 年前的达特矛斯学院案件中,法院就已表明州赋予某一公司的特许状是美国宪法中契约条款保护范围之内的契约;但必须明确的是,并不是特许状受保护,而是特许状中所包含的契约受保护。本案便集中在"事实上是否签订了契约,如果是的话,到底什么是契约义务"的问题上,但并未有一项记录表明这一结论的成立。这起案件中法院以 9∶0 的一致判决表明,其不再对以契约条款为由反对州立法的主张保持同情态度。

3. 罗斯福新政时期③

20 世纪 30 年代美国经历了经济危机,罗斯福总统领导的联邦政府为了战胜经济萧条,制定了许多经济计划,许多州也相应地制定了许多立法和计

---

① 所谓"police power",在国内译作中有不少叫法,如"警察权力"、"警察权"、"治安权"、"治安权力"等。笔者更倾向于"治安权"的概念。这一权力,指的是由地方所保留的,涉及政治、经济、社会发展等各个方面的权力。

② 101 U.S.814(1880).

③ 从 1890—1930 年,长达四十年的时间里,由于第 14 条修正案对正当法律程序条款的大量运用,契约条款已经逐渐衰落,也很难找到依据契约条款作出的相关判例。"契约条款的衰落"可以说此时达到了其历史最低潮。而即使是在经济大萧条时期出现的几个涉及契约条款的案例,"但是相对其重要性而言,也是转眼即逝(this emergence of the clause into prominence was a flash in the pan),在最后的一个十年里法院几乎没有审理一个涉及契约条款的案件。"See Corwin, *The Constitution of the United States of America*; *Analysis and Interpretation*, 1953, p.362.

划。这些涉及经济自由的立法,是否违反了宪法的契约条款,最高法院也因经济危机的严峻情势对此予以了一定的肯定。最为典型的则是1934年的 Home Building and Loan Association v. Blaisdell 一案①。为了弥补抵押合同中弱势的抵押人与强势的抵押权人(通常是银行或其他金融机构)之间的不平衡,防止房屋所有人因失业不能按时偿还贷款而因此失去家园,明尼苏达州通过了《抵押延期偿付法》。②办理抵押业务的家庭住宅及贷款团体(home building and loan association)反对法院给予 Blaisdell 夫妇的两年延期偿付,认为该法是对契约的侵犯,违反了联邦宪法中的契约条款。上诉至明尼苏达州最高法院,明尼苏达法院承认该法的确损害了契约义务,但同时认为为解决当前所面临的严重的经济危机,该法是在州行使治安权的范围之内。在联邦最高法院,大法官胡果(Huges)代表法院发表了意见,认为在决定这一暂时的、现实的宽慰措施是否违反了联邦宪法中的契约条款时,必须考虑到宪法权力的渊源、契约条款的历史原意、法院在该条款上司法判决的发展以及我们所必须坚持的基本原则之间的关系。在对这些问题一一分析之后,指出:"明尼苏达州立法并没有违反联邦宪法中的契约义务条款。至于在本质上作为一项政策而通过的立法本身是否明智,则非我们关心的问题"③。

4. 小结

之所以将从塔尼法院时代至罗斯福新政时期一百多年的时期称为"契约义务条款的衰落",是因为较之先前马歇尔时代最高法院对契约条款的高度推崇、以契约条款打击州立法的广泛运用,这一时期契约条款无论是在运用上还是功效上都远不如以前。有趣的是,因最高法院法官的更换、理念的差异所导致的这一变化,在查尔斯河案件中担任律师的丹尼尔·韦伯斯特

---

① 290 U.S.398(1934).

② 该法允许房屋所有者请求州法院要求偿还抵押义务的一个延长期,在延长期内,房屋所有人可以不履行通常的抵押偿还义务,而是交付抵押权人一定数量的房屋租金。这个延长期的最长期限为两年。该法明确规定:"仅仅当经济危机持续时继续有效",而且"该法适用于所有的抵押,包括这些在该法通过之前的抵押"。

③ 290 U.S.398(1934).

(Daniel Webster)即已有所预见,据说在塔尼被任命为首席大法官之后其便有"宪法已经消逝"(the constitution is gone)的哀叹①。在20年前达特矛斯学院案件中大获全胜的他,此时在查尔斯河案件也亦无回天之力,再没有一个对他强烈的契约条款立场持赞同态度的首席大法官了。②

当然,必须明确的是,即使是在马歇尔法院时代的末期以及塔尼法院在19世纪30年代的中期已表现出来的所谓的"契约条款的衰落",并不意味着法院不再注重对公民经济自由(包括契约自由在内)的保护。这只是法院使用契约条款作为保护经济自由的工具的作用逐渐减弱,他们仅仅是将反对州立法的商业和贸易行为、保护经济自由的工具开始转到宪法其他条款上。③ 其中最重要的两个条款,便是宪法第14条修正案的正当程序条款与第5条修正案的征收补偿条款。而在19世纪80年代后期到20世纪30年代,法院已经对这些实质正当法律程序作出了反应。④

(三)"契约义务"条款的复兴

自明尼苏达州立法案后的四十多年里(从1934—1974年),质疑州立法的当事人很少依据《宪法》第1条第10款的契约条款提出主张,开始寻求其他的宪法条款予以保护。最高法院的判决也表明,其并不倾向于根据该条款打击州立法,法院也不愿意介入州为了保护公共利益而立法的权力。法院在经济自由立法上更多地秉持自由主义的理念与立场。但法院这种强烈的自由主义的理念,在1969年首席大法官沃伦(Warren)退休,伯格(Warren Burger)被尼克松总统任命为大法官后有所改观。最高法院法官的更换,也带来了在经济事务上更多地持保守态度的法官,契约条款又呈现出复兴的态势。

---

① Lee Epstein and Thomas G. Walker, *Constitutional Law for A Changing America*: *Institutional Power and Constraints*, 4th ed, Congressional Quarterly Inc, 2001, p.535.

② 查尔斯河案件本身经历了最高法院首席大法官的更迭:1831年3月第一次讨论(当时马歇尔大法官仍在任);1833年再议,但仍未作出判决;在安排第三次审议之前,马歇尔大法官去世,杰克逊总统任命塔尼为首席大法官,塔尼大法官安排该案在1837年再议。

③ Lee Epstein and Thomas G. Walker, *Constitutional Law for A Changing America*: *Institutional Power and Constraints*, 4th ed, Congressional Quarterly Inc, 2001, p.518.

④ Ibid., p.541.

在 1977—1978 年间,法院不费吹灰之力地作出了对 United States Trust Co. v. New Jersy 和 Allied Structural Steel v. Spannaus 两案的判决,都沉重打击了州为了保护公共利益的立法,认为其违反了联邦宪法中的契约义务条款。① 在 United States Trust Co. v. New Jersy 案②中,最高法院以 4∶3 的结果作出判决,认为新泽西州 1974 年立法(撤销之前的 1962 年契约)无效。Blackmun 代表法院发表了其主张,首先指出契约义务条款的地位,是由 1934 年的 Home Building and Loan Association v. Blaisdell 案③与 1965 年的 El Paso v. Simmons 案④这两个判决被阐释的。尽管有主张其损害了契约义务,但州立法都得到了支持。因此,要努力在契约义务条款的束缚与"管理权力的重要贡献"中寻求必要的平衡,首先要考察立法所欲达到的公共目的,其次要对立法者采取该特殊措施的必要性与合理性进行判断。对该案中的撤销决定是否必要,可从两个方面检视:一方面要看契约的完全撤销是否必要,是否有更为缓和的措施;另一方面并不完全撤销契约,州可以选择其他方法以达到既减少汽车使用又改进公共交通的双重目的。⑤ 而在 Allied Structural Steel Co. v. Spannaus 一案⑥中,明尼苏达州制定"私人年金受益保护法"是否损害了公司与工人之间签订的年金契约问题,Stewart 法官代表法院发表了意见,首先该法强加给公司其先前契约义务之外的义务,影响了公司与其员工之间的契约;其次该立法是否违反了宪法的契约条款,则需援用抵押延期偿还法案⑦中的五个方面因素来进行检验。Stewart 法官的观点,提供了洞察契约条款在当代意义的机会:第一,尽管法院的判决使得规制钢铁公司的州行为无效,但是法院并没有回到马歇尔时代对契约条款那么突出地尊崇的做法;第二,契约条款的确对行使治安权造成了一定的限

---

① 而每个案件中,法院自由主义的法官都表示了强烈的反对。
② 431 U.S.1(1977).
③ 290 U.S.398(1934).
④ 379 U.S. 497 (1965).
⑤ 431 U.S.1(1977).
⑥ 438 U.S.234(1978).
⑦ Home Building and Loan Association v. Blaisdell, 290 U.S.398(1934).

制,但它并没有消减这些权力;第三,契约条款适用到立法中,包括增加或减少契约一方当事人义务的立法;第四,该条款并不仅限于债权人——债务人契约;第五,在适用契约条款时,法院将首先审视对契约义务的损害程度,而且"损害的严重程度衡量着要求州立法必须清楚障碍的高度"。如果存在着对契约关系实质性的损害,法院将会考虑立法的本质及其目的。①

在该案判决后较长的一段时间里,法院继续采取这种温和的立场。在1983 年的 *Energy Reserves Group,Inc. v. Kansas Power and Light Company* 案②中,法院一致同意支持堪萨斯城一个涉及能源价格的立法,即使它与现存契约是相矛盾的。在法院看来,联邦宪法中的契约条款仅仅禁止州对契约的"实质损害",而且即使是这样的"实质损害"如果存在着重要的、合法的公共目的时也能够被正当化,如修建道路以及一般社会、经济问题。③ 在 1987年 *Keystone Bituminous Coal Association v. DeBenedictis* 案④中,针对宾夕法尼亚州的一项要求煤矿开采业主为了提供地表支持在地表某些结构中留存50%煤的立法,法院也给予了支持。虽然该规定与煤矿公司与土地所有者之间的允许煤矿公司开采更多比例煤的契约相矛盾,但施加这种限制是州治安权的行使,契约条款"不能仅仅从字面上理解(is not to be read literally)"。

与从塔尼法官时代到罗斯福新政时期"契约条款的衰落"阶段法官对当事人据以主张的契约条款充耳不闻不同的是,20世纪七八十年代法院再次重拾该条款并在相关案例中进行审查,契约条款对保护契约自由的价值呈现了再次"复兴"的态势。当然,这里所谓的"契约条款的复兴",也是相对于前段时期法院对契约条款的弃而不用所呈现的"衰落"相对而言。这与建国初期马歇尔法官时代对契约条款的高度推崇不可同日而语。而为了更

---

① Lee Epstein and Thomas G. Walker, *Constitutional Law for A Changing America: Institutional Power and Constraints*, Congressional Quarterly Inc, 2001, p.532.
② 459 U.S. 400, (1983).
③ Ibid.,在 *Exxon Corporation v. Eagerton*, 462 U.S. 176 (1983)案中也是。
④ 480 U.S. 470 (1987).

加切实保护个人的私有财产与契约自由,以反对州的规制,当事人也已经开始转向宪法中的其他条款寻求保护,如第5修正案的"征收条款"、第14修正案的"正当程序条款"。

5.1.3 "契约义务"条款的司法审查程序与内容

制宪者在制定联邦宪法之时,通过注入"契约条款"等条款,以防范州对公民契约义务以及财产权的侵犯。"禁止州制定损害契约义务的法律",这一条款从文字上看,只要是涉及对契约义务的损害的法律应该都是禁止的。但事实并非这样,并非所有的改变契约义务的州立法都是无效的。在联邦最高法院的司法审查实践中,也是根据具体个案中的具体情形,通过一定的审查步骤,建立一定的审查标准,从而作出对州行为的肯定或否定的判决。

(一)审查步骤与审查程度

对于损害契约义务的法律,法院首先要对其合理性(reasonableness)进行审查,这主要表现为对双方当事人的契约预期、损害的利害程度以及所影响的公共利益等因素的考虑。一般而言,最高法院根据契约条款对州行为的审查,主要包括两个步骤:第一个步骤则是以契约条款为依据审查,以便确立是否存在着违反契约条款的可能性,这又主要从三个问题开始:首先,是否存在着契约义务;其次,州立法是否损害了契约义务;再次,造成的损害是否很重大。第二个步骤则是,在这一前提下审查州的行为是否合理。这就需要对州行为所保护利益的重要性与其所造成的侵害程度之间进行衡量。[①]

而州的行为对契约义务所造成的损害程度,也直接影响了最高法院在司法审查实践中所采取的审查步骤。在1978年的 *Allied Structural Steel Co. v. Spannaus* 案中,法院指出,首先的追问便是州立法是否在事实上造成对契约关系的实质性侵害。而州对契约侵害的严重性程度,直接影响着对州立

---

① Allen Ides and Christopher N. May, *Constitutional Law: Individual Rights*, Citic Press, 2003, pp.145—158。

法的明确性要求设置障碍的高度。如果州立法仅仅是对契约义务造成最小程度的侵害,可能在第一阶段就终止了追问。相反,如果是严重的侵害,将需要继续推进,对州立法本质及目的进行更为仔细的审查。①

(二)对损害契约义务的"禁止":全部禁止与部分禁止

诚如最高法院在 United States Trust Co. v. New Jersy 案②的判决书所指出的,"尽管契约条款从字面上看禁止'任何'损害,但如同法院在 Blaisdell 案中③所说'该条禁止并非绝对的禁止,不能像数学公式一样对其语言进行精确地理解'。因此,这里仅仅是一个技术性的禁止,首先则需要解决一个更为困难的问题,即该侵害是否为宪法所允许? 在该案中,如同在 Blaisdell 案中一样,我们必须试图在契约条款的束缚与'治安权的重要贡献'中寻求必要的平衡,而治安权正是为了保护公民的利益而由州所保留的权力。"可见,最高法院对联邦宪法契约条款的解读,也并未采取对损害契约义务的州立法一概否定的态度,而是着眼于州对契约义务的损害是否在联邦宪法所允许范围之内的审查。

那么何谓对"契约义务的损害"? 对这个概念,在形式上则表现为国家权力的介入对契约关系的影响,在实质上则表现为国家权力的介入导致契约义务消除、减少或增加的后果。而在最高法院的司法审查实践中,根据不同的案例采取的立场也有所不同。一般都是对州限制契约义务的立法采取了较大程度的容忍与肯定。当然,这仅仅是大多数法官所作的判决。颇值得关注的是法官在不同意见书中所提出的主张,也为我们从另一面考察"对契约义务的损害"提供了批判性的思维。在 1934 年的 Blaisdell 案中,Sutherland 法官表达的不同意见中提出:"宪法中的'契约义务(obligation of contract)'条款施加了履行契约特定义务的法律责任,而不是违反任何一方当事人的意愿,替代或是履行完全不同的义务,尽管该义务具有平等价值。在契约条款下,国家即没有完成代替履行的义务,也没有违反另一方意愿的权

---

① *Allied Structural Steel Co. v. Spannaus*, 438 U. S. 234(1978).
② 431 U. S. 1(1977).
③ *Home Building and Loan Association v. Blaisdell*, 290 U. S. 398(1934).

力。它既不能直接对契约作为,也不能在国家的外衣下直接影响其结果。如果它能做些什么,根据宪法契约条款的限制,在很大程度上,那就是逃离(to disappear)。"①法官 Sutherland 的观点,对国家介入契约义务保持了高度警惕,在其看来,尽管是不具有实质平等价值的契约义务,国家也要充分尊重当事人的意愿不得介入。

在 *Allied Structural Steel Co. v. Spannaus* 案中,法官 Bernnan、White 与 Marshall 表达了不同意见,指出:"明尼苏达私人年金受益保护法并没有取消或减轻当事人根据契约所应承担的义务,而且,像所有的积极的社会立法一样,该法只是对特别一方当事人施加了新的、额外的义务……",因此"该法并没有减轻雇员和雇主任何一方的现存的契约义务。相反,该法仅仅是对雇主施加了一项额外的、辅助性的义务,与由不同种类立法所创设的无数义务并无两样,虽然这打击了现存的预期但是被法院所支持。因为这个原因,明苏尼达的立法,我认为,并没有涉及契约条款。"②在其看来,对双方当事人契约义务的"取消"、"减少"是契约条款中所禁止的,而对一方当事人"施加新的、额外的义务"并没有造成对契约义务的损害,并不涉及契约条款。

(三) 合理性的审查:私人利益与公共利益

一般而言,州进行立法很多情形下都是基于对保护公共利益的需要。而在国家面临经济危机之时,国家规制经济行为的立法,最高法院对其合理性程度的审查标准也有所差别。在1934年的 *Home Building and Loan Association v. Blaisdell* 案中,针对明尼苏达州的抵押延期偿还法是否违反契约条款的问题,最高法院也在个人权利与公共利益之间的理性协调寻找基础,并为此建立了五项标准进行分析:(1) 明尼苏达州所面临的经济危机,为州基于保护共同体的重大利益而行使保留权力提供了合适的场景;(2) 该法的立法目的,不是为了特定人群的单独利益,而是为了保护社会的基本利益

---

① *Home Building and Loan Association v. Blaisdell*, 290 U.S. 398 (1934).
② *Allied Structural Steel Co. v. Spannaus*, 438 U.S. 234 (1978).

(a basic interest of the society);(3)该法并没有损害契约的本质,抵押毫无疑问仍然具有其有效性,而延期偿付仅仅是为适应紧急情况的一个特许,这在经济危机的情形下是正当的;(4)该法规定回赎期限延长为两年,并没有显现出明显的不合理;(5)该法仅仅是暂时起作用,仅限于它所宣布的紧急情况出现时适用。① 在 1978 年的 *Allied Structural Steel Co. v. Spannaus* 案中,法院再次对这五个重要因素进行了梳理,从而从制定目的的必要性、保护利益的正当性、手段与情境之间的比例性、方式的合理性以及时效的有限性来审查州行为的合宪性。②

5.1.4 "契约义务"条款的反思:"被荒废"抑或"被替代"

因此,在美国司法审查实践中,联邦《宪法》第 1 条第 10 款的"契约条款"随着历史的变迁经历了其"兴盛"、"衰落"以及"复兴"等阶段,但在当今的美国司法审查实践中,这一条的运用极其少见,更多的是通过第 5 条修正案的"征收条款"、第 14 条修正案的"正当法律程序条款"予以解决的。自《宪法》第 5 条征收条款、第 14 条正当法律程序条款被大量用来作为保护公民财产权与经济自由的依据③以后,契约条款反而倒被束之高阁。这种在司法审查实践中对公民财产权与经济自由保障的宪法条款的转向,通过对宪法条款本身涵义及其实践的比较,不难发现其中一定的合理性与必然性。

首先,联邦《宪法》第 1 条第 10 款"契约条款"的拘束对象十分有限,仅仅对州立法权力的限制。尽管经过了百余年的发展,尽管在 20 世纪二三十年代为解决经济危机所带来的系列问题联邦权力对经济自由的影响更为全面而深入,最高法院对"契约条款"的运用仍然仅限于州权力。之所以未能将契约条款扩展至州,一方面从制宪原意来看该条款主要是针对州影响契

---

① *Home Building and Loan Association v. Blaisdell*,290 U.S.398 (1934).
② *Allied Structural Steel Co. v. Spannaus*,438 U.S.234 (1978).
③ 而个人自由与财产权之间的紧密关系是不可否认的,最高法院也指出:"个人自由与财产权的二分法是一个错误的观念……事实上,在个人自由与财产权之间存在着紧密关系。如果没有其中一个,另一个也失去了其意义。"See *Lynch v. Household Fiance Corp.*,405 U.S.538,552(1972).

约义务的现实及可能威胁而制定的;另一方面该契约条款在宪法文本中在第1条第10款的篇章安排也已经限定了其拘束对象及范围。

其次,联邦《宪法》第1条第10款"契约条款"过于抽象,法院解释运用时则面临着公共利益与私人利益保护的问题。契约条款"禁止州制定损害契约义务的法律",从其字面意义上来看,应该是只要州的法律涉及"对契约义务的损害"应该都是被禁止的,都是被联邦最高法院否定的。在建国初期马歇尔法官时代的联邦最高法院的做法也表明了这一立场。然而这一立场本身也备受争议,过分倚重对单个公民或公司的契约的保护,却忽视或否认了州为了公共利益对契约所做的限制,无法妥善解决公共利益的保护问题。而当面临严重的经济危机,这一紧急情况也为州(甚至是联邦)干预契约义务提供了正当性与必要性的基础;随着20世纪中期以后,基于社会国的理念与保护公共利益的要求,为处于弱势的契约一方当事人特殊的保护措施,也是州立法干预契约义务的正当性基础。无论是马歇尔法官之后的塔尼法院以及其后的契约条款复兴期间的历届法院,都一改马歇尔时代对契约不可侵犯性的过度推崇,注重个人利益与公共利益之间的平衡。

再次,联邦《宪法》第1条第10款"契约条款"过于简单,缺乏对权力实质性与程序性的限制。虽然"契约条款"字面上禁止任何损害契约义务的法律,虽然马歇尔之后的历届联邦最高法院都基于社会现实的需要从公共利益的角度对一定的立法进行了肯定,但是该条款本身对州立法权力的限制仍然过于简单。无论是对州立法正当性的肯定,还是对州立法限制契约义务不适当的肯定,审查步骤、审查标准都有赖于法官的解释。该契约条款对州行使立法权力进行立法过程中的拘束是十分有限的。再反观后来通过的第5修正案、第14修正案,规定"未经正当补偿不得征收公民财产"、"未经正当法律程序,不得剥夺公民的生命、自由与财产"。① 所谓的"正当补偿"、

---

① 第5修正案规定:"任何公民不得未经正当法律程序,而被剥夺生命、自由及财产权;私有财产未经公正补偿,不得征收",第14条修正案规定:"任何州政府,非经正当法律程序,不得剥夺任何公民之生命、自由及财产权"。不同的是,第5修正案是基于对公民生命、自由、财产权的保障,对联邦及州的限制;而第14修正案则主要是针对州政府的规定。

"正当法律程序",也要求即使是为公共利益的需要对公民财产权与自由的限制,也必须遵循一定的程序性与实质性要件。

诚然《宪法》第1条第10款的契约条款因为宪法其他条款的运用而被束之高阁,但契约条款在保护公民契约自由与财产权上的意义是不可低估的。诚如 Blackmun 法官在 United States Trust Co. v. New Jersy 案中代表法院发表的意见中所言,"在宪法被制定后,将近一个世纪以来,契约条款是为数不多的几个对州权力限制的条款之一。法院作出的许多涉及契约条款的判决,便是其在违宪审查中重要地位的明证",而"契约条款目前的地位,是由法院两个判决被阐释的。"① 这两个案件,一个是1934年的 Home Building and Loan Association v. Blaisdell 案,被视为是在现代社会对契约条款解释的代表性案例;另一个是1965年的 El Paso v. Simmons 案。在这两个案件中,虽然有主张认为州立法损害了契约义务,但是最高法院还是最终支持了州立法。因为,"这些案件都避免僵硬地适用契约条款使州立法归于无效。但这并不意味着契约条款在现代违宪审查中没有任何意义,也不意味着其对州权力的限制是虚幻的。是否保护契约权利,是与明智的公共政策的当前观点相一致的,契约条款仍然是成文宪法的一个部分。因此,我们必须将该条款适用到当前的案件中去,正当地考虑到其目的以及法院判决的先例……"②

上述对美国近百年来契约条款司法审查实践的梳理,也表明了契约条款在打击州立法、保护当事人契约自由上的重要意义。直到1868年第14条修正案的正当法律程序条款批准之前,契约条款都是挑战州立法行为的首要宪法依据。相关数据也表明:在美国历史上的前十年,它是提起诉讼的最主要的宪法条款;在1889年前,最高法院大约有40%的案件是以契约条

---

① 431 U.S.1(1977).
② 同上。

款为依据打击州立法的有效性的。[①]

5.2 契约自由司法的违宪审查实践：
以德国宪法诉愿制度为例

5.2.1 宪法诉愿制度的现实与难题

违宪审查机关与普通法院在保护契约自由的功能、权限上的划分，对这一问题的回答，首先必须基于各国的宪政体制、司法制度的差异。在以美国为代表的普通法院司法审查体制中，普通法院在处理涉及契约自由民事争议的过程中，也享有对相关法律合宪性的审查权。因此，所谓的违宪审查机关与普通法院的功能界分，理论上并无必要，实践中也通常是混在一起的。而在大陆法系专门机关的违宪审查体制中，专门设立的违宪审查机关享有对立法、行政以及司法是否违宪的最终判断权。而在德国，因为宪法诉愿制度的建立及其实践，也使得宪法法院与普通司法机关之间的关系变得紧张。

根据德国《基本法》第 93 条第 1 项第 4 款以及《联邦宪法法院法》第 9 条第 1 项的规定，公民在其基本权利受到公权力的侵害时，可以向联邦宪法法院提起宪法诉愿。作为提起宪法诉愿对象的"公权力"，当然也包括法院作出的判决在内。在宪法诉愿制度中，通过以法院终审判决向宪法法院提出审查请求的制度建构，实际上则以法院判决为媒介建立了宪法法院与普通法院之间的直接联系。

在德国的违宪审查实践中，宪法诉愿案件则占多数。据统计，联邦宪法

[①] Benjamin F. Wright, *The court Clause of the Constitution*, Harvard University Press, 1938. See Lee Epstein and Thomas G. Walker, *Constitutional Law for A Changing America: Institutional Power and Constraints*, 4th ed, Congressional Quarterly Inc, 2001, p. 519.
之所以以 1890 年为届考察契约条款，是因为在 1890 年，最高法院在其判决中，第一次以正当法律程序条款来作为判断州立法是否无效的根据。See Bernard Schwartz, Old Wine in Old Bottles? The Renaissance of the Contract Clause, *The Supreme Court Review*, Vol. 1979, p. 98.

法院自 1951 年成立以来至 1996 年年底,总共处理 112425 件案件,其中 107890 件属于宪法诉愿,约占 96%。而近年来,宪法诉愿案件则每年平均高达 4000—5000 件。① 这一方面使得宪法法院作为宪法最高维护者的地位与功能得以彰显,另一方面大量的宪法诉愿案件也使得仅有 16 名法官组成的联邦宪法法院不堪其累。更值得关注的是,在对涉及侵害公民基本权利的公权力行为的审查过程中,公权力行为是否必要、是否合适,宪法法院的自由裁量空间极大。而为保障基本权利的积极作为,必然导致对国家机关权力行为的打击和限制,这也在深层次上导致了宪法法院与立法机关、普通法院之间的紧张关系。

为此,如何在充分发挥联邦宪法法院保障宪法基本权利积极作用的基础上,透过宪法解释厘清联邦宪法法院的审查权限,防止其由"宪法守护者"(Wächter der Verfassung)蜕变为"宪法主宰者"(Herr der Verfassung),明确宪法法院与普通法院之间权限界分,则是关键。那么,针对普通法院的判决,宪法法院要作出其是否符合宪法的决定,首先在理论上要厘清宪法、法律以及法律适用间的关系,其次在实践中要考虑到宪法框架性的特质允许多种实现方式,对于普通法院审理民事案件的形成空间也必须予以充分的尊重。该空间的大小是由法律依据其所规范事务性质的不同来斟酌决定的。② 而对于普通法院判决的审查,宪法法院也必须遵循一定的限度,"宪法法院的职责并非找出最佳的衡平方案,相反的宪法法院仅能审查,由立法者或执法的法官所作出的衡量决定是否仍在宪法所容许的范围之内。"③

宪法法院与普通法院的功能界分及联系落实到契约自由上,则表现为"民事判决不仅可能违法,也可能违宪,真正决定当事人法律关系的契约却不会违宪,只会违法,契约不会因违反宪法保障工作权规定而无效,最多只

---

① 数据转引自刘淑范:《宪法审判权与一般审判权间之分工问题:试论德国联邦宪法法院保障基本权利功能之界限》,载刘孔中、李建良编:《宪法解释之理论与实务》,台湾中山人文社会科学研究所 1998 年版,第 211 页。
② Christian Starck:《基本权与私法》,林三钦译,载 Christian Starck 著:《法学、宪法法院审判权与基本权利》,杨子慧等译,台湾元照出版公司 2006 年版,第 375 页。
③ 同上书,第 378 页。

会因为违反公序良俗而无效,宪法保障工作权的一直必须先被'填入'公序良俗的概念里,才可据而认定契约无效,因此仍然是违宪,而非违宪"。① 当然,对于普通法院保护契约自由的义务,德国宪法法院在1993年10月19日的Bürgschaft案的判决中予以揭示,"通常地,法院必须保护作为双方个人自由的基本权利的表现——契约,但在案件中存在着买卖双方的结构性不平衡时,导致对契约弱势一方当事人的明显不利时,民事法院有义务介入以保护弱势群体。民事法院的这个义务,源于他们根据社会国原则保护个人自治的宪法义务"②。

一般而言,在针对普通法院裁判的宪法诉愿案件中,联邦宪法法院的程序则是:首先审查普通法院裁判所依据的法律是否违宪,如果该法律本身违宪,联邦宪法法院则直接宣告法律违宪无效而无需再审查普通法院的裁判,普通法院的裁判当然随之失效;如果该法律合宪,联邦宪法法院则需要进一步审查普通法院裁判是否在解释或适用法律上有错误而侵害了公民基本权利。而这所谓的程序也过于抽象、宽泛,因此理论界与实务界也开始了联邦宪法法院的"审查密度"的积极探索。

5.2.2 宪法法院审查法院判决的限度:"赫克准则"与"动机条款"

明确联邦宪法法院在审查普通法院上的基准,首先见于1964年6月10日宪法法院第一庭针对专利法院所作出的涉及要求阅览全部专利全部档案资料的裁判③所作出的一项裁定。Karl Heck受命主笔该裁定,其所表达关

---

① 苏永钦:《民事裁判中的人权保障》,载《宪政时代》第30卷第2期,2004年10月版,第150页。
② BVerfG 19 October 1993, BVerfGE 89, 214 (Bürgschaft). See Olha Cherednychenko, The Constitutionalization of Contract Law: Something New under the Sun?, *Electronic Journal of Comparative Law*, vol. 8. 1. (March 2004).
③ 大致案情是:某化妆品制造商向德国专利局申请其数种新配方的专利,其中部分经审定公告。该制造商之同业竞争者向专利局提出异议,并申请审阅全部相关档案资料,但专利局仅准许其阅览审定公告部分资料。该竞争者遂向联邦专利法院提起诉愿,请求准许审阅全部资料,最终胜诉。原申请专利之制造商则不服专利法院的裁定,向联邦宪法法院提起宪法诉愿。BVerfGE 18,85 (92 f.).转引自刘淑范:《宪法审判权与一般审判权间之分工问题:试论德国联邦宪法法院保障基本权利功能之界限》,载刘孔中、李建良编:《宪法解释之理论与实务》,台湾中山人文社会科学研究所1998年版,第218页。

于宪法法院与普通法院的权限界分,即为著名的"赫克准则"(Hecksche Formel)。基本观点主要在于:首先,强调了宪法诉愿制度的备位性质,指出联邦宪法法院并非一般法律上诉审,也非"超级法律上诉审"(superrevisionsinatanz),不做普通法规解释与适用是否"正确"的审查。明确指出"程序的运行、事实的调查认定、普通法规的解释及其在个案上的适用,仅属于有审判权的一般法院的职务,并不受联邦宪法法院的审查"。对这一表述,亦有学者指出对其中的"仅"(allein)的意义及其适用,要正确地认识,并非绝对的,这一字眼必须在前后文的对照中予以理解,宪法法院的意思是指"原则上",这也可从宪法法院的裁判中得到佐证。[①] 其次,指出只有在特别宪法(spezifisches Verfassungsrecht)受到法院侵害时,联邦宪法法院才能基于宪法诉愿加以干预。这实际上是以"特别宪法"的概念作为联邦宪法法院审查尺度。主要是用来表明宪法与普通法律之间的区别,进而强调宪法法院的审查权。也正是借用"特别宪法"的审查尺度,将大量宪法诉愿所涉及的"法律优位"(基本法第 20 条第 3 项)、"一般平等"(基本法第 3 条第 1 项)以及"一般性"宪法原则排除在审查范围之外,从而提高了宪法诉愿的门槛。而根据该裁定的论述,宪法法院审查法院裁判只有"该项错误必须造成对基本权利的漠视"。由此推断,"特别宪法"即指基本权利,实质性基本权利与程序性基本权利都包括在内。[②]

然而,"赫克准则"在一定程度上只是明确了联邦宪法法院审查法院裁判的界限,仅仅是表达了一个抽象标准,其具体内涵是什么、何种程度的违宪才由宪法法院审查等,并不是十分明确。只到 1971 年在著名的 Mephisto 裁定[③]中,针对普通法院民事判决所提起的宪法诉愿,宪法法院表明,"只有在行使审判权的法官,未能辨认出相互冲突的基本权利之间的衡量,或者其

[①] 刘淑范:《宪法审判权与一般审判权间之分工问题:试论德国联邦宪法法院保障基本权利功能之界限》,载刘孔中、李建良编:《宪法解释之理论与实务》,台湾中山人文社会科学研究所 1998 年版,第 221 页。

[②] 同上书,第 224 页。

[③] BVerfGE 30,173 ff.

裁判是基于对一方或他方基本权利的意义,尤其是对该等基本权利的保护范畴持基本上不正确见解的情形,联邦法院才能认定败诉一方基本权利受到侵害"①。这实际上是对"赫克准则"中的"特别宪法"更为具体的阐释,其主张也被归纳为"衡量欠缺"与"衡量错误"两大类。

而自 1958 年吕特案判决以来,基本权利的扩散理论得到了发挥,联邦宪法法院权限的扩张也有了理论与实务的支持。而这也引起了人们对宪法法院与普通法院权限划分的质疑与思考。为了解决现实中的问题,联邦宪法法院在 1976 年的 Deutschland Magazin 裁定②中,对"赫克准则"所表明的态度做了进一步的补充,着眼于权利受侵害强度与审查密度的比例关系的探讨,这被称为"动机条款(je-desto-Gleitklausel)"。宪法法院在裁定中指出,"民事判决结果愈是持续影响败诉一方基本权利的范畴,则对次等侵害的理由,愈应提出严格要件,而联邦宪法法院的审查可能性,则愈为宽广;对侵害强度极高的案例,联邦宪法法院绝对有权替代民事法院,自行进行事实之评价"③。这里实际上说明了宪法法院的审查密度与普通法院裁判对败诉人基本权利侵害的强度密切相关,二者是成比例关系的:普通法院裁判对基本权利侵害强度愈大,宪法法院的审查密度也愈大。相应的,被联邦宪法法院认为是对基本权利的特别严重侵害,首推刑事裁判,其次是对未来基本权利的行使产生预防性阻却效应的其他裁判(尤其是民事裁判)。在实务中,宪法法院运用"动机条款"也主要是在关于言论自由的宪法诉愿中。

5.2.3 契约自由司法保护的难题:对利益衡量方法的反思

如果法官未能按照宪法基本权利保护的要求,该如何处理。对此,德国联邦宪法法院认为,如果法官不正确地解释私法一般条款或对基本权考量欠缺,他就侵害了作为客观价值秩序的宪法,而且也侵害了作为主观性公权

---

① BVerfGE 30,173 (197).
② BVerfGE 42,143 ff.
③ BVerfGE 42,143 (148 f.).

利的基本权。① 德国发展的"国家基本权利保护义务"也成为这一观点最有力的依据。国家负有保护公民基本权利的义务,如果法官未能尽到保护私法关系中一方当事人基本权利的义务,作出了错误解释私法一般条款的判决,则违反了保护义务。对此,当事人除了要求私法救济以外还可以通过宪法诉愿,将地方法院的司法判决提交到联邦宪法法院,以实现法院因错误或疏忽而对其宪法基本权利造成侵害之救济。②

针对联邦宪法法院与普通法院之间的这种紧张微妙的关系,亦有学者指出,这并非制度的原因,也非联邦宪法法院设定的审查准则不恰当所致,主要应该归结于基本权利的解释方法。易言之,联邦宪法法院审查一般法院裁判的密度问题,取决于基本权利扩散作用与普通法律之间的关系。③ 在德国联邦宪法法院的违宪审查实践中广泛运用的是利益衡量方法,它要求针对具体个案进行基本权利的衡量。因此,要全面认识宪法法院与普通法院之间的关系,就需要对在违宪审查中大量运用的利益衡量方法进行反思。

在对德国联邦宪法法院的利益衡量方法进行反思的过程中,其中所谓的四个关键核心的问题④中有一个方面便是涉及联邦宪法法院与普通民事

---

① 参见 BVerfGE7,198,Urteil v. 15.1.1958(即西德联邦宪法法院第一法庭1958年1月15日判决),参见《联邦宪法法院判例集》第7辑,第198页。

② 也有学者对这种通过契约法的解释来补正契约当事人之间的不平等表示了深深的担忧,"在自由市场经济下私法关系的形成既然依赖契约,契约自由本身就受到宪法的保障(释字第五七六号),因此基本权的介入契约关系当然要非常慎重而有选择性,德国每次在社会连带思想达到高峰时,就会出现藉契约法的操作来修正强弱异势契约关系的主张,其实是相当危险的一件事,基本权的介入不能轻易建立在契约地位不平等的假设上。"参见苏永钦:《民事裁判中的人权保障》,载《宪政时代》第30卷第2期,2004年10月刊,第173页脚注94。

③ 刘淑范:《宪法审判权与一般审判权间之分工问题:试论德国联邦宪法法院保障基本权利功能之界限》,载刘孔中、李建良编:《宪法解释之理论与实务》,台湾中山人文社会科学研究所1998年版,第247页。

④ 这四个关键核心的问题包括:(1)自由基本权对国家是仅有防御权的功能,还是也有请求保护的功能;(2)对利益衡量是否妥当的考量,是应由立法者加以一般化,还是允许司法就个案考虑超越立法的利益衡量;(3)如果司法可以进行利益衡量,是否有一定的标准;(4)这种衡量是否为联邦宪法法院所独有,是否涉及联邦宪法法院与民事一般法院的紧张关系。参见李惠宗:《宪法基本权与私法的关系——德国联邦宪法法院判决解析》,载《德国联邦宪法法院裁判选辑》(六),台湾"司法院"1996年版,第5—17页。

法院在利益衡量上的功能分工问题。在一国的国家机关体系中,通过利益衡量实现基本权利的保护,则有立法机关、行政机关以及司法机关等机关。肩负漏洞填补功能的司法机关,在立法者优先的、抽象的利益衡量之后,仍享有广泛的利益衡量的空间,主要是在司法实践中针对具体个案的衡量。

联邦宪法法院在审查立法机关、普通民事法院的利益衡量是否合理的过程中,便涉及德国联邦宪法法院与立法机关、普通民事法院的功能分工问题。一方面,联邦宪法法院进行"利益衡量",努力建立起前后一贯的衡量标准,以免被认为有"代位立法者"(Ersatzgesetzgeber)的批评。① 另一方面,针对具体个案的衡量,联邦宪法法院也要防止对普通民事法院自由裁量权的过度侵入和干涉。联邦宪法法院一直强调,联邦宪法法院对一般民事法院判决的审查是有一定界限的。宪法法院的职权主要不是审查法院判决,而是对法条的适用与解释是否恰当,而且仅在审查涉及宪法所保障的基本权利的民事案件中。一般法院关于基本权利在民事领域的效力及其范围所做的判断是否正确。此可称为"基本权解释的适当性"的审查。② 所谓的"一般法院关于基本权利在民事领域的效力及其范围所做的判断是否正确",事实上常涉及各法院利益衡量是否正确的问题。联邦宪法法院强调,凡是一个对人民基本权的保障要件限制越大的民事判决,越需要更详细深入的宪法法院审查,来检视此项限制是否合宪。审查密度与"基本权受到该裁判的侵害程度而定"。而一项判决对基本权有多大程度的侵害,也是由联邦宪法法院来解释的。③

---

① 参见李惠宗:《宪法基本权与私法的关系——德国联邦宪法法院判决解析》,载《德国联邦宪法法院裁判选辑》(六),台湾"司法院"1996年版,第10页。
② 同上书,第16页。
③ 不仅宪法法院要进行利益衡量,民事法院也要进行利益衡量。二者的利益衡量有何区别?各法院的能动性有无区别? 这个问题似乎并不明确。在笔者看来,普通法院的利益衡量,更多的是在法律规定构成要件上的衡量。

5.2.4 契约自由司法保护的重要媒介:基于概括性条款的思考

上述主要是以德国宪法诉愿制度为背景对宪法法院与普通法院之间的关系的初步探讨。一般而言,在没有建立宪法诉愿制度的国家,并不存在违宪审查机关与普通司法机关之间紧张关系的问题。但这并非意味着普通司法机关在处理具体的司法纠纷时,可以脱离宪法价值的影响与约束。从根本上而言,实现宪法价值对于司法实践的影响与约束,则是现代立宪主义国家的基本要求。而实现这一要求,民法中的概括性条款的解释与运用无疑发挥了十分重要的媒介作用。基于公序良俗原则在实现民事法与宪法价值上的重要意义,此处,主要以公序良俗原则为着重点进行分析。

(一)万能条款?——公序良俗原则的理论与实践

由于"公序良俗"概念内涵的不确定性,使得"长期以来,许多学者就试图清晰地界定公共秩序的范围(内涵和外延),但是界定公共秩序的尝试却从未成功过"[①]。因此,以"公序良俗"作为否定民事行为效力的依据,长期以来则更过地是通过对判例的整理和分类予以类型化而得以完成的。

在这类型化的过程中,我们惊奇地发现随着宪法价值与理念的影响与渗透,公序良俗条款也呈现出了与宪法保障人权与基本权利之意旨相一致的一面。如果说在此前这一作用是"随风潜入、润物无声"的结果,而在德国的基本权利"第三人效力说"的理论与实践中却将这一条款导入了公众视线。在基本权利的"间接适用说"中,公序良俗等概括性条款作为基本权利保护规范的"切入规范"或"媒介",其意义与功能不可小觑。通过概括性条款的"转介",其一方面避免了将宪法中的人权与基本权利保障条款生硬地套用于民事关系中,另一方面也符合了私法自治、契约自由的要求,保障了私法的独立性。[②]

---

① 〔英〕莫里斯:《戴西和莫里斯论冲突法》,李双元等译,中国大百科全书出版社1998年版,第118页。
② 陈新民著:《宪法导论》(第5版),台湾新学林出版公司2005年版,第60页。

德国倡导间接适用说的杜立希,对民法中公序良俗等这类概括性条款①满足基本权利的价值内容的意义做了具体研究,认为其有三种不同的"强度层次"(Intensitätsgrade),可供"价值实现"(Wertrealisierung)之用:第一,单纯的"价值分辨与价值澄清"(Wertdifferenzierung und Wertverdeutlichung)的功能,这是最通常的情形。第二,"价值强调与价值强化"(Wertakzentuierung und Wertverschafung)功能,这是较少见的但是较重要的,这主要是在民法的"防御规范"已经十分完备并且无任何"价值防御的漏洞"的情形下,因为宪法及法律秩序的价值观念改变而直接影响到民法价值的改变,这就需要将宪法价值作为民法价值的"解释准则",宪法所强调的价值也必须在民法中被"强调"及"强化"。如根据德国现行宪法强调的价值观念,以契约约定不租房子给犹太人不再是合乎"善良风俗"的。第三,"防御价值之漏洞填补(Wertschützluckenschließung)"的功能,这是最少见却是最重要的,即宪法要求民法的概括性条款能够担任起填补"价值体系"的"漏洞"的任务。② 所谓的"价值澄清"、"价值强化"以及"价值漏洞填补"实际上反映了概括条款在承载基本权利价值上的程度差异,其间对概括条款的要求也在逐步提高。虽然要做出对基本权利价值的"澄清"还是"强化"或"漏洞填补"的判断并非易事,但概括性条款作为承载宪法基本权利价值的功能与意义则是不可否认的。而首次对这一理论作出肯定的,则首推1958年的"吕特案",联邦宪法法院不仅宣示了"基本权利不仅是人民对抗国家的防卫权(Abwehrrechte),也是一种客观价值秩序(Wertordnung)"的基本理论,而且明确指出基本权利作为客观的规范,以构成公共秩序一部分的、具有强制性法性质的私法规定为媒介进行"切入",其中像德国《民法》第826条有关善良风俗的这一条款,即可作为宪法权利之规范内容的一种"切入口"(Einbruchstelle)。③

在对公序良俗条款进行类型化的基础上,亦有学者对其与宪法之间的

---

① 德国《民法》第138条第1项便是对"善良风俗"的规定。
② G. Durig, Die Grundrechte, S.179. 转引自蔡钦源:《宪法上基本权利之规定在私法关系中之效力》,台湾大学法律研究所硕士论文,1983年7月,第99页。
③ BverfGE7, 198, Urteil v.15.1.1958。

紧密关系做了探讨。日本山本敬三教授在对公序良俗原则的研究中提出了"基本权保护请求权论",认为公序良俗不仅是作为维护秩序的例外手段,在今天更应该承担起对基本权进行更为积极的保护使命。并根据对契约自由介入的正当化根据的不同,将公序良俗分为法令型公诉良俗和裁判型公序良俗。其中,根据目的的不同,又可以将法令型公序良俗分为法令型——实现政策型公诉良俗和法令型——保护基本权利型公序良俗两种。[①] 在司法实践中,地方法院的实践则是大阪地方法院在1969年日中旅行社案[②]中,认为德国《民法》第90条的公序良俗条款体现了宪法中平等权等宪法权利的精神,被告的解雇行为因违法了《民法》第90条的规定而无效;最高法院的实践则是1973年著名的三菱树脂案[③]中,明确宪法中的基本权利规范并不直接规范私人之间的关系,但对基本权利的侵害在样态、程度上超过了所允许的限度时,可以通过立法措施或民法上的概括条款予以救济。

（二）不能承受之重？——公序良俗原则的反思

其实,在德国"间接适用说"被杜立希大力倡导并在实践中大力推行之时,学者莱斯纳(Walter Leisner)在其1960年出版的《基本权利及私法》一书中,在对杜立希所倡导的"第三者效力"学说做出尖锐批评的同时,就对概括性条款贯彻宪法保护基本权利的意旨与功能提出了质疑。总的看来,其质疑主要包括三个方面:首先,概括条款本身意义、内容是不确定的,不能解释经过立宪者确认的、具有确定性的基本权利。私法的概括条款本身并无一定的、具体的内容,基本权利是经过立宪者确认的"政治意思之决定",其内容具有相当"决定性",不是单纯地概括条款就可以包含的,也并不是通过概括条款的概念就可以去解释基本权利。概括条款并非是一个"概括的类推

[①] 〔日〕山本敬三著:《民法讲义Ⅰ:总则》,解亘译,北京大学出版社2004年版,第181—187页。

[②] 该案是被告日中旅行社以政治观点决定解雇员工而引起的纠纷。

[③] 该案中原告通过了三菱树脂公司的职员录用考试,约定3个月的适用期满后到该公司工作。但在试用期届满之前,被公司拒绝录用,理由是原告在大学中作为学生自治会的委员参加了违法的学生活动,并且担任过生活协同互助组织的理事,但在考试和面试中做了隐瞒或虚假的陈述。公司认为这种行为属于欺诈,不宜担任公司的管理职员。

制度",也不是用来接收其他法规范的空白规范,只是指示要按照现行的观念。其次,制宪者在制定基本权利规范时,也未考虑到要借用民法概括条款(如"善良风俗"等)的解释来保障基本权利的效力。最后,民法概括条款本身的适用富有弹性,其所强调的价值只会带来更多的"漫无标准",也导致对"第三者效力"理论带来更多的"法律不安定"因素。①

有趣的是,时值几十年后的今天,我国对民法概括条款的探讨也出现了与当时德国极为相似的一幕。有学者就对公序良俗的可能危害性表示了较大的忧虑,在承认"公序良俗是私法上控制私人自治、检视法律行为效力的阀门之一,使法律行为只有在不背于公序良俗的情况下才能发生当事人预期的法律效果"的前提下,提出"不确定概念的性质也决定了它潜藏着以维护伦理道德之名而被滥用以致侵害私人自治的致命危险性,立法上所保障的个人自由可能在司法的层面被公权力销蚀而化为乌有。"②这也使得在司法实践中公序良俗原则的"双刃剑"功效凸现,它可以弥补成文法之不足,及时适应社会发展变革的要求,将社会当时的社会秩序和善良风俗要求寓于对普通个案的裁量之中;但同时由于其概念内涵的不确定性而留给法官较大的自由裁量空间,一旦该原则被滥用就会造成对民事主体合法权利的侵害,导致对公共秩序和善良风俗的误读。

而最为根本的问题则是,如果"没有适当的'概括条款'可供适用时,基本权利将如何在民事法中发生效力?"③Starck 提出的这一问题,一语中的,指出了"间接适用说"的软肋所在。即宪法基本权利保障的价值理念与规范要求,能否通过民法上的一般条款便可全部实现? 在司法实践中,所谓的"间接适用说"的理论也更多的是对相关判例的一种类型化的归纳。因此由于缺乏对民法中的概括性条款全面的审视,"间接适用说"的理论主张并未

---

① W. Leisner, Grundrechte und Privatrecht,1960,S. 306 ff. 转引自陈新民著:《宪法基本权利之基本理论》(下),台湾地区元照出版公司 2002 年版,第 118—121 页。

② 参见易军:《民法上公序良俗条款的政治哲学思考——以私人自治的维护为中心》,载《法商研究》2005 年第 6 期。

③ Christian Starck:《基本权与私法》,林三钦译,载 Christian Starck 著:《法学、宪法法院审判权与基本权利》,杨子慧等译,台湾元照出版公司 2006 年版,第 366 页。

能对这一问题做出明确的回答。这固然是受归纳的方法自身的局限所致,而在根本上也许在主张者与适用者看来,可能这本身即是一个理论预设无需谈及,也可能认为这一问题即不存在,因为概括条款所体现的内容与要求是完整的、自足的。对这一问题的回答,就有赖于对民法上概括条款内涵及其适用范围的认识与理解。

第 6 章　当代契约自由与宪法的发展

6.1　保护与限制:20 世纪契约自由的发展

6.1.1　契约自由发展的特点

从近代契约自由向现代契约自由的变迁中,契约自由与契约正义之间的关系异常紧张,是为契约自由放弃契约正义,还是为契约正义舍弃契约自由,"自由"与"正义"的两难选择也在此呈现。而进入 20 世纪以来,这种紧张关系更为突出,世界各国也都在这一前提下展开了限制契约自由的质疑与反思。"在当代契约法的理论界普遍地激烈地争论的问题是:在今天的社会现实中,契约自由究竟还能不能仍然被认可为法律制度的支柱和中心思想? 如果现实中契约当事人之间缺乏谈判能力的均衡性从而使得契约平等遭到破坏,因此,保护契约当事人的弱者一方成为必要时,契约自由原则是否必须彻底地受到强制性规则的限制? 现在我们是不是已经进入契约自由的原则应当被'契约公正性'原则所替代或者进行补充这样一个时代?"①对这一问题的激烈争论,也真实地反映了契约自由在20世纪所面临的机遇与挑战。

的确,进入20世纪以来,大多数国家都通过制定大量的法律或强行性规范,对契约自由进行一定的限制或修正。原来支撑契约自由的支柱——当事人的自我决定与自我责任遭到了破坏,契约自由更多地呈现出"不自由"的一面。但我们也必须客观地认识到,对契约自由必要的限制,并不是契约自由原则的衰落,而是对契约自由原则必要的恢复和匡正。对契约自由的限制"是一个谋求契约的合理化与社会化的过程,绝非是对契约自由的消极否定,而是对契约自由的必要修正"②,"契约自由并未衰落,它只是在新的社会条件下获得了新的表现形式而已。即便是那些坚信契约自由已经衰落的学者最后也自觉不自觉地承认:在现代契约法中,'契约自由仍然是一个最基本的出发点'"。③

如果当契约自由所赖以存在和行使的基础发生动摇和改变的情形下,如果仍然坚持原有的契约自由,只会偏离契约自由本身的价值内涵而徒具形式,契约自由所追求的契约正义也无法实现。在此情况下,对契约自由予以一定的限制,不仅是必要的,也是契约自由本身价值的客观要求。所以,在今天强调契约的实质正义,并为实现这一正义而对已偏离自身轨迹的契约自由进行规制,就如古典契约理论创立契约自由原则的意义同样重要——古典契约理论强调契约自由是因信奉"契约即正义",而今天对滥用的契约自由进行规制也是为了实现正义。二者的方向和手段不同,但目的是一致的,这是深层的经济生活发生变化的结果。④

当然,对于国家权力介入契约自由,必须坚持的原则便是,"契约自由与管制应取得平衡,将契约自治仍作为契约法原则,管制则以必要为限,行政

---

① 〔德〕康德拉·茨威格特、海因·克茨:《合同法中的自由与强制》,孙宪忠译,载《民商法论丛》第9卷,法律出版社1998年版,第349页。该文中所用的是"合同自由"的表达,基于全书统一的需要,此处将其更换为"契约自由"。
② 李玉雪:《论合同自由的限制》,载《法制与社会发展》2001年第4期。
③ 傅静坤著:《二十世纪契约法》,法律出版社1997年版,第254页。
④ 李永军著:《合同法原理》,中国人民公安大学出版社1999年版,第77页。

管制与司法管制都不应逾越必要限度。"①而我们在"限制契约自由、强调契约正义的同时,似乎也应该尊重契约自由的基本理念,不应使人民成为被监护的对象,而应教育人民使其成为成熟的权利义务关系主体。不应假借契约正义之名,行干预契约关系之实。"②根据契约自由的原则,应该最大限度地赋予公民自我交易、自我决定的空间。国家在行使立法权力、司法权力以及行政权力对其进行限制时,也必须遵循一定的界限。而且在契约自由作为现代宪法所保障的基本权利之一的情形下,国家权力对其不必要的限制本质上则表现为国家权力对基本权利的限制,必须有正当性、合理性的依据。

6.1.2 契约自由发展的表现

通过对20世纪以来各国保护契约自由的理论与实践的总结,发现契约自由的发展大致有以下表现:

(1) 在理论上,对契约自由与财产权的保障,私法以外的公法的影响逐渐受到关注。

英国牛津大学的著名比较法教授F. H. 劳森与B. 拉登在1982年出版的《财产法》一书中,专辟"第八章 公法的影响"一章全面分析了公法对于财产法的影响,首先指出:"人们总是认为,财产法是私法的核心。的确,在三个半世纪以前,每一位法律家都将政府与财产相对立。……我们也可以在公法与私法之间作出区分,财产属于后者调整的范畴","不过,在英国,如果将公法完全置于本书之外,就可能对目前财产的地位得到一个完全虚假的印象,并且在事实上,与过去只单一关注财产法本身相比,财产法律家现在已更多地关心公法。"③然后,具体分析了公法,包括由于公共健康、住房供给与贫民窟清理、城乡规划、公共机关的财产、强制购买以及税制等多方面

---

① 谢哲胜:《契约自由与管制》,载台湾《月旦法学杂志》第125期,2005年10月刊。
② 陈自强著:《民法讲义Ⅰ:契约之成立与生效》,法律出版社2002年版,第128页。
③ 〔英〕F. H. 劳森、B. 拉登著:《财产法》(第2版),施天涛、梅慎实、孔祥俊译,中国大百科全书出版社1998年版,第117页。

因素对财产法的影响。①

（2）在立法中,逐渐注重涉及契约自由及其限制的相关法律的颁布。

在立法上,英国国会制定的一系列立法也表明了其在处理契约自由上的基本立场。1802 年通过的《学徒健康与道德法》,是有史以来第一个保护未成年劳工和限制工作日时间的法律,也被学者们视为现代"劳动法"的开端。1975 年制定的《性别歧视法》(Sex Discrimination Act),明确规定提供各种服务的行业歧视妇女(或男人)的行为是非法的。1977 年制定的《种族关系法》(Race Relations Act),限制了雇主、店主等因种族原因拒绝与他人交易的自由。1993 年通过的《租赁改革、房屋与城市发展法》(Leasehold Reform, Housing and Urban Development Act),明确规定在某些条件下私人承租人购买房东房屋的权利,不管房东是否愿意都被法律强制性规定订立买卖契约。禁止劳动、服务领域的性别歧视、种族歧视,则是宪法(包括成文宪法与不成文宪法)平等保护的要求对整个立法体系的影响,这也对公民契约自由的行使产生了一定影响。这一立法,与美国 1964 年民权法案禁止对黑人的歧视,极为相似。而对房屋租赁契约,通过立法对出租人的权利进行限制,加强处于弱势一方——承租人的保护,与法国 20 世纪加强房屋租赁保护的做法有着一致性。

在立法上,德国早在 2005 年前后便开始酝酿起草《反歧视法》(草案)(Antidiskriminierungs gesetz),禁止在劳动法和民法领域基于种族、出身、信仰、世界观、性倾向、年龄或残疾情况进行歧视。为此,设置了举证责任倒置,如果雇主没有录用一个求职者,雇主应当保存所有的资料以证明其没有基于所列举的原因之一而歧视该求职者。该法在德国也是备受争议的,它在根本上涉及德国基本法与民事私法的关系。原来《基本法》第 3 条的规定只是禁止国家对公民进行区别对待,并不适用于私人领域,私人领域主要还是适用契约自由原则。禁止歧视,本质上则涉及对雇主、房东等选择缔约对

---

① 〔英〕F. H. 劳森、B. 拉登著:《财产法》(第 2 版),施天涛、梅慎实、孔祥俊译,中国大百科全书出版社 1998 年版,第 118—122 页。

象自由的限制。而缔结契约的自由，也是德国《基本法》第2条所保障的行动自由的内容。①

（3）在实践中，宪法对契约自由的价值及意义逐渐得到确立。

虽然法国宪法委员会在1994年8月3日所做的决定中，指出"并无任何宪法价值的规范保证契约自由原则"，但随后在1998年7月10日所做的决定中，指出"立法者不得损害合法订立的协议与合同的整体安排，以致达到'明显无视1789年《人权与公民权利宣言》第4条所规定之自由的程度'"②。宪法委员会改变了其立场，认为契约自由也是宪法保障的基本权利，只是未明确提出而已。③

在实践中，法国也通过宪法委员会的决定，根据社会发展为保障公民的基本权利对公民的契约自由进行一定的限制。这种对契约自由的限制，突出地表现在公民私有财产权与居住权之间的关系上。在法国宪法中，并没有明文规定人人享有的正常居住条件——居住权是一项基本人权。而在1982年7月22日第82-527号法律与1989年7月7日第89-472号法律则明确提出"人人有获得正常居住条件的权利"。为了实现与保障居住权，主要采取两个措施：一是在私人之间，针对房屋租赁契约中出租方与承租方之间事实上地位不平等，通过立法措施限制房屋所有权人在租房契约中的权利、并相应地赋予房屋承租人某些特权，以使其能获得较为有利的房屋租赁契约条件的保障；二是就国家而言，由国家通过投资兴建廉租房、征用空置住房供给无住房居民等方式促进居住权的实现。此后，1995年1月19日，法国宪法委员会则明确指出，"人人有获得正常住房条件"的权利是一项宪法宗旨，从而将居住权提升到宪法层面予以保护。宪法委员会于1998年7月29日作出的第98-403号决定重申了这一观点，指出立法者为了实现居

---

① 《德国"反歧视法"，应运而生、诞生艰难》，参见 http://news.chinesewings.com/cgi-bin/site/i.cgi?id=20050308170061237，2007-03-10。
② 《法国民法典》，罗结珍译，法律出版社2005年版，第784页。
③ 这是法国巴黎第一大学的Betrand Mathieu教授在"中法宪法、基本权与私法研讨会"（该会于2006年7月5日在中国人民大学召开）上，针对"在民法的三大原则中，所有权、侵权责任都先后被宪法委员会确立为有宪法价值，为何单单没有契约自由原则"的提问所做的回答。

住权可以对房屋所有权实施各种限制,但前提是这些限制措施不能过于严厉从而导致所有权的内涵与意义被扭曲。而在2000年12月7日,宪法委员会第2000-437号决定中,再次指出居住权虽然是一项宪法宗旨,但它并不具有优于财产权的效力,不能以牺牲财产权作为实现居住权的代价。① 通过宪法委员会先后作出的决定也可看出,一方面要通过各种措施保障公民的居住权,另一方面要防止居住权对公民私有财产权的侵害,其也是在公民居住权的保障与财产权的限制之间努力寻求协调。

在2006年,法国因"首次雇佣契约"法案所引起争议的再次引起了世界的关注。该法案规定,法国20人以上规模的企业在与26岁以下青年人签订雇佣契约后的最初两年内,可以随时将其解雇,并无须说明解雇的理由。② 这一规定引起了法国大学生的强烈抗议,并引发了大规模的游行示威。虽然法国宪法委员会根据法国《宪法》第61条规定进行了审查并于3月30日裁决"首次雇佣契约"法案符合宪法规定,并通过总统的电视讲话予以正式颁布,但迫于法国学潮和工会的巨大压力,总统不得不于4月10日宣布法国政府决定取消该法,并代之以"帮助困难青年就业机制"。4月13日,法国参议院通过了一项旨在帮助青年人就业的新法案,以取代在法国引发大规模抗议浪潮的"首次雇佣合同"法案。③ 对此,法国总理德维尔潘也表示,对法国公众不理解"首次雇佣契约"法案表示遗憾④,并承认在采取这一措

---

① Ve ipeaux M. Le droit de proprit dans la jurisprudence du Conseil constitutionnel:Permanence et realite, CJEG, mars 1999.419. 转引自李滨:《财产权在法国法上的效力及其地位演变》,载《哈尔滨工业大学学报(社会科学版)》2006年第3期。而这一举措在大多数学者看来,"人人有获得正常居住条件的权利"是"公共利益"这一抽象概念的具体表现,因此为了实现居住权而对房屋所有权施加各种限制,实际上就是为了公共利益而对财产权实施限制的具体形式。

② "首次雇佣契约"法案由法国总理德尔潘在2006年1月16日向国会提出,3月经过国会立法程序顺利通过。自2月7日大学生抗议要求政府撤回未果,爆发了更大规模的反对,单3月28日这一天就有近200万人上街游行示威。

③ 相关报道参见新华网 http://news.xinhuanet.com/newscenter/2006-04/14/content_4423309.htm,2007-04-16。

④ 该法案的本意在于鼓励企业大胆雇佣年轻人,缓解青年人高达22.8%的失业率,提高法国的竞争力。

施时操之过急。的确,该事件突出反映了国家在立法层面上的一系列问题①,但在笔者看来,它在更深层次上反映的是针对雇佣领域的契约自由,国家立法权力的介入及其限度问题。

在契约自由的保护与限制上,德国通过宪法法院的判决积累了丰富的经验。针对德国商法中"竞业禁止补偿制度"规定②的合宪性问题,宪法法院认为,一方面营业人有追求营利的充分自由,另一方面法律也应保障处于弱势的商业代理人的权利,双方都有宪法所保护的权利,因此商法的这一规定涉及对营业人自由的保障与对商业代理人自由的限制,不得违反比例原则。法院通过审查最终认定"竞业禁止补偿制度"符合《基本法》第12条第1项保障的职业自由,作为对立法益间的衡平措施,没有过度侵犯到契约自由。③ 针对房屋租赁中终止租约事由④的认定问题,承租人对要求其交出房屋的判决提出宪法诉愿,认为该判决侵害了依据《基本法》第14条所保护的财产权。这个案例提出了一个十分有趣的问题,即承租人基于租赁契约所取得的对租赁标的房屋的占有权,是否是《基本法》第14条第1项第1句所保障的财产权?联邦宪法法院对这一问题持肯定见解,因为住宅对于任何人而言都是个人生存的中心点。承租人所拥有的占有权与所有权人的法律地位是相同的。宪法法院通过对财产权的扩大解释,即将占有权也视为是财产权保障的范围,从而巧妙地对租赁契约中处于弱势一方——承租人给

---

① 通过这一事件的反思,有学者指出,要关注政府主导立法的危害,重视立法过程中的重复性、对抗性和妥协性;要关注法本身的合理性,重视"法上有法",避免"合法性危机";关注社会中介组织的立法影响,并给予其恰当的法治定位。参见于兆波:《法国"首次雇佣合同"法案的立法启示》,载《环球法律评论》2007年第1期。

② 根据德国商法的规定,营业人与商业代理人可以协议商业代理人的行为在契约关系终结后的一段时间内受限制,但最长不得超过两年。

③ BVerfGE 81,242,260 ff.

④ 依据德国修改前的《民法》第574b条(现行法第573条)规定,在房屋租赁关系中,出租人只有在对租赁契约的终止有正当利益时,才可以发出终止契约的通知。某承租人在接到出租人以自己有需求为由的终止契约通知后,被法院判决必须交出所居住的房屋。承租人认为,出租人所谓的年事已高且健康不佳需要儿子住附近的理由并不成立,作为终止租约事由的"自己需要"情形并不存在。

予了保护。① 针对《终止契约保障法》中的"小企业条款"②的合宪性问题,宪法法院以《基本法》第 12 条第 1 项保障的职业自由权为依据,指出其没有赋予公民工作职位请求权,但对已经取得的工作职位给予现状保障则是国家承担基本权利保护义务的要求,即保护受雇人使其免于被雇主任意终止契约的义务。而"小企业条款"的功能在于调和相互对立的利益,而且双方的利益通常都有基本权利作为依据,在对其合宪性进行审查时也必须注意到这一点。③

6.1.3 小结

"倘使要问,德国民法典,特别是其契约法本世纪在朝着什么方向发展,则大多数法学家都会回答:他们是沿着自非常形式化的基本观念到对法律制度,特别是对契约法越来越强的具体化理解的道路在发展。"④何谓"具体化"? Canaris 指出,虽然文献中多次提及"具体化"却很少清楚地揭示其具体涵义,就契约法而言,对该词可以从合同自由的角度、合同公正的角度以及作为契约法基础的世界观与政治观的角度等三个不同的角度加以理解。⑤可见,在 21 世纪的今天,契约自由的发展,尤其是在宪法与契约自由的关系上,二者将会在实现契约自由与契约正义的双重任务中发展。

"在研究了基本权利的演变历程后,可以说,这一历程其实就是经济发展和社会发展越来越受人们关注的过程。如果说 18—19 世纪是政治斗争,

---

① BVerfGE 89,1 ff. 但在肯定承租人的占有权受财产权保障的基础上,宪法法院也接着论证了承租人与出租人的财产权受同等保护,通过利益衡量,认为法院判决要求其交出房屋并未超出必要的界限,承租人败诉。

② 德国《终止契约保障法》规定,雇主只有在具有社会正当性的情况下才可终止雇佣关系。而所谓的"社会正当性"(依据该法第 1 条第 2 项的规定)指的是如由于受雇人本身或其行为的原因而终止雇佣契约,或基于急迫的营业事由无法再继续雇用该受雇人。而根据第 23 条第 1 项第 2 句的规定,上述限制雇主终止雇佣权的规定对于小规模的契约(原则上雇佣五名受雇人以下的企业)并不适用。一名受雇人为此提出宪法诉愿,要求联邦宪法法院对这条"小企业条款"是否合宪作出判决。

③ BVerfGE 97,169.

④ 〔德〕Canaris:《债务合同法的变化——即债务合同法的"具体化"趋势》,张双根译,载《中外法学》2001 年第 1 期。

⑤ 同上。

即为争取公民权利而斗争的世纪,那么,到了 20 世纪,人们迫切关注的则是社会和经济问题。"①而 20 世纪社会经济的发展及对其的理论研究,也将为 21 世纪契约自由的发展奠定理论和现实的基础。

宪法的优位性与基本权利价值的普世性决定了,契约自由不可脱离于基本权利价值体系之外发展。首先,在国家的法律体系中,宪法具有最高法律地位,宪法的这一优位性不仅是由宪法的性质所决定的,也是整个法律秩序的内在逻辑,任何法律领域(无论公法领域还是私法领域)都不能不受这一内在逻辑的约束。正是基于这一点,瑞士《联邦宪法》第 35 条便规定"基本权利必须在全体法律秩序中实现","在各该基本权利规范性质容许的范围内,国家机关须致力于使基本权利也适用于私人相互间"。② 其次,随着宪法社会化趋势与各国法治进程的发展,基本权利的效力也呈现出不断扩大的趋势,社会生活的各个领域逐步受到基本权利效力的影响,总的来看表现为:(1) 基本权利效力的实效化;(2) 基本权利效力理论的多样化;(3) 私法原则与基本权利价值的一体化;(4) 基本权利效力的发挥与判例功能的加强;(5) 基本权利效力与宪法规范的生活化。③

而回溯基本权利的发展历史,虽然基本权利在最初主要是以国家为规范对象的,但作为公民基本权利的——自由本身是具有多面向性的。它不仅是国家不得侵犯的公民的自由权利,而且也是国家保护公民不受来自其他公民侵害的权利。自由的这种多面向性,其实在 1789 年的法国"人权宣言"中就有所体现,只不过随着时间的推移,公民之间的私法关系却越来越少地被一般自由权及基本权利的讨论所触及。④ Starck 的这一论断,实际上

---

① 〔俄〕B. 马乌:《论宪法对社会经济的调控作用》,阎洪菊译,载《比较法研究》2001 年第 1 期。

② 〔德〕Christian Starck:《基本权与私法》,林三钦译,载 Christian Starck 著:《法学、宪法法院审判权与基本权利》,杨子慧等译,台湾元照出版公司 2006 年版,第 373 页。

③ 韩大元:《论基本权利效力》,载《判解研究》2003 年第 1 期。

④ 造成这一现象的原因,Starck 认为,这与实证主义以及按照当时的社会情境能保障自由与平等的较新私法法典完成立法有关。参见〔德〕Christian Starck 著:《基本权与私法》,林三钦译,载 Christian Starck 著:《法学、宪法法院审判权与基本权利》,杨子慧等译,台湾元照出版公司 2006 年版,第 368—369 页。

客观描述了基本权利对私法影响从"有所反映——较少提及——重新拾起"的变迁过程。而宪法文本中的对基本权利的规定,也是融对抗国家的防御权与对抗私人的防御权二者于其中的。如德国《基本法》中关于人性尊严(第1条第1项)、组成工会(第9条第3项)、婚姻家庭及母亲的保护(第7条第1项与第4项)、宗教信仰自由(第4条第2项)以及财产权与继承权(第14条第1项)等。①

当然,不可否认的是,在私法自治、契约自由的坚强堡垒面前,在国家与公民之间关系的传统宪法理论之下,宪法基本权利对私法的影响仍然是潜在而缓慢。基本权利对民事私法关系的影响,只是"客观地反映了立宪主义自身的展开过程。这个过程虽然是曲折的,但确是内在的,而且也是相对完整的"②。之所以如此曲折缓慢,是因为宪法基本权利体系与民事私法体系在适用对象、调整方式上都有着本质的差异,如何既能充分体现宪法基本权利体系对整个法体系的拘束作用,又能保证民事私法体系本身所坚守的私法自治、契约自由不受妨碍,则需慎之又慎。

6.2 小荷初露?——21世纪契约自由的发展

无论是从理论上对契约自由发展的概述,还是基于国别对各国契约自由发展的介绍,都从不同角度展现了契约自由在20世纪的发展概况。诚然,契约自由的发展不可脱离民法——这一结构框架。展望契约自由21世纪的发展,也不可缺乏对21世纪民法发展的整体把握。对于21世纪民法的发展,我们必须充分认识到,一方面它要面临人性的尊重与对人性的威胁、人的物化现象、人与动植物的区别、计算机系统契约、大量拷贝与权力集

---

① 参见〔德〕Christian Starck 著:《基本权与私法》,林三钦译,载 Christian Starck 著:《法学、宪法法院审判权与基本权利》,杨子慧等译,台湾元照出版公司2006年版,第370页。
② 林来梵著:《从宪法规范到规范宪法——一种规范宪法学的前言》,法律出版社2001年版,第103—104页。

中处理系统、信息产品的责任、大规模受害的救济等尚待解决的难题[①]，另一方面它也需要妥善解决统一化与多元化、自由主义与社群主义对立发展的问题[②]。诸多难题也直接影响了契约自由的发展，对此进行逐一分析也远非作者力所能及。故以类型化的视角，择取小区规约、代孕契约以及国家提供资讯义务所引发的争议，逐一进行分析。

6.2.1 小区规约：现代城市住宅建设对契约自由的影响

随着城市规划和房地产的发展，建立大规模的住宅小区，以住宅小区为范围的生活区域逐渐形成。在住宅小区范围内，特别是针对同一栋住宅楼而言，各个业主一方面对自己所购买的住宅房屋有单独的专有所有权，另一方面又与其他业主在住宅的构造、使用上构成了共有的关系，其专有所有权的行使离不开对楼梯、供水供电供气等公用设施设备的使用，而业主专有所有权的行使又影响到整栋建筑物的安全及适用。因此，为了保障小区安宁，实现建筑物的正常使用，住宅小区的业主们一般都会签订明确权利义务关系的小区规约或章程等。而在签订的小区规约中，必然涉及对业主使用住宅的限制，其中也涉及业主自由或权利的限制。在此，主要针对娱乐场所能否进入小区、能否驱逐艾滋病患者的小区规约予以审视。

为了保障小区住户来源的单一性，维持小区生活必要的安宁，在小区规约中明确禁止业主将住房出租或转让以供商业营利之用。一般而言，业主行使契约自由约定该事项，国家并未明确禁止。这种情况也是在现实中大量存在。然而，如果某个业主执意将房屋出租给商业公司，而其他业主认为其违反了小区规约，要求法院判决该出租无效。问题就比较棘手，一方面这涉及的是业主的专有所有权与全体业主的共同所有权之间的协调，另一方

---

① 日本民法学者北川善太郎所归纳。转引自梁慧星：《从近代民法到现代民法》，载《民商法论丛》（第7卷），法律出版社1997年版，第250—254页。
② 齐树洁、王建源：《论20世纪民法的发展趋势》，载《厦门大学学报（哲学社会科学版）》1999年第1期。

面也涉及小区规约的效力问题。①

为解决该难题,上海市出台的《服务行业行政许可听证办法》(试行)规定,在社区开设发廊、浴室、酒吧、茶社、舞厅、旅舍等场所的,在有关部门审批发放许可证之前,必须由街道办事处或乡、镇政府组织听证会,经过居民听证同意后才可获准进入。因为,娱乐场所进入小区有可能对周围居民的生活造成影响,办理许可事宜的行政机关切不可主观臆断,应该通过听证充分听取小区业主的意见。而进行听证的内容也涉及是否符合服务网点设置规划、是否符合行业经营和管理技术规范、是否会对周围居民生活环境造成不利影响等。一方面,基于社会和管理的需要,对娱乐服务场所的开办进行许可制度,这实质上表现为对从事娱乐服务业人员的职业自由的限制;另一方面,即使是国家机关对职业自由的限制,也必须通过听证会听取社区居民的意见,充分尊重居民意志。当然这一办法仅仅是针对行政机关发放许可证行为的规定,与小区住户之间行使契约自由订立"禁止营业场所入内"的契约的做法,无论是在性质上还是在法适用规范上都有着本质的不同。

为了保护小区内住户的身心健康,在小区规约内能否有"禁止艾滋病患者入内"的条款?这一问题,则因我国台北地方法院的一则判决引起了争议。台湾关爱之家在台北市某小区设置艾滋病收容所,该小区住户担心健康及房价受影响,以"小区规约"中"不得收容或安置法定传染病患"的规定为依据,要求关爱之家搬迁。双方为此引起争议诉之法院,台北地方法院作出2007年重诉字第542号判决,认为规约仅规范住户不得从事"收容或安置"传染病之业务,并非限制患有传染病者不得居住于本小区。故依据该规约的搬迁决议并未违反"民法"第72条公序良俗条款,要求关爱之家搬迁合

---

① 对于"住宅商用"的问题,我国《物权法》中亦有相关规定,其中第71条规定:"业主对其建筑物专有部分享有占有、使用、收益和处分的权利。业主行使权利不得危及建筑物的安全,不得损害其他业主的合法权益",第77条规定:"业主不得违反法律、法规以及管理规约,将住宅改变为经营性用房。业主将住宅改变为经营性用房的,除遵守法律、法规以及管理规约外,应当经有利害关系的业主同意"。

法。而"宪法"第10条规定的公民的居住、迁徙自由,主要是用于规范国家与公民之间的关系,并不适用于规范私人之间的法律关系,因此该小区之规约或决议并未违反宪法规范。然而,判决一出,却引起了社会的强烈反响与学者的强烈反对。发表在网络上的一篇标题为"公法学应重修的台北地院"的文章明确表达了对该判决的不满,认为"台北地方法院这样的判决着实令人错愕":其坚持基本权利只是规范国家与公民关系的立场,未能注意到基本权利对于私人之间法律关系的影响,未能通过民法中公序良俗等概括条款的解释来体现宪法基本权利的精神,是对艾滋病患者的歧视和不平等待遇的放纵。①

因此,针对城市建设及小区建设中所出现的问题,对小区规约的引导和执行,都涉及国家权力的定位及行使。目前,政府的引导和协助对于小区自治的成熟和完善是必要且有益的,但政府部门也应充分认识到,物业管理属于私权领域,应遵循私权自治规律,物业管理活动中业主才是真正的主角,业主有权自主建立物业管理组织和制定自治管理规则,选择合适的物业企业。② 而随着我国《物业管理条例》的颁布及实施,城镇住宅小区物业管理逐渐步入法治化轨道,如何实现业主合法权益的保障,防止业主运用契约自由从而过度侵犯人权与基本权利的发生,也是小区规约的核心所在。

6.2.2 代孕契约:人工辅助生殖技术对契约自由的影响

现代科技的发展,借助人工生殖技术使得不育妇女由第三人代孕成为现实。为了明确双方的权利义务关系,当事人一般都会签订正式的代孕契约。而由于代孕契约的内容及其性质十分特殊,在执行代孕契约中所产生

---

① 《歧视合法! 患病活该》,载元照网络书店:http://www.angle.com.tw/focus/focus168.asp,2006-12-3。
② 陈方秀:《我国现代住宅小区物业管理中的业主自治》,载《法学杂志》2006年第5期。

的法律问题也十分棘手。在美国 1988 年即有著名的 Baby M. 案①,新泽西州高等法院认定代孕契约无效,并以"子女的最佳利益"为依据将婴儿判给了 Stern 夫妇。法院认为,该代孕契约的目标在于通过私下协议以收养婴儿,在该州法律是不允许的,与现行法律与国家政策相冲突。而随后在 1993 年的 Johnson v. Calvert 案②中,在代孕契约的效力认定上,法院并未采纳其违反国家社会政策的主张,认为代孕与收养不同,不能适用收养法的相关规定,该契约并未违反美国宪法上"禁止非本意劳役"的规定,也没有导致经济弱势妇女被经济强势妇女所侵犯、小孩商品化交易的恶果。

之所以选取和 Johnson v. Calvert 案做比较,因为两案都是美国在代孕契约的执行过程中,代孕母亲反悔引起争议的比较著名的案件。针对代孕契约的效力认定,前案法院以违反法律和公共政策为由否认了代孕契约的效力;后案法院并未采纳代孕契约违反法律和公共政策的理由,提出代孕并不适用于收养相关法律规定。而在代孕契约的执行上,前者法院以否定代孕契约的合法性当然否定了其强制执行;后案法院以双方的代孕契约为依据,否认了代孕母亲要求探视的权利。

在我国,随着生殖技术的发展,代孕也如"一夜春风"悄声而至:"代孕服务"现身网上,根据学历和条件将代孕补偿费用分为从 4 万到 15 万元五

---

① 案情概要:因 Mr. Stern 妻子不能生育,Stern 夫妇与 Mrs. Whitehead 签订代孕契约(Surrogate contract),双方约定使用 Mr. Stern 精子,由 Mrs. Whitehead 提供卵子,并由 Mrs. Whitehead 孕育生产,婴儿出生后交由 Stern 夫妇,Mrs. Whitehead 同意终止母亲权利;而婴儿出生后交由 Stern 夫妇时,Stern 夫妇支付给 Mrs. Whitehead 1 万美元。婴儿出生后,因 Mrs. Whitehead 拒绝交还婴儿,Mr. Stern 依代孕契约约定请求法院强制执行。See M', 537 A.2d 1227, 1249 (N.J. 1988)。

② 案情概要:Mark 与 Calvert 是一对渴望拥有孩子的夫妻,妻子 Calvert 被迫接受子宫切除,但保留了卵巢。1990 年 1 月 15 日,Anna Johnson 与 Calvert 夫妇签订代孕契约,将 Mark 的精子与 Calvert 的卵子经由人工受精创造胚胎,植入 Johnson 子宫内,孩子出生后即交由 Calvert 夫妇,Johnson 放弃"所有母亲权利";Calvert 夫妇分期支付给 Johnson 1 万美元(最后一次付款为婴儿出生后 6 周),并且为其支付 2 万美元的人寿保险。后来,双方关系恶化,Johnson 以拒绝放弃孩子相威胁,要求 Calvert 夫妇支付相应余款。后来,Calvert 夫妇提起诉讼主张其是婴儿的法律父母,Johnson 也主张其是婴儿的母亲。参见 Supreme Court of California 851 P.2d 776(Cal 1993)。

个等级①;因40万代孕生子,引发了双方"夺子"、告夫"重婚"三桩官司②。针对代孕引发的一系列社会问题,我国卫生部2001年颁布的《人类辅助生殖技术管理办法》第3条明确规定"医疗机构和医疗人员不得实施任何形式的代孕技术",第22条则对违法实施代孕技术的医疗机构的法律责任做了规定。这一规定,表明了我国目前在代孕上所持的基本立场。但由于代孕满足了一定的社会需求,《办法》也主要规范的是"医疗机构和医疗人员",许多私下的代孕契约交易仍然屡禁不止。因此如何认识代孕契约的本质,充分考察契约自由在代孕契约上的表现及其限制,则十分重要。

在契约自由从近代向现代的变迁中:一方面,契约自由的影响发生了某种程度的限缩,即从对契约自由的高度信奉到对其进行一定的限制,如大量的社会、劳动立法等;另一方面,契约自由的领域也发生了一定程度的扩张,即从社会协调、当事人自主的角度对合意进行了一定的扩大解释,如婚姻被视为双方当事人组成家庭合意的结果,继承也以尊重当事人的意思为原则等。③ 这在代孕契约上表现的尤为明显:一方面要求代孕夫妇与代孕母亲自由协商形成代孕合意,代孕母亲履行孕育生产婴儿的义务,要求代孕夫妇履行金钱补偿义务,双方权利义务明确,是充分行使契约自由的结果④;另一方面,契约的履行是以代孕母亲健康的子宫或卵子为前提的,而且通过双方当事人的协议决定了婴儿的亲权归属问题,这也是传统的契约法领域所不能解决的问题。婴儿亲权的归属由双方协议决定,在更深层次上反映的是契约自由原则的触角能否延伸到家庭法领域的问题。而代孕契约引发的损害赔偿问题,能否用民法上的一般损害赔偿来处理,也是需要另外讨论的。⑤

---

① 中华代孕网 http://www.cooele.com/jiage.htm,2006-6-15。
② 《结果引发3桩官司40万元代孕生子再上法庭夺子》,参见新浪网 http://www.sina.com.cn,2006-6-15。
③ freedom of contract will expand in some areas and recede in others, See Mark L. Movsesian, Two Cheers For Freedom of Contract, *Cardozo Law Review*, Vol. 23:4, p. 1548.
④ 德国学者迪特尔·梅迪库斯指出:"由于这种合同是有偿的,因此更确切些说是'母亲租赁合同'(Mietmuttervertage)。但在实际上,这些合同更接近于承揽合同"。参见〔德〕迪特尔·梅迪库斯著:《德国民法总论》,邵建东译,法律出版社2001年版,第531页。
⑤ 苏坤成:《论代孕契约之损害赔偿》,台湾"国防管理学院"2000届硕士学位论文。

在这个意义上,以传统的契约法理论难以解决代孕面临的一系列问题,因为在本质上代孕契约不仅仅是单纯财产关系的契约,它是横跨债法与人法的契约。只有认识到这一点,才能体悟代孕对现代社会法律与伦理的冲击和挑战的关键所在,才能以此为基础对契约进行科学、合理地规范。诚如德国学者 Albin Eser 所言,"世界上没有任何一个国家,如此密集地以宪法观点,特别是以人性尊严去探讨生殖医学问题"[①],对于这样一个横跨债法与人法、兼具私法与公法的——代孕契约,如何在充分尊重当事人生育自主权、尊重代孕母亲的人格尊严与身心健康的前提下,防止代孕契约沦为双方交易婴儿的手段,有效防止经济富裕妇女对经济贫困妇女的变相侵害,这也是代孕契约司法和立法不得不面对的问题。

6.2.3 国家提供资讯的义务:现代信息社会对契约自由的影响

2002 年 6 月 26 日,德国联邦宪法法院针对经营葡萄酒的酒厂提出的宪法诉愿[②]作出判决,判决驳回宪法诉愿。该事件最早源于 1985 年有消息称在德国有商家用本来做防冻剂和化学溶剂的乙二醇掺入葡萄酒中予以销售。为此,在德国民众中存在着慌乱,葡萄酒消费也急剧下降,联邦青少年、家庭及健康部于 1985 年 6 月底发行了一份"在德国确认掺有 Diethylenglykol(DEG)乙二醇之葡萄酒和其他产品的名单"。一葡萄酒厂被列名其中,其向德国联邦政府提起诉讼,请求不要被列入名单之中。地方行政法院驳回诉讼,后又提起上诉,亦遭败诉。高等行政法院认为,销售含有乙二醇的葡萄酒,依照《葡萄酒法》是属于不合法行为的范围内,不得引用其根据《基本法》第 12 条职业自由和第 14 条财产权请求保障,政府发布的是一项消费者资讯与警告,营业者对其产品的真实的报道与批评原则上必须忍受。联

---

① Albin Eser, Neuartige Bedorhungen ungeborenen leben. Embryonforschung und "Fetozid" in rechtsvergleichen der Perspektive,1990, S. 28 ff. 转引自李震山:《从宪法保障生命权及人性尊严之观点论人工生殖》,载《月旦法学杂志》1995 年第 2 期。

② 酒厂认为联邦青少年、家庭及健康部公布发行的一份确认掺有 Diethylenglykol(简称 DEG,即乙二醇)的葡萄酒和其他产品的名单,侵犯了其基本权利。

邦行政法院则一方面承认政府公开名单的行为,产生了对职业活动自由的严重妨碍,必须依据《基本法》第12条第1项予以判断,另一方面指出,要对宪法保障的各种利益做具体衡量,公开发表名单对于抑制民众不安、保护公众健康有合理理由,且符合比例原则。而联邦宪法法院最后作出判决,认为公开发表掺有乙二醇葡萄酒名单,并非侵害宪法诉愿人依据《基本法》第12条第1项第1句的职业自由基本权,更未侵犯到第14条第1项第1句的财产权以及第3条第1项的平等权、第2条第1项人格权等基本权。①

虽然宪法法院最终对于公布名单侵害葡萄酒厂家的基本权利做出了否定性的回答。但在现代信息社会,国家承担着怎样的资讯公开义务、消费者要求资讯公开的权利与厂商之间的营业自由如何平衡等,则是人们广为关注的问题。市场经济体制下,通过行使契约自由实现商品的买卖与交换,首先则需要尽可能地获得关于市场的资讯。只有知悉这些资讯之后才可能作出合理的参与市场的决定,如果缺乏这些资讯则无法作出判断。而鉴于商品买方市场与卖方市场在资讯上的不均衡,满足契约自由实现的前提要求,一般国家都对提供资讯作出了相应规定。从提供资讯的主体来看,主要表现为两个方面:一是,由国家承担提供资讯的义务,由国家机关行使资讯公开的职责,则直接涉及国家的咨询公开与当事人契约自由的行使与限制的问题;另一方面,国家通过制定相应的法律,对于契约关系中掌握资讯或是处于优势地位者公开资讯的义务。这里就涉及国家施加给契约当事人的资讯公开义务与当事人所享有的资讯自主权的保护之间的问题。

由国家承担提供资讯的义务,也是源于基本权利的功能与要求。基本权利主要表现为"主观权利"与"客观规范"两个面向,作为主观权利,又主要表现为防御功能与给付功能两个功能面向。而就"给付权利"而言,公民可以请求国家的范围相当广泛且多样,李建良学者将其分为"程序性"给付或服务(包括诉讼权、请愿权、程序权等)、"物质性"给付或服务(使用国家设备或公共设施的权利、请求国家提供经济补助或紧急救助的权利)以及

---

① 参见《德国联邦宪法法院裁判选辑》(十一),台湾"司法院"2004年版,第169页—187页。

"资讯性"给付或服务三种类型。为此,提出"所谓的资讯性的给付或服务,是指国家必须提供人民一定的资讯,并确保人民得以平等接近国家资讯及媒体的程序。严格而言,此类给付或服务的提供,亦属前述程序性与物质性给付的一种型态,惟因资讯公开乃是现代社会中备受关注的一项客体,故本文将之单独论列,以彰显其重要性。"①

在由国家承担提供资讯的义务时,必须满足一定的条件。首先,国家提供资讯有合理化理由,必须是为弥补市场资讯不对称所必需的;其次,国家提供资讯必须是基于法定权力的行使,即提供资讯是该国家机关的职责;再次,国家提供资讯必须遵循一定的范围与限度,不得逾越这一范围。而近年来频频发生的农业、食品安全事件,也表示出在这种情形下国家提供市场资讯,消除公众恐慌,保证市场的有效运作,其意义十分重大。

而国家通过制定法律要求一方当事人履行提供资讯的义务,即主要是承担信息披露的义务,则主要反映在国家通过制定相应法律对缔约过程的控制。当然,由此产生的难题便是,在何种情形下当事人可以因对方当事人未披露相关信息而受害,从而要求契约无效?而这里的"未披露"有别于传统契约法上积极为之的虚假陈述,而是未讲出某些事实,是一种消极不作为,而该事实是关系到当事人决定是否订立契约的关键因素。

在一些案件中,买方可以基于卖方违反了明示的或者默示的担保(卖方未能披露的事实本身就可以构成对这种担保的违反)为由,进行抗辩或者反诉。在其他案件中,作为消费者的被告可以在消费者权益保护法中寻求救济,消费者保护法要求对方当事人就某些事实作出披露。而在很多案件中,能否以欺诈性未披露作为契约无效的理由,则有赖于法院的判决。

在美国,法院通行的规则一直是,在契约关系中一方当事人对相对方并没有积极披露信息的义务,因而未披露不是对方当事人可以主张的一个抗辩事由。不能期望正在订立契约的当事人将他所知道的一切都告诉对方当

---

① 李建良著:《宪法理论与实践》(一),台湾学林文化事业有限公司2003年版,第58—64页。

事人,即使他知道对方当事人缺乏交易中某些方面的知识。① 当然,法院也承认了许多例外,在这些情形下②未披露可能成为主张契约无效的理由。由此可见,前三个例外要求言语或者行动超出单纯的沉默,所有前六个例外不能经常适用,仅限于特殊的情况。而第七个例外所谓的"基本假定"概念很宽,在司法适用上非常宽泛且不确定。③ 而在实践中,各法院的做法也不尽相同,针对卖方出卖不动产时的隐藏瑕疵的披露义务,有法院认为卖方必须进行披露,如披露白蚁问题、屋顶瑕疵、较严重的蟑螂之害、住宅区的垃圾掩埋情况等;而有的法院并不认为卖方有披露住宅白蚁危害的义务;亦有的采取折衷立场,认为如果隐蔽瑕疵具有危险性,就必须将其披露。

在此,亨利·马瑟教授提出了一个十分有趣的问题,一般认为卖方负有公认的披露隐蔽瑕疵的义务,而买方却不必披露那些会使财产的价值高于卖方想象的价值的事实。"很难相信共同体准则要求卖方披露白蚁却不要求买方披露其在卖方土地中蕴涵了珍贵的矿石","有关公平披露的共同体准则能否以这样或者那样的方式建立起来值得怀疑"。④ 将要求卖方承担的披露义务与买方并不需要披露相比较,法律实际上对卖方施加了额外的信息披露义务,而对买方却未做此要求,即使买方知悉该信息对于卖方确定其价格是如此重要。为了解决卖方与买方在信息披露义务上的不均衡,一方面法院需要一些以自然法方法形成的指导方针,另一方面立法者在制定法律时也不可过于僵硬,只有在未披露行为造成(或者可能造成)严重的损害而使契约无法执行时,才可使契约无效。⑤

---

① 〔美〕亨利·马瑟著:《合同法与道德》,戴孟勇、贾林娟译,中国政法大学出版社2005年版,第216页。
② 这些情形包括:(1)未披露的一方采取积极措施隐瞒真相或阻碍对方当事人进行调查;(2)未披露的一方仅做了部分披露,且因为不完整(部分事实)而使对方产生误解;(3)未披露的一方知道为防止他之前所做的陈述造成误解,有必要做进一步的披露;(4)未披露的一方与对方当事人之间存在信托关系或者委托与信任关系;(5)当事人之间议定的是保证合同或者保险合同;(6)未披露一方明知对方当事人误解了他们之间书面合同的内容或法律后果;(7)未披露的一方知道对方误解了某个基本假定,而公平交易的合理准则要求其进行披露。
③ 〔美〕亨利·马瑟著:《合同法与道德》,戴孟勇、贾林娟译,中国政法大学出版社2005年版,第217页。
④ 同上书,第218页。
⑤ 同上书,第222页。

因此，无论是国家直接承当提供资讯的义务，还是通过法律规定由当事人承担信息披露的义务，都必须充分考虑到公共利益与个人利益、个人利益与个人之间的平衡，防止由此带来的对公民基本权利的侵害。李建良学者就指出，国家对基本权利的侵害，并不仅仅表现为具有规制性的"法律行为"，非规制性的事实行为，也可能产生对基本权利的侵害。尤其值得一提的是，在现代多元社会，国家为达到保护公民权益的目的，经常会公开发表言论、提出警告、呼吁或者建议等，其中因含有负面指涉而可能对公民的名誉权、工作权或财产权造成一定的侵害。这种情形在方式上主要表现为两种：一种是国家以"指名道姓"的方式提出呼吁或警告，甚至鼓励人民从事某种"抵制行动"，如国家指出某种品牌的食品有害健康并呼吁消费者不要购买，即属于最常见的例子。一种是国家并未"指名道姓"，而针对某一事件或事项提出警告、呼吁或建议等，例如在大众媒体上指出某种食品"有害健康，切勿食用"的广告，或公开指出某食品可能致癌，劝告民众不要食用的劝告等，这类事实行为虽不是针对某种特定对象，但如果能够确定其影响与范围，也可能构成对基本权利的侵害。①

6.3　山雨欲来？——宪法影响下的契约自由

6.3.1　契约自由的发展：私法发展的危机

针对近百年来私法的发展，特别是基于德国私法的发展，弗朗茨·维亚克尔教授在1977年出版《近代私法史》一书中便做了全面考察。他首先注意到较之私法，近百年来法律思想的发展更显著地表现在各民族以及国家、社会团体与个人之间的关系上，即与国际法、宪法、行政法、刑法以及社会法管理更为密切。而法律思想的更新与"私法史的关系似乎有限"，"假使不

---

① 李建良著：《宪法理论与实践》（一），台湾学林公司2003年第2版，第84页。

能重新证立法律信仰,欧洲私法也不会有未来。"①维亚克尔并非危言耸听,实际上在梳理近百年私法发展历史的过程中,他已前瞻性地看到"私法秩序的正当化已显不足"②这一现象。

首先,20世纪以来,在建设"社会国家"、"福利国家"的进程中,社会国与法治国之间的关系也日益紧张。这二者之间的紧张关系也直接影响了私法的发展,并影响了私法秩序的型构。法治国的基本要求便是通过法律明确划分国家权力的范围及界限,这就要求无正当理由不得限制与牺牲公民基本权利与自由,公民的基本权利与自由更多地表现为防御国家侵犯的消极性。而随着立法、行政、司法与舆论均被社会国的热情与伦理所笼罩,19世纪国家权力与社会之间的严格划分,也日益消泯,不仅国家权力,而且社会的每一个成员都要求为社会福利负责。"正因此一决定才造成两种价值模型间的持续紧张,在宪法里,这表现在法治国与社会国关系的无尽讨论中。"③

其次,针对私人之间的契约关系以及财产权,不仅涉及私人之间的利益,也需要置身于整个共同体秩序之中考虑其价值及其运用。④ 这一现象无疑也是基于社会国的整体性、相关性的要求,公法限制私权更为具体的表现。这一表现主要通过两个方面表现出来。一方面,我们的法秩序(以及,与自由主义的企业主社会相对应的社会主义市场经济的经济宪法)同时赋予契约、财产权利、土地所有权、资本、生产工具与经济结社以整体经济上的作用。⑤ 另一方面,在司法裁判上,契约、损害平衡与限制财产权,涉及的不仅是私人间利益的平衡,而且也具有总体经济上的作用。⑥ 这一点在民事司法上表现得尤为明显。"现代社会国之法治国性质已预先决定,私法也必须

---

① 〔德〕弗朗茨·维亚克尔著:《近代私法史——以德意志的发展为观察重点》(下),陈爱娥、黄建辉译,上海三联书店2006年版,第584页。着重号为笔者所加。
② 同上书,第585页。
③ 同上书,第586页。
④ 在书中,使用了"被赋予了整体经济上的作用"这一表达。
⑤ 〔德〕弗朗茨·维亚克尔著:《近代私法史——以德意志的发展为观察重点》(下),陈爱娥、黄建辉译,上海三联书店2006年版,第587页。
⑥ 同上书,第586页。

被理解为自由范围与自由限制的体系。"①而对私法的基本原则——契约自由而言,同样也是在自由与限制的体系中发展。

较之过去私权神圣的私法体系而言,"今天的民法学方法则身陷危机"②,但维亚克尔十分乐观,"我们希望这是一种有益的危机"③。现实的发展,提出了"私权、私法自治、契约、财产权等核心概念的新的正当化根据何在"的原则性问题。而要解决这个问题,问题的关键也在于,如何以新的价值定位并通过体系性、适当性的方法,实现与整个共同体秩序的基本原则。私法时代的最后一个前提始终是:寻绎出一种可靠的方法,将其时代的所有问题素材安排进一个精神秩序内。④ 然而,民法释义学被给定的任务究竟是一种正确解决问题的技艺理论,还是要建构一个思想上与逻辑上适当安排、由前后一致的推导脉络所构成的学理建筑,此等根本立场上的对立问题,则悬而未决。对这一问题的回答,虽然维亚克尔一方面指出"以法学的直接公共任务而言,看来应倾向第一种说法"⑤,同时,他又指出:"假使私法学能转向处理、体系性地安排这些处于社会形塑与私人利益保障之间的,在今天算是边缘领域的问题的话,或许可以克服此等危险;因为如前所述,此一领域正是其实质的关键性问题所在。"⑥根据维亚克尔的表述,从技术层面建立一个完善的民法释义学是十分必要的,而且从现实来看似乎也更为可行。世界上许多国家对民法方法论的探讨也在做这一方面的工作。但他更关注到了民法发展与整个社会发展的紧密关联,看到在当今共同体之下,私法发展所面临的个人利益与公共利益直接的协调这一重大问题尚待解决。而且,从某种意义上而言,这较之从方法技艺层面探讨的民法释义学则更为根本,而"将古老私法体系纳入今日之法秩序之整体脉络的努力,才刚开始"。⑦

---

① 〔德〕弗朗茨·维亚克尔著:《近代私法史——以德意志的发展为观察重点》(下),陈爱娥、黄建辉译,上海三联书店2006年版,第586页。
② 同上书,第587页。
③ 同上书,第587页。
④ 同上书,第587页。
⑤ 同上书,第588页。
⑥ 同上书,第588页。
⑦ 同上书,第588页。

6.3.2　契约法的宪法化：阳光下的新事物，抑或新瓶装老酒

作为规制契约自由的法律规范——契约法，与宪法存在着怎样的关系，长期以来很少有人将二者联系起来。因为在大陆法系中严格的公法与私法划分格局中，二者本是各为一体，互不相扰。然而，近年来无论是契约自由的变迁，还是契约法的发展，都呈现出其与宪法千丝万缕的联系。当然，对这一发展态势，在我国对其的关注甚少，而在国外却有不少学者对此积极关注。

Olha Cherednychenko 在其《契约法的宪法化：太阳下的新事物？》一文[①]中，对当前所呈现的"契约法的宪法化"问题做了系统研究。首先，其指出契约法与基本权利近来以非常快的速度向对应的方向发展。基本权利也不再仅仅限于个人抵御国家权力的有利武器，而单纯的契约关系（包括国家并不作为一方当事人的契约）也很快地失去了对基本权利影响的免疫力。其次，契约法的宪法化是私法的宪法化的一个部分，这个主题已经受到律师的关注。然而，并不仅仅是德国，其他国家也开始关注这个主题。最后，总结了私法发展的两个趋势：一方面，基本权利对私法的影响越来越大，特别是在契约法领域，私法对私人关系的规制不再是一个封闭系统，必须全部服从于基本权利的价值体系。而这一倾向，对欧洲法律体系中公法与私法的严格界分极具挑战。另一方面，在私法自身，特别是在契约法中，受社会本位的影响也越来越关注对弱势一方的保护。在这种发展背后的观念便是，在契约缔结的不同阶段，不仅是个人利益的引导，更应是另一方正当利益的引导。换句话说，个人不仅仅为自己负责，而且为他人负责。在这个趋势下最明显的表征便是不同类型告知义务的发展，如消费者法律中、契约法中诚信

---

① 援用英国著名的谚语"契约法的宪法化，太阳下每天都有新事务"。原文为"use the words of the famous English saying, there is something new under the sun in the constitutionalization of contract law"。

当然，对于"constitutionalization"所谓"宪法化"的表达，与中文表达中所谓的"……化"有着一定的区别，并不是指作为私法的契约法完全被宪法所替代，而是指契约法受宪法价值的影响在范围、程度上的扩大与强化。纵观全文，也是对这一主张的表达。

原则等。从根本上而言,两个趋势都为了达到对弱势群体的适当保护。①

在对这两个趋势进行分析的基础上,其提出了一个十分深刻的问题:在契约法的宪法化中,注重对弱势群体的保护,较之契约法中已经表达的原则与概念,有什么本质区别?易言之,从契约法问题向宪法问题的转化,是一个形式上的问题,还是更为实质的转换?② 如果在契约法的宪法化过程中,契约法概念仅仅是被宪法具有同种意义的概念所代替,那么二者就没有实质差异;如果在契约法中没有或者不能提供对弱势群体的保护,则需要宪法价值导入其中。对这个问题的解答,需要全面考察契约法、宪法的价值理念与规范体系以及二者之间的关系。这也需要反思契约法体系自身的自足性,即其本身能否独立承担起保护弱势群体的功能而无需宪法价值的导入。

6.3.3 小结:宪法与契约自由的新挑战

针对20世纪90年代初东欧剧变中的民主运动、市场经济运动以及宪政法治运动这三种运动的表现及其关联③,凯斯·R.桑斯坦教授纠正了许多人认为"宪法的起草和解释是象征性的,或是与实际中艰巨的经济、政治毫不相干"这一错误看法,明确指出:"一部好的宪法可以为点燃经济发展和民主改革之火起到重要作用。在当前形势下,这一点确实是绝对必要的"④,"一部好的宪法可以防止一个制度中的所有权由于政治原因被反复

---

① Olha Cherednychenko, The Constitutionalization of Contract Law: Something New under the Sun?, *Electronic Journal of Comparative Law*, vol. 8. 1. (March 2004).

② Ibid.

③ 对于"宪法与经济"这一课题,早有学者指出:"大家可以说宪法是法律的一个特殊部门,它并不涉及财产或财产关系,只是涉及政府的机关、选举和行政。然而一经考察,我们便可看出上面说法的肤浅。"见〔美〕查尔斯·A.比尔德著:《美国宪法的经济观》,何希齐译,商务印书馆1984年版,第20页。

而在地域范围上,不仅在东欧国家,在亚洲国家也是如此。"对亚洲社会而言,立宪主义的最大价值在于通过宪法调整,为经济的迅速发展提供立宪基础,……只有在现实的经济发展中才能进一步扩大立宪主义的社会基础,同时体现立宪主义的价值。"见韩大元著:《亚洲立宪主义研究》,中国人民公安大学出版社1996年版,第147、151页。

④ 〔美〕凯斯·R.桑斯坦著:《自由市场与社会正义》,金朝武、胡爱平、乔聪启译,中国政法大学出版社2002年版,第273页。

修改。"①而针对宪法与经济自由的关系,他亦指出:"在下一代,制定一系列规定放到宪法的'经济自由'部分可能是有益的。这个部分确实可以成为当今立宪者们为探索宪政理论和实践所作出的诸多新贡献的一部分"②,为此,桑斯坦教授初步勾画了一些宪法规定,其中包括法治、保护财产不被没收、保护财产不受正当程序的侵占、对契约的保护、对工资及价格控制的一般禁止、职业自由等多方面的内容等。

其中涉及"对契约的保护",其指出在那些选择这条的道路的国家中主要存在着两个问题:第一个问题是这种保护是只适用于以后的事物还是具有追溯以往的效力。国家应当可以自由的为人们订立协议创造条件,对于国家事先确定人们订约的条件限制不应当存在任何限制。美国就是采用的这种方式,允许政府随其所愿影响契约秩序,只要它的这种行为是事先作出的。第二个问题是,"警察权"——即政府保留的权力可以在多大范围内限制契约自由。国家可以禁止订立谋杀、暗杀的契约,国家也可以禁止月薪低于一定金额、每周工作超过一定工作时数的契约。但是,这难道意味着仅仅由于结果对一方不公平,国家就可以溯及既往地损害契约吗?如果这样的话,契约自由也就成了形同虚设的规定。在这后面还有一个重要问题,即政府运用其权力保护人民免受不公平交易的损害。一般认为,对不公平交易的适当补救办法就是禁止此类交易。但是这种假设的补救方法能否帮助较弱的一方尚不明确,而且它根本不会触及人们作出不利选择的背景条件,也不太可能成为重新分配资源或权力的有效方法。③

---

① 〔美〕凯斯·R.桑斯坦著:《自由市场与社会正义》,金朝武、胡爱平、乔聪启译,中国政法大学出版社2002年版,第275页。
② 同上书,第290页。
③ 同上书,第291—292页。

6.4 契约自由与宪法关系在我国的课题

6.4.1 我国契约自由的理念与实践

契约自由作为民法的基本原则之一,对其理念与实践的总结首先必须置身于民法体系中。在我国,对契约自由理念与实践的分析,则可以我国《合同法》的制定为界分为合同法之前与合同法之后两个时期。在统一的合同法制定之前,我国经济生活中发挥作用的则是分别规制的三个合同法——《经济合同法》、《技术合同法》以及《涉外经济合同法》。其中,在基本原则的规范表述上,"经济合同法将合同法的基本原则表述为平等互利、协商一致,技术合同法则为自愿平等互利有偿"[①]。这种合同领域类型的人为划分并分别规制,人为地割裂了契约自由的体系化,也未能有效确立契约自由原则。

在我国制定合同法的过程中,也产生了契约自由原则的相关争论。在统一合同法的起草过程中,由专家学者起草的合同法"建议草案"(第1稿)中第3条就明确规定了合同自由原则:"当事人在法律允许的范围内享有合同自由,任何机关、组织和个人不得非法干预。"但这一意见并未得到全国人大法律委员会的认同,认为在合同法中"不宜简单地规定这样(合同自由)的原则"[②]。在随后公布实施的《合同法》中,也已无"建议稿"中的相关条文,取而代之的则是"合同自愿原则",即现行《合同法》第4条规定的"当事人依法享有自愿订立合同的权利,任何单位和个人不得非法干预"。

我国《合同法》第4条的规定是否体现了契约自由原则,学者们对此则有两种不同的观点。一种观点认为该条表述就是契约自由原则,因为即使

---

① 梁慧星:《合同法的成功与不足》(上),载《中外法学》1999年第6期。
② 《法制日报》1998年10月31日第1版。

是在资本主义国家也不存在绝对的契约自由,契约自由是法律规定范围内的自由。契约自由的根本主旨在于保护当事人的自由意志,只要尊重当事人的意思表示就体现了契约自由。因此,自愿原则在根本上是契约自由的另一种表述,或者说其表述的就是契约自由原则。① 另一种观点则认为,该条表述是一种折中的立法模式,契约自由原则与合同自愿原则存在着内容、立法背景及法律精神、法律视角等方面的重大差异,"合同自愿原则"不过"是契约自由原则在特定时期、特定条件下的变态形式"。② 对于如何认识与处理合同自愿原则与契约自由原则的关系,亦有学者指出:"我国合同法中规定的合同自愿原则与真正的契约自由原则之间尚存在一定的差距,契约自由在我国当前建立发展社会主义市场经济的阶段不是过度,而是仍显不足,应明确、扩展现有'合同自愿'原则的含义和内容。"③

由于支持契约自由原则的社会理念与现实条件都尚未成熟,我国合同法中的合同自愿原则尚与西方国家所倡导的契约自由原则有着一定的距离。在契约自由的理念上,由于历史与现实的原因,我国真正确立契约自由的理念还需假以时日。虽然自建立市场经济体制以来,市场经济的发展也带来了人们思想理念的革新,但受先前自然经济重农抑商的传统的影响,契约自由所要求的主体的独立性、自主性仍然十分匮乏。同时,在新中国成立后直至市场经济体制确立,奉行的计划经济体制使得所有个人交易都被纳入"国家计划"、"国家决定"之中,对民事私法、契约自由的性质与认识也并不十分到位。④

一方面由于历史与现实的影响,契约自由原则尚未能真正确立,另一方

---

① 孔祥俊著:《合同法教程》,中国人民大学出版社1999年版,第9页。
② 江平、程合红、申卫星:《论新合同法中的合同自愿原则与诚实信用原则》,载《政法论坛》1999年第1期。
③ 邢建东著:《合同法(总则)——学说与判例注释》,法律出版社2006年版,第13页。
④ "制定新的民法,确定对'私人'契约的性质的态度……我们不承认任何'私人'性质的东西。在我们看来,经济领域中的一切都属于公法范围,而不是什么'私人'的东西",列宁在1922年2月20日给德·伊·库尔斯基的信中所表达的这一观点,鲜明地表达了20世纪初期社会主义国家对于契约的态度。而与苏联有着紧密关系的我国,这种观点在我国计划经济体制时期也是十分盛行的。见《列宁全集》(第42卷),人民出版社1987年版,第424页。

面在契约自由与国家权力关系的讨论中,由于极端化的倾向也使契约自由的实现变得更加迷茫。的确,针对我国私法传统与理念欠缺的客观现实,主张确立契约自由的原则与理念是十分必要的。但在这一过程中,切不可使契约自由与国家权力的关系过于绝对化。"一朝蛇咬,十年惧绳",计划经济体制的余威仍使得人们提及国家权力便对其保持深深的警惕与戒备。也因此,未能全面认识到国家行使立法、行政与司法权力在保障契约自由上的正当性与必要性,更未能全面体察到契约自由与国家权力介入之间保护与限制的辨正关系。殊不知,契约自由的实现,是在国家权力的保护与限制中发展的。对于部门法学研究而言,民法学者对于契约自由的国家权力的介入有着强烈的反对,而宪法学者也尚未能对契约自由中国家权力的地位及其范围作一全面的考察,更多的是基于现实中民法与宪法关系的理论论争上。

6.4.2 契约自由与宪法发展的困境

(一)契约自由与宪法关系的理论研究尚待深入

在我国,契约自由与宪法之间的关系,也存在着许多理论空白与认识误区,需要进一步深入的研究。当然,如前所述,造成这一现象的根本原因在于我国当前对大陆法系国家公法与私法二元划分传统的过度强调与界分。过分强调公法与私法之间的差别,一方面造成了对处于二者之间的"中间领域"或"交叉领域"问题的漠视,另一方面缺乏公法学者与私法学者的共同协力,仅凭某一领域学者的振臂高呼,其对处于这些"中间领域"或"交叉领域"的研究效能与影响也是十分有限的。

对于宪法学研究而言,着眼于契约自由,首先是契约自由的宪法价值尚待确立。契约自由的宪法保护在理论上尚未得到应有的重视,契约自由本身所蕴涵的宪法价值尚待探究。虽然目前我国关于民法与宪法关系的讨论如火如荼,但这主要是基于公法与私法划分格局下的探讨。对于民法中契约自由与宪法的关系、契约自由对基本权利的影响等问题,因契约自由本身的性质与影响所导致的对基本权利的放弃或限制——这一独特性所在却未能引起重视。对契约自由与宪法关系的探讨,更多地湮灭在民法与宪法关系的一般理论探讨中。

其次,宪法学研究对契约自由的相关具体问题尚待深入。当然,宪法作为调整国家权力与公民权利之间关系的法律,调整对象与调整内容决定了其对契约自由的研究不在于对公民之间的契约权利义务的关注。这也有悖于宪法本身的性质与特点。宪法学所应关注与研究的则是,对契约自由保护与限制的国家机关行为是否正当、合理的审视研究。这也是本书所力倡的从宪法学角度研究契约自由的重点与意义所在。当然,对契约自由相关具体问题的理论研究,在更深层次上则有赖于现实基础与制度支持。

(二) 契约自由与宪法关系的相关制度尚待完善

在根本上而言,宪法作为国家的最高法,对于整个法律体系的拘束与影响,需要通过宪法监督制度的运作得以实现。要厘清契约自由与宪法的关系,也需要宪法监督制度的制度支持。而我国当前在人民代表大会制度下的宪法监督制度,由于种种因素的影响,切实发挥宪法监督的功效十分有限。

对这一结论主要可以从两个方面来说明,一是对法律的合宪性审查上,未能切实发挥宪法监督的功效。仅以一组数据表明,在九届全国人大五年任期(1998—2003年)内,全国各级法院审理一审民事案件高达2372万件(一审刑事案件为283万件)[①],还有数目显示显然也很庞大的二审、再审民事案件。但在同一时期内,我国宪法监督机关没有对任何一个规范性文件中任何一个条款的合宪性做审查和审查结果宣告。[②] 由此可见,在数量庞大的民事案件中,若不能从根本上确立宪法价值对其拘束与影响的理念,若不能通过制度建构有效行使对民事法律与判决的违宪审查,则要宪法价值对于私法秩序的影响也只能是空谈。

二是在具体个案中宪法的拘束力与影响也尚待加强。宪法在司法中如

---

① 数据源于:《中华人民共和国第十届全国人民代表大会第一次会议文件汇编》,人民出版社2003年版,第145—149页。

② 童之伟:《宪法民法关系之实像与幻影——民法根本说的法理评析》,载《中国法学》2006年第6期,脚注第63。

何发挥其拘束力,长期以来也是学者们探讨的重点,而在我国社会现实中也不乏这种案例。涉及宪法与民法之间的关系,在我国1988年便有《最高人民法院关于雇工合同应当严格执行劳动保护法规问题的批复》中提出了宪法保护劳动者的意旨对于雇用契约的影响,在2001年的"齐玉苓案件"中则作出了颇值得寻味的"侵犯了宪法上的受教育权,应当承担民事责任"的判决,这也一度引起了人们对宪法的效力及其在司法中的适用的关注,但因随后并不再援用,这些判决的影响也如"昙花一现"归于沉寂①。当然,这些案件是否构成典型的宪法案件要运用宪法来解决,这也并非没有任何疑问,但这些事例的出现无疑为探讨宪法的效力及其对司法的影响提供了良好的契机与现实的范本。

宪法监督制度未能有效发挥其作用,也影响了契约自由与宪法之间关系的厘清。在契约自由与基本权利的关系上而言,我国宪法文本中并无"契约自由"的明确规定②,而且,受宪法监督制度现实运作的制约,也未能如同世界上其他国家或地区一样,通过宪法解释明确契约自由对于实现自由权、人格发展以及财产权保护的重要意义。这也在一定程度上影响了人们对契约自由所具有的宪法价值与意义的认识。更值得关注的是,公民行使契约自由所签订的契约,其中涉及对公民某项基本权利的处分,如何处理成立的契约与基本权利的保护之间的关系,这也需要进行进一步的探讨。

在契约自由与国家权力的关系上而言,也未能从国家权力的层面考察对契约自由进行保护与限制的正当性、必要性及其合理性。在现代立宪主义国家,通过制定法律对人们的行为进行规范,这是实行"法治"的基本要求,也是保障社会健康、有序发展的现实需要。对于契约自由也是如此,通过制定法律予以规范,不仅有专门制定的契约法,还有散见于其他法律中规

---

① 2008年12月最高人民法院法释[2008]15号决定,将2001年"齐王苓案件"的批复意见废止。这一做法,更突显了当下我国深入研究宪法与民法之间关系的现实性和必要性。
亦有学者将上述两种情形视为"皆为中国宪法基本权利通过私法保护之例证",其具体分析见张红著:《基本权利与私法》,法律出版社2010年版,第2—15页。

② 在某种意义上而言,笔者也并不赞同这种在宪法中直接规定"契约自由"的做法。

范。那么,通过立法对契约自由进行一定的限制,其限制的依据、限制的程度的考量则需要运用宪法中相关原理进行。以我国 2006 年修订的《娱乐场所管理条例》为例,对娱乐场所的设立、经营、监督管理以及相应的法律责任等方面较之 1999 年的条例都有了更为严格的规定。其中,"凌晨 2 时至上午 8 时不得营业"的限制营业时间条款①、四类主体禁止从事娱乐业的主体限制条款②以及在娱乐场所安装监控设备的监控条款③,也因涉及对娱乐场所消费与经营的限制,备受社会关注,对进行限制的必要性与合理性也不乏种种质疑。之所以对营业时间作出这种规定,根据国务院法制办有关负责人的解释,理由在于预防违法犯罪行为、保障周围居民的休息权利与正常生活以及降低业主经营成本三个方面。④ 而禁止四类违法犯罪人员从事娱乐业,是因为其在娱乐场所重新犯罪的可能性、严重性要远远高于其他公民,做此规定是出于公众利益的考虑与管理安全的需要。而要求安装监控设备的规定,则是对娱乐场所进行管理、预防犯罪的客观需要。在这些解释之后,对娱乐场所作出相关的限制也是十分合理、适当的,但这仅仅是问题的一个方面,而在更深层次上则涉及的是对营业自由、职业选择自由以及人格权的限制。⑤

---

① 《娱乐场所管理条例》第 28 条规定:"每日凌晨 2 时至上午 8 时,娱乐场所不得营业。"
② 《娱乐场所管理条例》第 5 条规定:"有下列情形之一的人员,不得开办娱乐场所或者在娱乐场所内从业:(一)曾犯有组织、强迫、引诱、容留、介绍卖淫罪,制作、贩卖、传播淫秽物品罪,走私、贩卖、运输、制造毒品罪,强奸罪,强制猥亵、侮辱妇女罪,赌博罪,洗钱罪,组织、领导、参加黑社会性质组织罪的;(二)因犯罪曾被剥夺政治权利的;(三)因吸食、注射毒品曾被强制戒毒的;(四)因卖淫、嫖娼曾被处以行政拘留的"。
③ 《娱乐场所管理条例》第 15 条规定:"娱乐场所应当按照国务院公安部门的规定在营业场所的出入口、主要通道安装闭路电视监控设备,并应当保证闭路电视监控设备在营业期间正常运行,不得中断。歌舞娱乐场所应当将闭路电视监控录像资料留存 30 日备查,不得删改或者挪作他用。"
④ 《凌晨 2 点后为何不得营业——国务院法制办有关负责人就〈娱乐场所管理条例〉的相关问题答记者问》,载《中国文化报》2006 年 3 月 23 日。
⑤ 虽然作为国务院制定的条例,以其性质与层级能否进行"违宪审查"尚待确认,但这并不影响从宪法学上公民基本权利的保护与限制的角度对其正当性、合理性进行分析。而且,在某种程度上,对这一行政法规是否违宪的判断也应慎重,判断其中的规定是否合法,则应以其上位的相关法律(如劳动法)的相关规定为依据。违宪审查本身有其程序与要件的特殊要求,无原则的泛化违宪审查机制,最终的结果与虚置违宪审查制度并无二致,只会导致宪法保障人权功能的弱化。参见《两律师提请审查〈娱乐场所管理条例〉》,载《中国青年报》2006 年 3 月 20 日。

的确,娱乐场所有自主营业的权利,消费者有进入其中自主消费的权利,这也是营业场所与公民行使契约自由的具体体现,而凌晨两点以后仍然在娱乐场所消费这也是公民行使契约自由的结果。对此进行限制,则需要对其正当性与合理性作出充分的论证,在国务院负责人所做的解释中,前面两个预防违法犯罪、保障居民休息权利的理由有其合理性,但第三个降低业主营业成本[①],其理由颇为牵强,是否在凌晨两点之后继续营业,是否开启设备、留用工作人员,娱乐场所的经营者自会根据其所面对的消费群体、消费习惯作出判断并作出相应调整。经营者作为市场经济体制中追求"利益最大化"的主体,在无法盈利的情形下自不会因法律未做规定而不敢关门歇业,当然也不会因法律做了这类规定而"降低经营成本"。当然,为预防违法犯罪行为、保障居民休息权利而作出营业时间的限制,其是否能够达到这一目的、而且为达到这一目的所必需使用的手段,也是值得探讨的问题。[②]

而开办娱乐场所或在娱乐场所中就业,在根本上是作为营业主体的公民或法人的营业自由、选择职业的自由,而法律[③]规定禁止其从事,也必须基于正当的理由并在合理的限度范围之内。根据相关部门的解释,该条例中对这四类人作出禁止其从事娱乐业的规定,是因为这些具有"前科"之人再次在娱乐场所内犯罪的可能性较大,对其进行限制则是防止违法犯罪、维持社会秩序。如何认识这类禁止从业的规定与公民劳动权之间的关系,则是

---

① 其理由在于:"凌晨2点以后消费者数量逐渐减少,仍然开启全部设备、滞留工作人员,必然导致成本相对增加,现在有了明确的法律依据,便于业主降低经营成本。"见《凌晨2点后为何不得营业——国务院法制办有关负责人就〈娱乐场所管理条例〉的相关问题答记者问》,载《中国文化报》2006年3月23日。

② 针对限制工作时间立法的合宪性,在美国亦不乏相关案例。如1905年的 *Lochner v. New York* 案(针对纽约州禁止面包房工人每日工作超过10小时、每周超过60小时的立法)作出违宪判决。而在同一时期,在1898年的 *Holden v. Hardy* 案中支持了采矿业最长工作时间的立法,在1908年的 *Muller v. Oregon* 案中支持了对妇女工作最长时间的立法。

③ 这里所谓的"法律"是从广义上而言的。

认识这些规定正当性、合理性的关键所在。①

虽然国务院要求娱乐场所内安装监控设备,是为了预防犯罪、便于管理的必要,但这一措施的运用则涉及消费者的隐私,"在根本上而言在娱乐场所进行正常商业活动的消费者与进入商场的消费者二者的权利应当同等尊重,因为该行业比较混乱则采用严厉管制的立法选择,恰恰损害了法律的权威性"②,"法律的权威主要不在于其强制性,而在于其内在的合宪合情合理。不论现实如何,立法者需具有平常心,时刻铭记宪法的基本原则,尊重每个人的自由和权利。"③这种要求立法者以"平常心"制定"合宪合情合理"的法律,其愿望是十分美好的,但在根本上而言要监督立法者制定的法律合乎宪法保障公民基本权利的意旨,并对制定的法律及时纠正使其符合宪法,不仅有赖于立法者的自觉自为,在更大程度上则有赖于宪法监督制度的有效运作。

如果说《娱乐场所管理条例》中营业时间、经营主体的规定与契约自由的关系并不十分紧密,当然也并不适合作为探讨契约自由与宪法关系的范例④,那么在我国 2007 年通过出台《劳动合同法》则是立法者为平衡劳动者和用人单位之间的关系对劳动关系领域中的契约所做的规定。是对劳动关系的契约进行保护还是限制,如何在具体立法中体现,因为直接关系劳动者和用人单位的利益,在该法草案出台并向社会征求意见的过程中,社会各界

---

① 笔者的这一主张并非妄言,早在 2004 年 9 月 17 日我国台湾地区"司法院"大法官会议作出第 584 号解释,便是关于《道路交通管理处罚条例》第 37 条关于有杀人等前科之人终身禁止其作为营业小客车(即计程车)驾驶人的规定是否违反宪法的解释。认为这虽属对选择职业自由的限制,但作为保障乘客安全、预防犯罪的方法,是基于现阶段计程车管理制度所采取的不得已之手段,与"宪法"第 23 条并不抵触。但在释文文末又提出:"若已有方法证明曾犯此等犯罪之人对乘客安全不具有特别危险时,即应适时解除其驾驶小客车执营业之限制,俾于维护公共福祉之范围内,更能贯彻宪法对人民工作权之保障及平等原则之意旨"(着重号为笔者所加)。当然,也有学者对这种以"时序"作为司法审查基准的合理性提出了质疑。参见李惠宗:《职业自由主观要件限制之违宪审查——"司法院"大法官释字第五八四号解释评析》,载《宪政时代》第 30 卷第 3 期,2005 年 1 月刊。
② 秋风:《娱乐立法的边界》,载《中国新闻周刊》2006 年 2 月 27 日。
③ 同上。
④ 这一主张,实际上反映的则是契约自由的内涵与表现、契约自由与劳动权、职业自由之间的关系等问题。

关注较多且有不同意见主张。就以其中备受关注的竞业禁止为例①,一方面对竞业禁止的效力予以肯定,因为这在本质上是用人单位和劳动者行使契约自由的结果,是劳动者缔结契约后对其权益的自愿舍弃,也是用人单位保护其合法权益的需要;另一方面,劳动契约中的竞业禁止则是对劳动关系终止后用人单位对劳动者从事同类职业的禁止与限制,而这在根本上涉及对劳动者劳动权乃至生存权的限制,需要国家通过立法介入,以解决这种用人单位与劳动者在"结构上"的不平等,防止用人单位对劳动者合法权益的过度侵害。正是契约自由的行使与对劳动者基本权利的保护双重难题,简单的否定或肯定都会带来对一方当事人合法权益的不利影响,因此需要立法者在制定该条款时基于二者之间的平衡,从竞业禁止的目的、手段以及二者之间的关联等方面进行考量。

而由媒体报道的劳动关系中的"畜生条款"更是值得从宪法学的角度予以思考。2006年底,深圳市龙岗区某工厂用工协议中注明,如有员工违反厂规者将被视为畜生。这种侮辱人格的"畜生条款"一经媒体报道,世人哗然,但令人惊奇的是在这之前亦有不少于两百人签下这含有"畜生条款"的劳动协议。② 固然企业雇主的法治观念淡薄可见一斑,但在我国建设"法治国家"的今天仍然出现这种情形实在令人惊讶。而如何解决这一问题,媒体报道采访的律师主张:"劳动法规定用人单位和劳动者之间应当是平等的关系,民法当中也规定了公民之间拥有平等关系,因此该工厂协议书上的'畜生条款'可以说是对劳动者的人格侮辱,劳动者可以向劳动部门进行投诉。"③这也是我国现代社会中契约自由与基本权利保护之间的典型案例,用人单位与劳动者行使契约自由签订劳动协议,但协议中的"畜生条款"的规定却是对劳动者人格尊严的侵犯。如何防止在契约自由过程中对公民基本权利的侵犯,国家所需要的则不仅仅是事后接受劳动者的"投诉"这么简

---

① 在我国《劳动合同法》的第23条、第24条有相应规定。其实早在2006年该法草案出台之后,亦有部分论文针对该条款的合理性进行探讨,但遗憾的是从契约自由与基本权利的角度探讨的甚少。
② 相关报道见《深圳:员工进厂要签"畜生协议"200余人已签》,载《晶报》2006年12月18日。
③ 同上。

单,更多的则是需要通过相关的立法、行政与司法行为消除用人单位与劳动者在契约自由的"结构上"的不平等,从而实现契约自由与公民基本权利保障之间的协调。

虽然社会现实中频频发生涉及契约自由与宪法之间关系的事例,却鲜有从该角度的认识与探讨,这一方面与上述所言的公法私法的二元分离格局有关,另一方面则是因为缺乏相应的违宪审查制度将二者之间的紧密关联予以明确表达出来。契约自由本身所具有的宪法价值与意义、宪法对于契约自由实现的影响,都需要在违宪审查制度中通过宪法解释的运用得以明确。无论是美国最高法院的判决还是德国宪法法院的实践,都表明了这一点。具体而言,这就需要将宪法的抽象原则通过在具体案件中的解释转变成可以操作的法律规则,成为政治原则深入到复杂现实处境中的一只精巧而温柔的手。正是由于我们还没有训练出"这双精巧而温柔的手",才会在现实中,无论是理论界还是实务界,都力图将宪法的政治原则驱逐出私法领域。① 然而,"这种回避宪法的私法主义立场反而将私法置于十分危险的境地之中,因为没有完善的宪政就不可能保证完善的私法秩序"。② 然而,在我国这样一个违宪审查制度尚未有效建立的国度,对国家权力介入契约自由合理性的衡量,更多地只能停留于理论探讨层面。而宪法实践的缺失,也客观上制约了理论研究的深入发展。

6.4.3 结语

综上所述,从当今世界各国来看,无论是宪法学理论的发展,还是宪法与私法之间关系的实践,宪法与私法之间既表现出相对的独立,又有着高度的统一,支撑私法发展的契约自由也是在宪法价值的影响下在整个人类社会——这一共同体中发挥其作用。宪法的价值对契约自由的影响将越来越大,形式也日趋多样化。但由于理论研究及现实制度的影响,宪法与契约自

---

① 强世功:《基本权利的宪法解释——以齐玉苓案中的受教育权为例》,载赵晓力编:《宪法与公民》(思想与社会 第四辑),世纪出版集团、上海人民出版社2004年版,第5页。
② 同上。

由之间的关系在理论上尚未彻底澄清,在实践中也有诸多混乱的环节。以宪法基本权利对私人关系的影响来看,一方面基本权利效力对私人之间关系的影响越来越广泛,范围越来越大,但私法与基本权利效力之间,如"基本权利对私法的影响是否导致法的明确性与有效性原则的破坏、是否加剧基本权利主体之间的权利冲突现象、是否带来具有悠久历史的私法独立性原则的破坏、在建立宪法诉愿制度的国家如法院的判决成为诉愿对象是否导致无限制地扩大基本权利效力的现象等"①的基本理论问题,也需要进一步研究予以解决。

同理,宪法对整个人类共同体的价值如何发挥,宪法基本权利得到充分尊重和保障,而又充分尊重私法契约自由、私法自治的精神,使得其私法自治得以实现,二者之间关系的平衡和协调则是一个较为艰巨的课题。而当前契约法的发展也证明了这一点,"我们还没有形成一种占主导地位的契约法理论,这种理论应充分了解到契约法包含了复杂的社会规范。承认这一现实会引出许多根本性问题,这些问题涉及自愿的含义,国家是否应当干预以及如何干预,不仅干预校正同意的问题,而且干预还获得了重新分配的目标与家长主义的目标。"②

虽然一再强调宪法价值对于民法契约自由实现的价值与影响,但我们也必须深谙于心一个主旨与原则,即强调宪法价值并不影响或妨碍私法自治的实现。以宪法价值来整合由公法与私法共同构成的法律体系,并不是一个单向的自上而下的过程,也不是单纯规范之间的整合的问题,而是"以宪法为轴心,而使各公私法域不断输入新社会事实于宪法,而又渐渐统一于宪法价值秩序的动态法规范体系"。③ 对于此点,拉伦茨的概括十分经典,"《基本法》并不是想以少数几条内容尚需进一步确定的原则来取代现行私

---

① 韩大元:《论基本权利效力》,载《判解研究》2003年第1期。
② 〔美〕罗伯特·A.希尔曼:《合同法的丰富性:当代合同法理论的分析与批判》,郑云瑞译,北京大学出版社2005年版,第267页。
③ 苏永钦:《从动态法规范体系的角度看公私法的调和——以民法的转介条款和宪法的整合机制为中心》,载《民法与行政法交错》,台湾"最高法院"学术研讨会2003年版,第162页。

法制度,而是要承认和确认作为一个整体的私法制度及其根本基础,但同时又以自己的价值准则来衡量私法制度,并将它纳入整个法律制度的一体化之中。"[1]强调宪法价值对于契约自由的影响,其根本目的也并不是要改变甚至取代原有制度,只是奠定与强化其实现的基础与价值。这不仅是解决契约自由在当代所面临困境的根本出路,也是整个社会法律制度的一体化、层级化对宪法的基本要求。

---

[1] 〔德〕卡尔·拉伦茨著:《德国民法通论》,谢怀栻译,法律出版社2003年版,第115页。

主要参考文献

一、中文类

(一) 中文著作

1. 许崇德主编:《中国宪法》,中国人民大学出版社 1996 年版。
2. 韩大元著:《亚洲立宪主义研究》,中国人民公安大学出版社 1996 年版。
3. 胡锦光著:《中国宪法问题研究》,新华出版社 1998 年版。
4. 徐秀义、韩大元主编:《现代宪法学基本原理》,中国人民公安大学出版社 2001 年版。
5. 胡锦光、韩大元著:《中国宪法》,法律出版社 2004 年版。
6. 韩大元、林来梵、郑贤君著:《宪法学专题研究》,中国人民大学出版社 2004 年版。
7. 韩大元、莫纪宏主编:《外国宪法判例》,中国人民大学出版社 2005 年版。
8. 胡锦光主编:《违宪审查比较研究》,中国人民大学出版社 2006 年版。
9. 莫纪宏著:《现代宪法的逻辑基础》,法律出版社 2001 年版。
10. 林来梵著:《从宪法规范到规范宪法——规范宪法学的一种前言》,法律出版社 2001 年版。
11. 刘茂林主编:《宪法学》,中国人民公安大学出版社、人民法院出版社 2003 年版。
12. 张千帆著:《宪法学导论——原理与运用》,法律出版社 2004

年版。

13. 焦洪昌著:《公民私人财产权法律保护研究——一个宪法学的视角》,科学出版社 2005 年版。
14. 杜承铭、吴家清等著:《社会转型与中国宪法自由权制度的完善》,北京大学出版社 2005 年版。
15. 《宪法与公民》(思想与社会 第四辑),世纪出版集团、上海人民出版社 2004 年版。
16. 钱满素著:《美国自由主义的历史变迁》,三联书店 2006 年版。
17. 何勤华主编:《美国法律发达史》,上海人民出版社 1998 年版。
18. 蔡拓著:《契约论研究》,南开大学出版社 1987 年版。
19. 何怀宏:《契约伦理与社会正义——罗尔斯正义论中的历史和理性》,中国人民大学出版社 1993 年版。
20. 姚国建著:《违宪责任论》,知识产权出版社 2006 年版。
21. 周伯峰:《民国初年契约自由概念的诞生——以大理院的言说实践为中心》,北京大学出版社 2006 年版。
22. 许育典著:《宪法》,台湾元照出版公司 2006 年版。
23. 苏永钦主编:《部门宪法》,台湾元照出版公司 2006 年版。
24. 许志雄、陈铭祥、蔡茂寅、周志宏、蔡宗珍著:《现代宪法论》,台湾元照出版公司 2005 年版。
25. 陈新民著:《宪法基本权利之基本理论》(上、下),台湾元照出版公司 2002 年版。
26. 陈新民著:《宪法导论》(第 5 版),台湾新学林出版公司 2005 年版。
27. 李建良著:《宪法理论与实践》(一),台湾学林文化事业有限公司 2003 年版。
28. 苏永钦主编:《部门宪法》,台湾元照出版公司 2006 年版。
29. 《民法与行政法交错》,台湾"最高法院"学术研讨会 2003 年版。
30. 苏永钦:《走向新世纪的私法自治》,中国政法大学出版社 2002 年版。
31. 苏永钦著:《民事立法与公私法的接轨》,北京大学出版社 2006 年版。
32. 陈自强著:《民法讲义Ⅰ:契约之成立与生效》,法律出版社 2002 年版。
33. 郑玉波著:《民法债编总论》(第 2 版),中国政法大学出版社 2004 年版。
34. 张俊浩主编:《民法学原理》(第 3 版),中国政法大学出版社 2000 年版。
35. 梁慧星著:《民法学说判例与立法研究》,中国政法大学出版社 1993 年版。
36. 王利明、崔建远著:《合同法新论·总则》,中国政法大学出版社 2000 年修订版。

37. 崔建远主编:《合同法》(第3版),法律出版社2003年版。

38. 赵万一著:《民法的伦理分析》,法律出版社2003年版。

39. 李永军著:《合同法原理》,中国人民公安大学出版社1999年版。

40. 孔祥俊著:《合同法教程》,中国人民大学出版社1999年版。

41. 陈静娴著:《合同法比较研究》,中国人民公安大学出版社2006年版。

42. 傅静坤著:《二十世纪契约法》,法律出版社1997年版。

43. 杨桢著:《英美契约法论》(修订版),中国政法大学出版社2000年版。

44. 柴振国著:《契约法律制度的经济学考察》,中国检察出版社2006年版。

45. 彭诚信著:《主体性与私权制度研究——以财产、契约的历史考察为基础》,中国人民大学出版社2005年版。

46. 赵廉慧著:《财产权的概念——从契约的视角分析》,知识产权出版社2005年版。

47. 邢建东著:《合同法(总则)——学说与判例注释》,法律出版社2006年版。

48. 钱福臣、魏健国著:《民事权利与宪政——法哲学视角》,法律出版社2010年版。

49. 张红著:《基本权利与私法》,法律出版社2010年版。

(二)中文译著

1. 〔英〕梅因著:《古代法》,沈景一译,商务印书馆1959年版。

2. 〔意〕彼德罗·彭梵得:《罗马法教科书》,黄风译,中国政法大学出版社1992年版。

3. 〔古罗马〕盖尤斯著:《法学阶梯》,黄风译,中国政法大学出版社1996年版。

4. 〔古希腊〕柏拉图著:《理想国》(第1卷、第2卷),郭斌和、张竹明译,商务印书馆1997年版。

5. 〔日〕美浓部达吉著:《公法与私法》,黄冯明译,中国政法大学出版社2003年版。

6. 〔德〕马克斯·韦伯著:《经济与社会》(上、下卷),林荣远译,商务印书馆1997年版。

7. 〔德〕马克斯·韦伯著:《论经济与社会中的法律》,张乃根译,中国大百科全书出版社1998年版。

8. 〔法〕莱昂·狄骥著:《〈拿破仑民法典〉以来私法的普通变迁》,徐砥平译,中国政法大学出版社2003年版。

9. 〔英〕F.H.劳森、B.拉登著:《财产法》(第2版),施天涛、梅慎实、孔祥俊译,中国大百科全书出版社1998年版。

10. 〔美〕德沃金著:《法律帝国》,李常青译,中国大百科全书出版社1996年版。

11. 〔美〕E.博登海默著:《法理学:法律哲学与法律方法》,邓正来译,中国政法大学出版社 1999 年版。

12. 〔德〕卡尔·拉伦茨著：《法学方法论》，陈爱娥译，商务印书馆 2003 年版。
13. 〔德〕N. 霍恩著：《法律科学与法哲学导论》，罗莉译，法律出版社 2005 年版。
14. 〔德〕H. 科殷著：《法哲学》，林荣远译，华夏出版社 2002 年版。
15. 〔荷〕亨利·范·马尔赛文，格尔·范·德·唐著：《成文宪法的比较研究》，陈云生译，华夏出版社 1987 年版。
16. 〔英〕P. S. 阿蒂亚著：《合同法概论》，程正康等译，法律出版社 1982 年版。
17. 〔英〕P. S. 阿蒂亚著：《合同法导论》（第 5 版），赵旭东、何帅领、邓晓霞译，法律出版社 2002 年版。
18. 〔英〕洛克：《政府论》（下篇），叶启芳译，商务印书馆 1964 年版。
19. 〔法〕卢梭：《社会契约论》，何兆武译，商务印书馆 1980 年版。
20. 〔美〕汉密尔顿、杰伊、麦迪逊著：《联邦党人文集》，程逢如、在汉、舒逊译，商务印书馆 1980 年版。
21. 〔法〕托克维尔著：《论美国的民主》，董果良译，商务印书馆 1988 年版。
22. 〔美〕查尔斯·A. 比尔德著：《美国宪法的经济观》，何希齐译，商务印书馆 1984 年版。
23. 〔美〕格兰特·吉尔莫著：《契约的死亡》，曹士兵、姚建宗、吴巍译，中国法制出版社 2005 年版。
24. 〔日〕内田贵著：《契约的再生》，胡宝海译，中国法制出版社 2005 年版。
25. 〔美〕Ian R. 麦克尼尔著：《新社会契约论》，雷喜宁、潘勤译，中国政法大学出版社 2004 年修订版。
26. 〔奥〕凯尔森著：《法与国家的一般原理》，沈宗灵译，中国大百科全书出版社 1996 年版。
27. 〔法〕邦雅曼·贡斯当著：《古代人的自由与现代人的自由》，阎克文、刘满贵译，商务印书馆 1999 年版。
28. 〔英〕以赛亚·伯林著：《自由论》，胡传胜译，译林出版社 2003 年版。
29. 〔英〕泽格蒙特·鲍曼著：《自由》，杨光、蒋焕新译，吉林人民出版社 2005 年版。
30. 〔美〕埃里克·方纳：《美国自由的故事》，王希译，商务印书馆 2003 年版。
31. 〔美〕史蒂芬·霍尔姆斯、凯斯·R. 桑斯坦著：《权利的成本——为什么自由依赖于税》，毕竞悦译，北京大学出版社 2004 年版。

32.〔美〕詹姆斯·安修著:《美国宪法判例与解释》,黎建飞译,中国政法大学出版社1999年版。
33.〔美〕杰罗姆·巴伦、托马斯·迪恩斯著:《美国宪法概论》,刘瑞祥等译,中国社会科学出版社1995年版。
34.〔美〕莫顿·J.霍维茨著:《美国法的变迁:1780—1860》,谢鸿飞译,中国政法大学出版社2004年版。
35.〔德〕卡尔·施米特著:《宪法学说》,刘锋译,上海人民出版社2005年版。
36.〔日〕三浦 隆著:《实践宪法学》,李力、白云海译,中国人民公安大学出版社2002年版。
37.〔日〕阿部照哉等编著:《宪法》(上、下册),周宗宪译,中国政法大学出版社2006年版。
38.〔美〕列奥·施特劳斯著:《自然权利与历史》,彭刚译,三联书店2003年版。
39.〔法〕勒内·达维德著:《当代主要法律体系》,漆竹生译,上海译文出版社1984年版。
40.〔美〕艾伦·沃森著:《民法法系的演变及形成》,李静冰、姚新华译,中国法制出版社2005年版。
41.〔日〕大村敦志著:《民法总论》,江溯、张立艳译,北京大学出版社2004年版。
42.〔日〕山本敬三著:《民法讲义》,解亘译,北京大学出版社2004年版。
43.〔德〕罗伯特·霍恩、海因·科茨、汉斯·G.莱塞著:《德国民商法导论》,楚建译,中国大百科全书出版社1996年版。
44.〔德〕迪特尔·梅迪库斯著:《德国债法总论》,杜景林、卢谌译,法律出版社2004年版。
45.〔德〕迪特尔·梅迪库斯著:《德国民法总论》,邵建东译,法律出版社2001年第2版。
46.〔德〕拉伦茨著:《德国民法通论》,王晓晔、邵建东等译,法律出版社2003年版。
47.〔美〕凯斯·R.孙斯坦著:《自由市场与社会正义》,金朝武、胡爱平、乔聪启译,中国政法大学出版社2002年版。
48.〔法〕莱昂·狄骥著:《宪法学教程》,王文利等译,辽海出版社、春风文艺出版社1999年版。
49.〔美〕A.L.柯宾著:《柯宾论合同》,王卫国等译,中国大百科全书出版社1998年版。

50. 〔美〕亨利·马瑟著:《合同法与道德》,戴孟勇、贾林娟译,中国政法大学出版社 2005 年版。

51. 〔美〕罗伯特·A.希尔曼著:《合同法的丰富性:当代合同法理论的分析与批判》,郑云瑞译,北京大学出版社 2005 年版。

52. 〔德〕弗朗茨·维亚克尔著:《近代私法史——以德意志的发展为观察重点》(上、下),陈爱娥、黄建辉译,上海三联书店 2006 年版。

53. 〔美〕查尔斯·弗里德著:《契约即允诺》,郭锐译,北京大学出版社 2006 年版。

54. 〔德〕Christian Starck 著:《法学、宪法法院审判权与基本权利》,杨子慧等译,台湾元照出版公司 2006 年版。

55. 〔日〕滕仓皓一郎等主编:《英美判例百选》,段匡、杨永庄译,北京大学出版社 2005 年版。

56. 《德国联邦宪法法院裁判选辑》(十一),台湾"司法院"2004 年版。

57. 《法国民法典》,罗结珍译,法律出版社 2005 年版。

58. 《拿破仑民法典》,李浩培译,商务印书馆 1979 年版。

(三)中文论文

1. 韩大元:《论社会变革时期的基本权利效力问题》,载《中国法学》2002 年第 6 期。

2. 韩大元:《论基本权利效力》,载《判解研究》2003 年第 1 期。

3. 韩大元:《论合宪性推定原则》,载《山西大学学报(哲学社会科学版)》2004 年第 3 期。

4. 韩大元:《私有财产权入宪的宪法学的思考》,载《法学》2004 年第 4 期。

5. 韩大元:《由〈物权法〉争论想到的若干宪法问题》,载《法学》2006 年第 3 期。

6. 韩大元、张翔:《试论宪法解释的客观性与主观性》,载《法律科学》1999 年第 6 期。

7. 张翔:《美国宪法解释理论中的原旨主义》,载《山东社会科学》2005 年第 7 期。

8. 童之伟:《宪法民法关系之实像与幻影——民法根本说的法理评析》,载《中国法学》2006 年第 6 期。

9. 林来梵、朱玉霞:《错位与暗合——试论我国当下有关宪法与民法关系的四种思维倾向》,载《浙江社会科学》2007 年第 1 期。

10. 刘茂林:《宪法究竟是什么》,载《中国法学》2002 年第 2 期。

11. 贺卫方:《"契约"与"合同"的辨析》,载《法学研究》1992 年第 2 期。

12. 俞江:《"契约"与"合同"之辨——以清代契约文书为出发点》,载《中国社会科学》

2003 年第 6 期。

13. 高子居:《"契约自由"与法制建设》,载《桂海论丛》1994 年第 5 期。
14. 马骏驹、陈本寒:《罗马法契约自由思想的形成及对后世法律的影响》,载《武汉大学学报(哲学社会科学版)》1995 年第 1 期。
15. 卢文道:《论契约自由之流弊》,载《法学》1996 年第 12 期。
16. 苏力:《从契约理论到社会契约理论——一种国家学说的知识考古学》,载《中国社会科学》1996 年第 3 期。
17. 梁慧星:《必须转变公法优位主义观念》,载《法制日报》1993 年 1 月 21 日。
18. 徐国栋:《市民社会与市民法》,载《法学研究》1994 年第 4 期。
19. 何增科:《市民社会观念的历史演变》,载《中国社会科学》1994 年第 5 期。
20. 梁慧星:《从近代民法到现代民法》,载《民商法论丛》(第 7 卷),法律出版社 1999 年版,第 250—254 页。
21. 齐树洁、王建源:《论 20 世纪民法的发展趋势》,载《厦门大学学报(哲学社会科学版)》1999 年第 1 期。
22. 姚新华:《契约自由论》,载《比较法研究》1997 年第 1 期。
23. 金健:《契约自由、国家干预与中国合同法》,载《法学评论》1998 年第 6 期。
24. 胡松河、董学立:《契约自由的失衡及其矫正》,载《政法论丛》1999 年第 4 期。
25. 李玉雪:《论合同自由的限制》,载《法制与社会发展》2001 年第 4 期。
26. 孙学致:《由自由达致责任——关于契约自由内在规定性理论》,载《吉林大学社会科学学报》2003 年第 1 期。
27. 江平、程合红、申卫星:《论新合同法中的合同自由原则与诚实信用原则》,载《政法论坛》1999 年第 1 期。
28. 王轶:《合同法的规范类型及其法律适用》,载最高人民检察院民事行政检察厅编:《民事行政检察指导与研究》总第 2 集,法律出版社 2005 年版,第 116—122 页。
29. 赵万一:《从民法与宪法关系的视角谈我国民法典制订的基本理念和制度架构》,载《中国法学》2006 年第 1 期。
30. 方立新、徐钢:《论宪法在私法秩序内的意义》,载《浙江大学学报(人文社会科学版)》2004 年第 6 期。
31. 李滨:《财产权在法国法上的效力及其地位演变》,载《哈尔滨工业大学学报(社会科学版)》2006 年第 3 期。

32. 郑贤君:《论宪法上经济权利》,载《中共长春市委党校学报》2004年第4期。
33. 郑贤君:《宪法上的 Civil Rights 是公民权利吗?——解读 Constitutional Civil Rights》,载《首都师范大学学报(社会科学版)》2004年第4期。
34. 胡晓进、任东来:《联邦最高法院与现代美国公司的成长》,载《南京大学学报(哲学·人文科学·社会科学)》2005年第4期。
35. 陈方秀:《我国现代住宅小区物业管理中的业主自治》,载《法学杂志》2006年第5期。
36. 侯猛:《美国最高法院对经济的影响力:一个述评》,载《法律适用》2006年第8期。
37. 余延满、冉克平:《论公序良俗对宪法权利的保护——以宪法实施的私法化为视角》,载《时代法学》2006年第2期。
38. 于兆波:《法国"首次雇佣合同"法案的立法启示》,载《环球法律评论》2007年第1期。
39. 苏永钦:《民事判例的合宪性控制——以释字第三四九号解释为例》,载《宪政时代》第20卷第3期。
40. 王榆评:《财产权之保障与限制——以耕地三七五减租条例为中心》,载《宪政时代》第25卷第4期。
41. 苏永钦:《民事裁判中的人权保障》,载《宪政时代》第30卷第2期,2004年10月刊。
42. 程明修:《契约自由与国家之保护义务》,载《宪政时代》第30卷第2期,2004年10月刊。
43. 谢哲胜:《契约自由与管制》,载《月旦法学杂志》第125期,2005年10月刊。
44. 黄立:《契约自由的限制》,载《月旦法学杂志》第125期,2005年10月刊。
45. 蔡昌宪:《公司契约理论于我国之具体实践——市场契约自由与国家法律干预间之权衡》,载《法令月刊》第56卷第6期,2005年6月刊。
46. 李建良:《基本权利的理念变迁与功能体系——从耶林内克"身份理论"谈起(上)》,载《宪政时代》第29卷第1期,2003年7月版。
47. 李建良:《基本权利的理念变迁与功能体系——从耶林内克"身份理论"谈起(下)》,载《宪政时代》第29卷第2期,2003年10月版。
48. 李惠宗:《宪法基本权与私法的关系——德国联邦宪法法院判决解析》,载《德国联邦宪法法院裁判选辑(六)》,台湾"司法院"1996年版。
49. 李震山:《从宪法保障生命权及人性尊严之观点论人工生殖》,载《月旦法学杂志》

1995 年第 2 期。

50. 陈爱娥:《基本权作为客观法规范——以"组织与程序保障功能"为例,检讨其衍生的问题》,载李建良、简资修主编:《宪法解释之理论与实务》(第 2 辑),台湾中研所 2000 年版。

51. 苏永钦:《民事裁判中的人权保障》,载《宪政时代》第 30 卷第 2 期,2004 年 10 月刊。

52. 詹森林:《私法自治原则之理论与实务——台湾法制发展之情形》,载《台大法学论丛》第 22 卷第 2 期。

53. 吕太郎:《司法改革与伦理》,载《月旦法学杂志》第 7 期,1995 年 11 月刊。

54. 苏永钦:《宪法权利的民法效力》,选自《当代公法理论——翁岳生教授祝寿论文集》,台湾月旦出版公司 1993 年版。

55. 苏永钦:《合宪法律解释原则——从功能法上考量其运用界限与效力问题》,载《宪政时代》第 19 卷第 3 期。

56. 法治斌:《私人关系与人权保障》,选自《人权保障与释宪法制》宪法专论(一),台湾月旦出版公司 1993 年版。

57. 黄舒芃:《从普通法背景检讨美国司法违宪审查正当性的问题》,载《台大法学论丛》第 34 卷第 2 期,2004 年 9 月刊。

58. 刘淑范:《宪法审判权与一般审判权间之分工问题:试论德国联邦宪法法院保障基本权利功能之界限》,载刘孔中、李建良编:《宪法解释之理论与实务》,台湾中山人文社会科学研究所 1998 年版。

(四) 中文译文

1. 〔德〕Canaris:《债务合同法的变化——即债务合同法的"具体化"趋势》,张双根译,载《中外法学》2001 年第 1 期。

2. 〔德〕Christian Starck:《基本权与私法》,林三钦译,载 Christian Starck 著:《法学、宪法法院审判权与基本权利》,台湾元照出版公司 2006 年版。

3. 〔德〕Hans D. Jarass:《基本权作为防御权及客观原则规范》,陈慈阳译,载《月旦法学杂志》第 98 期,2003 年 7 月刊。

4. Mortimer J. Adler 编:《论宪法》,邓正来译,载《河北法学》2006 年第 11 期。

5. 〔日〕工藤达朗:《经济自由的违宪审查基准》,童牧之译,载《中外法学》1994 年第 3 期。

6. 〔日〕初宿正典:《人权保障理论之新展开——以基本权私人间适用的问题为中心》,

萧淑芬译,载《月旦法学杂志》第 98 期,2003 年 7 月刊。

7. 〔德〕康伯拉·茨威格特、海因·克茨:《合同法中的自由与限制》,孙宪忠译,载梁慧星主编:《民商法论丛》(第 9 卷),法律出版社 1998 年版。

8. 〔意〕阿尔多·贝特鲁齐:《从市民法到民法——关于一个概念的内涵及其历史发展的考察》,薛军译,载《私法研究》(第 2 卷),中国政法大学出版社 2002 年版。

9. 〔俄〕B.马乌:《论宪法对社会经济的调控作用》,阎洪菊译,载《比较法研究》2001 年第 1 期。

二、外文类

(一) 外文著作

1. Robert Alexy, A Theory of Constitutional Rights, translated by Julian Rivers, Oxford University Press, 2002.

2. Laurence H. Tribe, American Constitutional law, Volume one(Third Edition), Foundation Press,2000.

3. Walter F. Murphy, James E. Fleming, and William Harris Ⅱ, American Constitutional Interpretation, 2d ed, Mineola, N. Y: Foundation Press,1995

4. Lee Epstein and Thomas G. Walker, Constitutional Law for A Changing America: Institutional Power and Constraints, 4thed, Congressional Quarterly Inc, 2001.

5. Kathleen M. Sullivan and Gerald Gunther, Constitutional Law (Fourteenth Edition), Foundation Press, 2001.

6. David Held, Models of Democracy (Second Edition), Polity Press, 1996.

7. Richard A. Epstein(ed.), Constitutional Protection of Private Property and Freedom of Contract, Garland Publishing Inc,2000.

(二) 外文论文

1. H. Campbell Black, Legislation Impairing the Obligation of Contracts,The American Law Register(1852—1891), Vol. 34, No. 2, New Series Volume 25 (Feb., 1886), pp.81—97.

2. R. C. McMurtrie; W. D. L., The Power of the State over the Right of Contracting, The American Law Register and Review, Vol. 40, No. 3, (First Series) Volume 31 (Second Series,Volume 5) (Mar., 1892), pp.213—215.

3. The right to Freedom of contract, Harvard Law Review, Vol. 11, No. 1 (Apr. 25, 1897), pp. 56—58.
4. Error to State Court. Impairing Obligation of Contract. Exempting from Taxation. Stearns v. Minnesota ex rel. Marr, 21 Supreme Ct. 73, The Yale Law Journal, Vol. 10, No. 5 (Mar., 1901), pp. 221—222.
5. Constitutional Law. Insurance Statutes. Equity Jurisdiction. Liberty to Contract, The Virginia Law Register, Vol. 9, No. 8 (Dec., 1903), pp. 754—756.
6. The Destruction of Municipal Corporations Where Contract Obligations Are Threatened, Columbia Law Review, Vol. 4, No. 8 (Dec., 1904), p. 596.
7. Jerome C. Knowlton, Freedom of Contract, Michigan Law Review, Vol. 3, No. 8 (Jun., 1905), pp. 617—631.
8. Jerome C. Knowlton, Freedom of Contract, Michigan Law Review, Vol. 3, No. 8 (Jun., 1905), pp. 617—631.
9. Laber Legislation and Liberty of Contract, The Yale Law Journal, Vol. 15, No. 8 (Jun., 1906), pp. 424—426.
10. Constitutional Law: Obligation of Contract, Michigan Law Review, Vol. 4, No. 8 (Jun., 1906), pp. 647—648.
11. Corporations. Reserved Power. Obligation of Contracts, The Yale Law Journal, Vol. 17, No. 1 (Nov., 1907), pp. 43—45.
12. Jesse F. Orton, Confusion of Property with Privilege: The Dartmouth College Case, The Virginia Law Register, Vol. 15, No. 6 (Oct., 1909), pp. 417—427.
13. Constitutional Law: Freedom to Contract: Master and Servant: Regulating Hours of Service, Michigan Law Review, Vol. 8, No. 7 (May, 1910), pp. 586—587.
14. The Constitution as a Limitation on the States Power in the Execution of a Trust Created by Congress, Columbia Law Review, Vol. 10, No. 7 (Nov., 1910), pp. 663—664.
15. Liberty of Contract and Social Legislation, Columbia Law Review, Vol. 17, No. 6 (Jun., 1917), pp. 538—542.
16. M. S. B., Constitutional Law. Impairment of the Obligation of Contracts. Judicial Decision, The Yale Law Journal, Vol. 27, No. 2 (Dec., 1917), pp. 270—271.
17. F. L. McC., Constitutional Law. Impairing Obligation of Contract. State Court's Con-

struction of Contract Not Followed. Detroit United Railway v. Michigan (1916) 37 Sup. Ct. Rep. 87, The Yale Law Journal, Vol. 26, No. 6 (Apr. , 1917), pp. 500—501.

18. Nathan Isaacs, John Marshall on Contracts. A Study in Early American Juristic Theory, Virginia Law Review, Vol. 7, No. 6 (Mar, 1921), pp. 413—428.

19. Ernest G. Lorenzen, Validity and Effects of Contracts in the Conflict of Laws. II Law Governing the Intrinsic Validity of Contracts, The Yale Law Journal, Vol. 30, No. 7 (May, 1921), pp. 655—673.

20. Public Service Law. State Regulation of Contracts between Municipalities and Public Utilities, The Yale Law Journal, Vol. 33, No. 2 (Dec. , 1923), pp. 211—212.

21. S. A. G. , The Unconstitutionality of Minimum Wage Laws, University of Pennsylvania Law Review and American Law Register, Vol. 71, No. 4 (May, 1923), pp. 360—365.

22. H. S, The Supreme Court's attitude towards Liberty of Contract and and Freedom of Speech, The Yale Law Journal, Vol. 41, No. 2 (Dec. , 1931), pp. 262—271.

23. Paul G. Kauper, What Is a "Contract" under the Contracts Clause of the Federal Constitution?, Michigan Law Review, Vol. 31, No. 2 (Dec. ,1932), pp. 187—205.

24. F. G. W. , Constitutional Law. Validity of Mortgage Moratorium Statutes. Justification Afforded by Emergency, Virginia Law Review, Vol. 20, No. 2 (Dec. , 1933), pp. 209—214.

25. John G. Hervey, The Impairment of Obligation of Contracts, Annals of the American Academy of Political and Social Science, Vol. 195, Our State Legislators (Jan. , 1938), pp. 87—120.

26. John R. Commons, The Contract Clause of the Constitution by Benjamin Fletcher Wright, The American Economic Review, Vol. 29, No. 3 (Sep. , 1939), pp. 597—598.

27. O. Kahn-Freund, Articles of Association and Contractual Rights, The Modern Law Review, Vol. 4, No. 2 (Oct. , 1940), pp. 145—148.

28. Robert L. Hale, The Supreme Court and the Contract Clause: II, Harvard Law Review, Vol. 57, No. 5 (May. , 1944), pp. 621—674.

29. Robert L. Hale, The Supreme Court and the Contract Clause: III, Harvard Law Review, Vol. 57, No. 6 (Jul. , 1944), pp. 852—892.

30. W. Friedmann, Changing Functions of Contract in the Common Law, The University of

Toronto Law Journal, Vol. 9, No. 1 (1951), pp. 15—41.

31. Nicholas S. Wilson, Freedom of contract and adhesion contracts, 14 Int,1 &comp. L. Q. 172(1965),pp. 172.

32. Kenneth M. Lewan, The Significance of Constitutional Rights for Private Law: Theory and Practice in West Germany, The International and Comparative Law Quarterly, Vol. 17, No. 3 (Jul.,1968), pp. 571—601.

33. Bernard Schwartz, Old Wine in old Bottles? The Renaissance of the Contract Clause, The Supreme Court Review, Vol. 1979 (1979), pp. 95—121.

34. Philip Soper, On the Relevance of Philosophy to Law: Reflection on Ackerman's "Private Property and the Constitution", Columbia Law Journal, Vol. 79, No. 1 (Jan., 1979), pp. 44—65.

35. Hans. S. pawlisch, Sir John Davies, the ancient Constitution, and Civil Law, The historical Journal, Vol. 23,No. 3 (Sep.,1980),pp. 689—702.

36. Earl Maltz, Some New Thoughts On An Old Problem —— The Role Of The Intent Of The Framers in Constitutional Theory, Boston University Law Review, July, 1983, pp. 811—850.

37. Michael B. Rappaport, A Procedural Approach to the Contract Clause, The Yale Law Journal, Vol. 93, No. 5 (Apr., 1984), pp. 918—937.

38. Wallace Mendelson, B. F. Wright on the Contract Clause: A Progressive Misreading of the Marshall-Taney Era, The Western Political Quarterly, Vol. 38, No. 2 (Jun., 1985), pp. 262—275.

39. Vine Deloria, Jr., Minorities and the Social Contract, Georgia Law Review Summer 1986, p. 917.

40. Michael W. McConnell, Contract Rights and Property Rights: A Case Study in the Relationship between Individual Liberties and Constitutional Structure, California Law Review, Vol. 76, No. 2 (Mar., 1988), pp. 267—295.

41. Samuel Freeman, Original Meaning, Democratic Interpretation, and the Constitution,Philosophy and Public Affairs, Vol. 21, No. 1 (Winter, 1992), pp. 3—42.

42. Stephen A. Smith, Future Freedom and Freedom of Contract, The Modern Law Review, Vol. 2 (Mar., 1996),pp. 167—187.

43. David A. Strauss, Constitutions, Written and Otherwise, Law and Philosophy, Vol. 19, No. 4 (Jul., 2000), pp. 451—464.

44. Joseph H. Kary, Contract Law and the Social Contract: What Legal History Can Teach Us About the Political Theory of Hobbes and Locke, Faculty of Law, 2000, University of Ottawa, p. 73.

45. David L. Wardle, Reason to Ratify: The Influence of John Locke's Religious Beliefs on the Creation and Adoption of the United States Constitution, Seattle University Law Review, Fall, 2002, p. 291.

46. Greg T. Lembrich, Garden leave: A possible solution to the uncertain Enforceability of Restrictive Employment Covenants, Columbia Law Review, Vol. 102, No. 8 (Dec., 2002), pp. 2291—2323.

47. Ellen D. Katz, Reinforcing Representation: Congressional Power to Enforce the Fourteenth and Fifteenth Amendments in the Rehnquist and Waite Courts, Michigan Law Review, Vol. 101, No. 7 (Jun., 2003), pp. 2341—2408.

48. Anna C. Korteweg, Welfare Reform and the Subject of the Working Mother: "Get a Job, a Better Job, Then a Career", Theory and Society, Vol. 32, No. 4 (Aug., 2003), pp. 445—480.

49. Richard H. Fallon, Jr., Should We All Be Welfare Economists?, Michigan Law Review, Vol. 101, No. 4 (Feb., 2003), pp. 979—1025.

50. Stephen Gardbaum, The "Horizontal Effect" of Constitutional Rights, Michigan Law Review, Vol. 102, No. 3 (Dec., 2003), pp. 387—459.

51. Sofia Näsström, What Globalization Overshadows, Political Theory, Vol. 31, No. 6 (Dec., 2003), pp. 808—834.

52. Liliya Abramchayev, A social contract argument for the state's duty to protect from private violence, 18St. John's Journal of Legal Commentary, Summer, 2004, pp. 854—855.

53. Michel Rosenfeld, Contract and Justice: The Relation between Classical Contract Law and Social Contract Theory, 70 Iowa L. Rev. p. 769.

54. Andreas Abegg and Annemarie Thatcher, Freedom of Contract in the 19th Century: Mythology and the Silence of the Sources, German Law Journal Vol. 5, No. 1 (2004), pp. 102—114.

55. Jonathan T. Molot, Principled Minimalism: Restriking the balance between Judicial Minimalism and Neutral Principles, Virginia Law Review, Vol. 90 No. 7 (Nov. ,2004), pp. 1753—1847.
56. Christoph Engel, A Constitutional Framework for Private Governance, German law journal, Vol. 5, No. 3, pp. 198—233.
57. Mattias Kumm, Who is Afraid of the Total Constitution? Constitutional Rights as Principles and the Constitutionalization of Private Law, German Law Journal, Vol. 7, No. 4, pp. 341—369.
58. John Medearis, Labor, Democracy, Utility, and Mill's Critique of Private Property, American Journal of Political Science, Vol. 49, No. 1 (Jan. , 2005), pp. 135—149.
59. Kermit Roosevelt III, Constitutional Calcification: How the Law Becomes What the Court Does, Virginia Law Review, Vol. 91, No. 7 (Nov. , 2005), pp. 1649—1720.
60. Gunther Teubner, The Anonymous Matrix: Human Rights Violations by 'Private' Transnational Actors, Modern Law Review, 2006, pp. 1—19.
61. Jacob G. Hornberger, Economic Liberty and the Constitution, Part 3, August 2002, See http://www. fff. org/freedom/fd0212a. asp,2006-04-21.
62. Jacob G. Hornberger, Economic Liberty and the Consitution, Part 7, December 2002, See http://www. fff. org/freedom/fd0212a. asp,2006-04-21.
63. Jacob G. Hornberger, Economic Liberty and the Constitution, Part 12, May 2003, See http://www. fff. org/freedom/fd0305a. asp, 2006-04-21.
64. Johannes Hager, Grundrechte im Privatrecht, Juristen-Zeitung (Tübingen) 8/1994, S. 373—383.
65. Einschränkungen der zivilrechtlichen Vertragsfreiheit durch die Drittwirkung der Grundrechte, im Seminar "Die Vertragsfreiheit und ihre Grenzen im Zivilrecht" des Institutes für Notarrecht an der Humboldt-Universität zu Berlin, Berlin, den 1. 6. 2004.

后　　记

　　本书是在博士毕业论文的基础上修改完成的。距离博士毕业迄今已有三年的时间，三年之后才将之付诸出版，在这样一个知识更新迅猛、成果出版快速的时代，无论如何都是有些"滞后"的。个人的慵懒怠惰当然是其主要原因，同时在这期间也经历了工作、人生的重要转折并忙于身份角色的转换，而且因研究主题所致也希望在这种相对平和冷静的氛围中对其的认识思考更趋理性、深入。

　　论文是从宪法学角度对传统民法基本原则之一——契约自由的研究，虽是兴趣所至，但跨学科的研究难度较大，也曾使我茫然、困惑。为此，在导师的建议下，博士二年级伊始便采取先专题研究后撰写学位论文，分专题、分阶段研究。这一研究计划的进行，使我看到了继续研究的希望，而对现实中相关问题的思考，也使我体悟到这一主题的意义与价值。当然，作为边缘性的研究，其中的艰难，对于我个人而言，不仅在于对民法学领域与宪法学领域研究契约自由的全面把握与综合考量，而且在于思考角度的顺利转换与价值理念的明确坚定。"私法自治"—"国家保护"，"民法理念"—"宪法价值"……这一对对本是相对应的基本范畴,囿于研究领域与研究角度的区隔尚无法有机统一,我也在较长一段时期内徘徊其中。

而指点迷津并促使论文顺利完成的,则要感谢导师韩大元教授。论文选题上目标方向的把握,论文写作中疑难困惑的解答,论文完成后结构内容的修改,导师都及时给予了建设性的意见。导师批阅论文的效率之高、内容之细,学生佩服之至,亦为耽搁老师宝贵时间的明显疏漏与错误惭愧之极。导师的为学如此,导师的为人更是学生的楷模。导师力倡的"健康、自信、责任、宽容"八字箴言,不仅是导师人格魅力的完美诠释,而且是导师要求学生努力的人生航标。

读博三年期间,不仅见识了明德法学大楼的巍峨筑起,更是感悟了法学大师们的智慧才华。时常去社会学、法理学、法史学乃至民法学的课堂或讲座"蹭课"、"蹭讲"的经历,不仅让我深切地感受到学校浓厚的学术氛围与教授大家们的风采魅力,而且对论文的视野拓宽与基础夯实大有助益。在本专业学科点,许崇德教授、胡锦光教授、杨建顺教授、莫于川教授、李元起副教授等老师,以及学兄张翔副教授、王贵松副教授等,更是给予了我无私的指导和帮助。研究生课程的精心安排、最新研究成果的无私展示、博士交流的热心邀约等等——这种或在课堂、或在讲座、或私下的交流探讨,都使我感触颇多,获益颇多。

此外,还特别要感谢论文评阅老师和论文答辩老师,他们对论文的充分肯定使我继续深入研究的信心倍增,对论文的问题及修改意见一语见地、指明了我继续发展完善的方向。

感谢中南财经政法大学法学院,它是我完成本科和硕士学业的神圣殿堂,在我博士毕业之后也以博大胸怀接纳,为我提供了一个安身立命之所。法学院的领导以及宪法学与行政法学系,都对我的成长给予了大力的支持。

感谢我的硕士导师刘茂林教授,在我攻读硕士阶段便给予了无私的教导,即使我赴京求学之后也不忘适时关怀指导。胡弘弘教授也一直在我的成长过程中给予了及时的帮助与鼓励,每次的深谈浅聊都收获颇多。感谢王广辉教授、刘嗣元教授、方世荣教授、石佑启教授、徐银华教授、杨勇萍教授以及同学兼同事的曾祥明、梁成意等,感谢你们的指导与帮助!感谢武汉大学的秦前红教授,对我的宽容以及对我成长的关心,亦是难忘。

在研习宪法学的道路上,因缘结识了许多同学与朋友。有的是就读于同一学校、同一专业的同学,特别是在同一导师门下的师兄(弟)们,在两周一次的讨论会上的批评建议,虽每每令我面红耳赤,但获益颇多;有的是在学术会议或公法博士论坛因此结识的"同道中人",对研习公法的共同志趣,倍受鼓舞,也催我奋进。恕我在匆忙惶恐中不能一一列举他们,但这份情谊亦是铭刻在心!感谢他们,感谢他们的鼓励与帮助,求学的道路不再漫长而孤寂!

还要感谢我的家人,连续十年的求学,他们毫无怨言地承担了由此增加的生活重担,还给予了极大的支持和鼓励,并且他们的支持和鼓励对我而言总是如此的及时而有力。也要感谢年仅一岁的小女晨晨,虽然因你的降临耗掉了我不少读书学习的时间,但也因此让我体悟了人生的意义。

最后,感谢中南财经政法大学法学院"首届南湖法学文库出版资助项目"的资助,感谢北京大学出版社李铎编辑的严谨细心,没有他们的资助与辛劳,本书的出版可能没有如此顺畅。

江登琴

2007 年 4 月初记于品园

2010 年 12 月补记于南湖